imaginist

想象另一种可能

理想国
imaginist

马 昌仪／著

古本山海经图说

二十周年纪念版
2001—2022

The Classic of Mountains and Seas
The Definitive Visual Guide

谨以此书献给我的老伴儿，八八老头儿刘锡诚

纪念我们从相识相爱到相伴的七十年

八七老太马昌仪

二〇二二年

古本
山海经
图说

马 昌仪／著

The Classic of Mountains and Seas
The Definitive Visual Guide

上海三联书店

目　录

第二卷
西山经
The Classic of the Western Mountains

第三卷
北山经
The Classic of the Northern Mountains

第四卷
东山经
The Classic of the Eastern Mountains

—

第六卷
海外南经
The Classic of Regions Beyond the Seas: The South

第七卷
海外西经
The Classic of Regions Beyond the Seas: The West

第八卷

海外北经

The Classic of Regions Beyond the Seas: The North

第九卷

海外东经

The Classic of Regions Beyond the Seas: The East

《古本山海经图说》于2001年由山东画报出版社出版。2007年，广西师范大学出版社在此基础上，出版了增订珍藏本。今年是增订珍藏本出版的第十五个年头，理想国希望这部作品能够以一个更"年轻"的面貌与读者见面，我欣然同意。2022年上海三联版的《古本山海经图说》由此而来。该版本保持了2007年广西师大版的主要内容、编排格局、体例，以及风格，仍然采取图说的方式，一（或多）神一图一说，按《山海经》十八卷经文的顺序一一道来。

多年来，《古本山海经图说》一直努力在内容与形态上给读者带来新的体验。

首先，与2001年初版本最大的不同，是选用的山海经图有了大幅度的增加，从原来的十个版本扩充至十六个。选图从原来的一千幅增加至一千六百多幅，奉献给读者的是一个可供阅读、欣赏，更加丰富多彩、更加有魅力的《山海经》图画世界。图像主要来源于明清不同时期的十六种山海经图本，它们用图画讲故事的方式各不相同：有以山川、神兽为背景的情节式讲述；有一图一说相互配合的讲述；有穿插于十八卷经文中的讲述；有辅以郭璞图赞的讲述；等等。不同背景、不同形貌的神和兽在讲述同一个《山海经》故事，多么神奇，多么有趣！

其次，一神多形是神话流传演变过程中常见的现象，在各种版本的山海经图中，一个神或兽常常以不同的面貌出现，一神多形的现象尤其突出。我们知道，明清时期的山海经图主要是画家与刻工根据《山海经》文本创作的作品；经文的不确定性，文字错讹，画工对经文的不同理解，甚至经文句读的不同，都能导致新图像的产生。本书在选图时，特别着意于不同版本出现的一神多图现象，把不同形貌的神（兽）家族展现在读者面前。

《山海经》是一本十分古老的书，它讲述的故事有多种类型。从文本来看，有记事型的，如某山有某兽；有描述型的，如对异形异禀与变形的神与兽的描述；有品格型的，如某山有鸟，形貌如何，见则大水，或可治病、辟火，等等；有巫事型的，如某山有神，形貌如何，如何祭祀，等等；有情节型的，如九尾狐、西王母、精卫、刑天、开明兽、夸父、蓐收、窫窳、贰负臣危，等等，讲述了相对完整的有情节、有过程、有头有尾的故事。读者可以看看，山海经图是怎样用图像来讲述这些故事的。不同版本的山海经图本就像不同的故事家，在讲述不同类型的故事时，自有其独到的表达方式。例如窫窳是《山海经》中的食人畏兽，它原来是一个人面蛇身的古天神（见本书《海内西经》，892页），被贰负神杀死后，变成了人面牛身马足的怪物（见《北山经》，370页）。另有传说，窫窳并没有多大过失，被贰负神杀死后，天帝命开明东的群巫操不死之药，救活窫窳；复活了的窫窳以龙首的面目出现，以食人为生（见《海内南经》870页）。明代的蒋应镐绘图本先后用三幅图来讲述窫窳的故事，展示出同一个神形象演变的全过程；清代的汪绂图本只选取了《北山经》中人面牛身马足的窫窳（见《北山经》371页）。在对比中读图，其中的味道请读者品尝。

第三，《山海经》的原始母本图早已佚失，最早的《山海经》原始母本图究竟是怎么样的？是禹鼎图吗？是山川异域地图吗？是岩画壁画吗？是月令天文图吗？是巫图、奇神异兽图吗？由于没有得到考古与文献的支持，目前的看法也都只是推测。如果我们从现有的文献资料，从山海经图历代的传承轨迹，从考古出土的与《山海经》同时代的图像资料（如战国、汉初的帛画、漆画、针刻画）等出发，能否在一定程度上再现《山海经》古图的风貌，再现图文《山海经》的叙事语境呢？因此，本书选用少量的考古图像，还从清代画家萧云从的《天问图》中选取了有关的几幅图，使读者对山海经图的传承轨迹、图像造型有进一步的了解。

第四，在写作初版本时，笔者只看到十种山海经图本。目前掌握的十六种版本，使我们对明清山海经图的特色和风格有了更多的了解。这些新搜集的图本是：

1. 清《山海经广注》，吴任臣注，康熙六年（1667）图本，收图一百四十四幅。

2. 清《增补绘像山海经广注》，吴任臣注，乾隆五十一年（1786）图本，收图一百四十四幅。

3. 清《山海经绘图广注》，四川成或因绘图，四川顺庆海清楼版，咸丰五年（1855）刻印本，收图七十四幅。

4. 清《古今图书集成·边裔典》中的远方异民。

5. 《山海经图说》，上海锦章图书局民国八年（1919）版，以毕沅图本为摹本，收图一百四十四幅。

6. 日本《怪奇鸟兽图卷》，日本文唱堂株式会社 2001 年版本，收图七十六幅。该图本是江户时代日本画家参考中国的《山海经》与山海经图绘制的山海经图本。

在这里，我想把其中的几种特别推荐给读者。

1. 日本的《怪奇鸟兽图卷》是日本江户时代（1603 — 1867，相当于中国的明清时期）参考中国的《山海经》与山海经图绘画的彩色图册（2001年日本文唱堂株式会社出版），共收图七十六幅。笔者推测，日本画家在画《图卷》时，有可能参考了中国流传的图本，但日本图本在形象造型上却有着自己的特色，体现了日本画家与读者对《山海经》的独特理解。例如，《海外北经》有烛阴神，经中说，此神"人面蛇身，赤色"。今见日本图本的烛阴（见本书 800 页图 5）人面蛇身，蛇身有红色斑纹，蛇背泛绿。最有意思的是，烛阴的人面被画成女性，而且是日本淑女的形象，长发垂肩，梳成发髻盘在头上。此神名烛阴，阴是女性，画家很可能根据这一点把烛阴画成女性神。烛阴是女性神，这一形象在中国的神话典籍、在以往的山海经图，以及中国人的观念中，似乎从来没有出现过。有兴趣的读者还可以对比一下，本书此次提供的带有巴蜀风格的四川成或因绘图本的烛阴图（见本书 800 页图 4），是否也有女性神的痕迹？

2. 清代最早的山海经图本是康熙六年（1667）吴任臣注《山海经广注》刻本。这一图本继承了六朝张僧繇、宋代舒雅的十卷本山海经图以及明代胡文焕图本的传统，采用张僧繇开创的把《山海经》的神与兽按神、兽、鸟、虫、异域分五类，置于卷首的编图格局；在图像造型上，一百四十四幅图中，有七十一幅图全部或大部与胡文焕图本相似，很可能有共同的来源。吴任臣康熙图本流传甚广，后来的乾隆图本、近文堂图本、毕沅图本、郝懿行图本都是以该图本为摹本的。吴任臣的刻本又有所谓书院本、官刊本与民间粗本多种；本书所收康熙图本、乾隆图本属于书院本、官刊本，近文堂图本属于民间粗本。本书把吴任臣注本的几个刻本及其背景材料都介绍给读者，供大家读图时参考。

3. 清代《山海经绘图广注》，成或因绘图，四川顺庆海清楼版，咸丰五年（1855）刻印。这部四川成或因绘图本在笔者写作初版本的时候就已经看到，但当时好友张胜泽在重庆图书馆搜集到的只有四幅图；今年初俄国汉学家李福清在意大利图书馆搜集到这一刻本的两幅图，随后北京大学陈连山教授搜集到其余大部分图像（有残缺）。目前我们所见到的明清山海经图刻本多是吴地与越地刻本，而四川成或因绘图本属巴蜀刻本，因而特别值得关注。四川成或因绘图本共七十四图，虽然有文字标明清代吴志伊（任臣）注，但在设图与编排格局上却与吴任臣刻本完全不同，而是采用明代蒋应镐绘图本的有山川背景的一图多神或一图一神的格局。全本七十四图（残缺者除外）的神与兽在设图与编排上尽管有相当一部分与蒋应镐绘图本相同，但在图像造型上，二者有很大的差异。成或因绘图本的神与兽特征鲜明、形象夸张、线条粗犷，个别图像有明显的世俗化、宗教化与连环画化的倾向。记得历史学家蒙文通曾经说过，《山海经》部分为巴蜀之书，其山海经图也可能来源于巴蜀的图画（参见蒙文通《略论山海经的写作时代及其产生地域》，《巴蜀古史论述》，四川人民出版社，1981

年），这自然是指古图而言。但清代咸丰年间四川画师成或因给明代山海经图的吴越刻本植入的新鲜的巴蜀素质与风格，同样引起我们极大的兴趣。这些巴蜀风格的图像一定会受到读者的欢迎。

第五，本书采用笔者当年发表的论文《山海经图：寻找山海经的另一半》（《文学遗产》2000年第6期）为导论。全书的图说文字经过订正，在不影响学术质量的前提下，尽量使其更加通俗易懂。

我衷心感谢海内外喜爱山海经图的学者、读者和出版者对我的关心、支持和鼓励。特别感谢为我提供新材料、新版本的师长和挚友：日本庆应大学伊藤清司教授、日本福冈西南学院王孝廉教授、台湾东吴大学鹿忆鹿教授、北京大学陈连山教授、中国社会科学院文学研究所吕微研究员、山东烟台师范学院山曼教授、学苑出版社刘涟编审等。有了他们的指导和帮助，本书才能以新的面貌呈现给读者。

还要感谢理想国的刘瑞琳女士，以及蔡立国、陈凌云先生，他们以远见卓识接纳书稿并以认真细致的工作，使增订珍藏本得以顺利出版。也感谢本书的责编马步匀先生，是他耐心仔细地修整好此书，使《古本山海经图说》以新的面目出现在爱它的读者面前。

2006年于北京
2022年补记

山海经图：寻找《山海经》的另一半

马昌仪

——

《山海经》是一部有图有文的书

《山海经》是中国上古文化的珍品，自战国至汉初成书至今，公认是一部奇书。说它是一部奇书，一是在不到三万一千多字的篇幅里，记载了约四十个邦国，五百五十座山，三百条水道，一百多个历史人物，四百多个神怪畏兽。《山海经》集地理志、博物志（矿产、动植物）、民族志、民俗志于一身，既是一部巫书，又保存了中华民族大量的原始神话。二是因为它开中国有图有文的叙事传统的先河，它的奇诵多姿，形象地反映在山海经图中。

古之为书，有图有文，图文并举是中国叙事的古老传统。一千五百多年前，晋代著名诗人陶渊明有"流观山海图"的诗句，晋郭璞曾作《山海经图赞》，在给《山海经》作注时又有"图亦作牛形""在畏兽画中""今图作赤鸟"等文字，可知晋代《山海经》尚有图。而且，在《山海经》的经文中，一些表示方位、人物动作的记叙，明显可以看出是对图像的说明（如《大荒东经》记王亥"两手操鸟，方食其头"，《海外西经》"开明兽……东向立昆仑上"，等等）。正如宋代学者朱熹所指出："予尝读《山海》诸篇，记诸异物飞走之类，多云'东向'，或云'东首'，皆为一定而不易之形，疑本依图画而为之，非实记载此处有此物也。古人有图画之学，如《九歌》《天问》皆其类。"[1]可惜郭璞、陶渊明所见到的《山海经》古图并没有流传下来。

唐代，山海经图被视为"述古之秘画珍图"。张彦远在《历代名画记》中列举的九十七种所谓"述古之秘画珍图"中，就有"山海经图"和"大荒经图"。[2]宋代学者姚宽与当代学者饶宗颐都认为《山海经》是一部有图有文的书。姚宽在《西溪丛语》中说："《山海经·大荒北经》：'有神衔蛇，其状，虎首人身，四蹄长肘，名曰强良'，'亦在畏兽书中'，此书今亡矣。"[3]饶宗颐在《〈畏兽画〉说》一文中引姚文说："大荒北经有神兽衔蛇，其状虎首人身，四蹄长肘，名曰强良，亦在《畏兽画》中，此书今亡矣。"饶先生把"畏兽画"一词打上书名号，并说："如姚言，古实有《畏兽画》之书，《山海经》所谓怪兽者，多在其中。"又说："《山海经》之为书，多胪列神物。古代畏兽画，赖以保存者几希！"[4]姚宽所说的"畏兽"二字，显然来源于郭璞据图而作的注，"畏兽书"指的便是有图有文的《山海经》，而此书已经失传了。由此推测，《山海经》的原始母本可能有图有文，它（或其中一些主要部分）是一部据图为文（先有图后有文）的书，原始古图佚失了，文字却流传了下来，这便是我们所见到的《山海经》。

——

山海经图探踪

历代注家对山海经图的介绍，以清代注家毕沅和郝懿行的论述最详。毕沅在《山海经古今本篇目考》中对之有专门的介绍：

> 沅曰：《山海经》有古图，有汉所传图，有梁张僧繇等图。十三篇中《海外·海内经》所说之图，当是禹鼎也；《大荒经》已（以）下五篇所说之图，当是汉时所传之图也，以其图有成汤、有王亥仆牛等知之，又微与古异也。据《艺文志》，《山海经》在形法家，本刘向《七略》以有图，故在形法家。又郭璞注中有云："图亦作牛形"，又云"亦在畏兽画中"。又郭璞、张骏有图赞。陶潜诗亦云："流观《山海图》"……[5]

郝懿行在《山海经笺疏叙》中说：

> 古之为书，有图有说，《周官》地图，各有掌故，是其证已。《后汉书·王景传》云："赐景《山海经》《河渠书》《禹贡图》。"是汉世《禹贡》尚有图也。郭注此经而云："图亦作牛形"，又云："在畏兽画中"；陶徵士读是经，诗亦云："流观《山海图》"，是晋代此经尚有图也。《中兴书目》云："《山海经图》十卷，本梁张僧繇画，咸平二年校理舒雅重绘为十卷……"是其图画已异郭、陶所见。今所见图复与繇、雅有异，良不足据。然郭所见图，即已非古，古图当有山川道里。今考郭所标出，但有畏兽仙人，而于山川脉络，即不能案图会意，是知郭亦未见古图也。今《禹贡》及《山海图》遂绝迹，不复可得。[6]

毕沅、郝懿行为我们勾勒出有图有文的《山海经》母本的大致概貌，从中可以看出，山海经图至少有下列三种：

一、原始古图。毕沅认为，原始古图有二：其一，《海外经》和《海内经》所说之图是禹鼎图；其二，《大荒经》以下五篇为汉所传图；这两种原始古图略有不同。

郝懿行也认为原始古图有二，但与毕说不同：其一，汉世之图，上有山川道里、畏兽仙人，郭璞注此经时并没有看到此图；其二，晋代郭璞注《山海经》、撰《山海经图赞》、陶潜写"流观《山海图》"诗时见到的图，上面只有畏兽仙人，似乎与最古老的汉世之图也有所不同。

二、张僧繇（南朝画家）、舒雅（宋代画家）绘画的《山海经图》。据《中兴书目》，梁张僧繇曾画《山海经图》十卷，宋代校理舒雅于咸平二年，重绘为十卷。张、舒所绘《山海经图》与郭、陶所见的《山海图》也不相同。

三、"今所见图"。郝懿行所说的"今所见图"，指的是他所见到的，明清时期出现与流传的山海经图；明清古本中的山海经图同样"与繇、雅有异"。

上列三类山海经图中，第一类原始古图与第二、第三类图的性质是不同的。正如20世纪30年代研究者王以中所指出的：上列各图，"除毕沅所谓汉所传大荒经图及郭璞等所见图，或略存古图经之遗意外，此后大抵皆因文字以绘图，与原始《山海经》之因图像以注文字者，适如反客为主"[7]。

毕沅说古图亡、张图亦亡；郝懿行说"《山海图》遂绝迹，不复可得"，指的是传说中的禹鼎图、汉所传图、汉世之图和晋代郭璞、陶潜所见之《山海图》均已亡佚；而张僧繇、舒雅画的十卷本《山海经图》也不复可得，没有流传下来。

三种山海经原始古图中，有两种均已失传，给我们探讨山海经图造成许多困难。因此，要寻找山海经图的踪迹，首先要对目前所能见到的明清时期出现与流传的各种版本的山海经图加以搜集、整理、分类；对历代学者有关《山海经》原始古图的种种见解和猜测，对失传了的张僧繇、舒雅画的山海经图有一个大致的了解；然后在图像的基础上，进行比较和研究，为尽可能地再现《山海经》古图的风貌，进一步探讨这部有图有文的《山海经》奇书打下扎实的基础。

——

对《山海经》原始古图的几种推测

历代注家和研究者对《山海经》原始古图的推测，大致可归纳为禹鼎说、地图说、壁画说和巫图说四种。

一、禹鼎说

禹鼎又称九鼎、夏鼎。传说夏代的第一个君王禹曾收九牧之贡金铸造九鼎，以象百物，使民知神奸。关于禹铸九鼎，《左传·宣公三年》有详细的记载："昔夏之方有德也。远方图物，贡金九牧，铸鼎象物，百物而为之备，使民知神奸；故民入川泽山林，不逢不若，魑魅魍魉，莫能逢之。用能协于上下，以承天休。杜预注云：禹之世，图画山川奇异之物而献之。使九州之牧贡金。象所图之物著之于鼎。图鬼物百物之形，使民逆备之。"[8] 王充《论衡》说："儒书言：夏之方盛也，远方图物，贡金九牧，铸鼎象物而为之备，故入山川不逢恶物，用辟神奸。"[9] 上面所说的所谓铸鼎象物，所象之物、百物、鬼物或恶物，亦即川泽山林中的魑魅魍魉，也就是司马迁在《史记·大宛列传》中所说的"余不敢言之也"的《山经》中的所有怪物。鼎上刻画着各地之毒虫害兽、鬼神精怪的图像，使百姓得以预先防备；日后出门远行，进入山林川泽，遇上恶物之时，亦可辟邪防奸。

那么，九鼎图与山海经图、《山海经》究竟有什么关系呢？

宋代学者欧阳修在《读山海经图》一诗中，有"夏鼎象九州，山经有遗载"的诗句，[10] 首先点明了《山海经》与夏鼎的关系。明代学者杨慎在《山海经后序》中，在引用《左传·宣公三年》上述引文后，进一步指出，九鼎图是《山海经》的古图，《山海经》是禹鼎之遗象：

> 此《山海经》之所由始也。神禹既锡玄圭以成水功，遂受舜禅以家天下，于是乎收九牧之金以铸鼎。鼎之象则取远方之图，山之奇，水之奇，草之奇，木之奇，禽之奇，兽之奇。说其形，著其生，别其性，分其类。其神奇殊汇，骇世惊听者，或见，或闻，或恒有，或时有，或不必有，皆一一书焉。盖其经而可守者，具在《禹贡》；奇而不法者，则备在九鼎。九鼎既成，以观万国……则九鼎之图……谓之曰山海图，其文则谓之《山海经》。至秦而九鼎亡，独图与经存……已今则经存而图亡。[11]

毕沅的看法与杨慎略有不同，他认为《海外经》《海内经》《大荒经》之图为禹鼎图。他在《山海经新校正序》中说：

> 《海外经》四篇，《海内经》四篇，周秦所述也。禹铸鼎象物，使民知神奸，案其文有国名，有山川，有神灵奇怪之所标，是鼎所图也。鼎亡于秦，故其先时人尤能说其图而著于册……《大荒

经》四篇释《海外经》，《海内经》一篇释《海内经》（指海内四经——引者）。当是汉时所传，亦有山海经图，颇与古异。[12]

明代学者胡应麟在《少室山房笔丛》中说："(《山海经》)盖周末文人，因禹铸九鼎，图象百物，使民入山林川泽，备知神奸之说，故所记多魑魅魍魉之类。"[13]清代学者阮元在《刻山海经笺疏序》中指出："《左传》称：'禹铸鼎象物，使民知神奸。'禹鼎不可见，今《山海经》或其遗象欤？"[14]现代学者江绍原认为，禹鼎虽属传说，但图象百物的观念却古已有之，这种观念成为山海经图中精怪神兽的一个重要来源。[15]当代学者袁珂进一步指出，《山经》部分依据九鼎图像而来。[16]

禹鼎说认为《山海经》古图本于九鼎图，《山海经》则为禹鼎之遗象。此说必须有两个重要的前提方能成立：一是禹的确铸过九鼎，二是的确有铸刻上百物图像之鼎或九鼎图。而考古学目前还没有为我们提供这两个方面的实物的证据。因此，禹铸九鼎和铸鼎象物只是传说，古人把铸造象征定国传国安邦的九鼎的伟业加诸大禹身上，所谓九州贡金、远方献画、禹铸九鼎，也和息壤填渊、神龙画地、禹杀防风、逐共工、诛相柳、娶涂山氏女、化熊通山、石破生子等故事一样，成为禹平治洪水系列神话传说的一个组成部分。至于说到铸鼎象物，把所谓"百物"、恶物、精物以图画的方式画出，以备人们进入山林川泽时辨识之需，又可作辟邪、驱妖、送鬼之用。这一带有浓厚巫事色彩的观念，在巫风极盛的先秦时代备受重视，以至于把"象百物"之举与神圣的九鼎相连，竟然以官方的方式把魑魅魍魉一类精怪的图像刻在鼎上，还通过周大夫王孙满之口，记录在《左传》《史记》等史书之中。因此，尽管禹鼎和九鼎图目前还没有得到考古学的支持，但青铜器（包括各种形态的鼎）作为礼器，在上面铸刻动物怪兽纹样之风，在《山海经》成书以前、《山海经》原始古图尚存、甚至更早的夏商周时代，便已蔚然成风。据考古学家的研究，夏商周青铜礼器上的纹饰以动物纹为主，又以兽面纹为多。其含义有多种解释，以王孙满的解释最接近实际，因为王孙满是春秋时代的人，此时礼器发达，他的解释当是根据他所见及当时流行的见解为之，他认为纹饰是善神与恶神，起佑护与辟邪作用。[17]所以说，禹铸九鼎，铸鼎象物很可能是传说，却正好说明巫风炽盛与图象百物的巫事活动是这一传说产生的背景。

二、地图说

自古以来，相当一些中外学者把《山海经》看作地理书，并推测《山海图》是地图。东汉明帝时，王景负责治水，明帝赐景以《山海经》《河渠书》《禹贡图》，可知《山海经》在当时被看作地理书。

　　古代的地理书常有地图为依据，是据图为文之作，如成书于 6 世纪初北魏郦道元撰的《水经注》。郦学研究专家陈桥驿指出："郦氏在注文撰述时是有地图作为依据的。这就是杨守敬在《水经注图·自序》中所说的：'郦氏据图以为书。'"[18]

　　毕沅明确指出《山经》为古代的土地之图：

> 《山海经·五藏山经》三十四篇，古者土地之图，《周礼·大司徒》用以周知九州之地域广轮之数，辨其山林川泽丘陵坟衍原隰之名物。《管子》："凡兵主者，必先审知地图辕之险。"滥车之水，名山通谷经川陵陆丘阜之所在，苴草林木蒲苇之所茂，道里之远近，皆此经之类。[19]

　　20 世纪 30 年代，王以中在《禹贡》撰文《山海经图与职贡图》[20]，根据毕沅之说，提出两点看法："一、中国古来地志，多由地图演变而来；其先以图为主，说明为附，其后说明日增而图不加多，或图亡而仅存说明，遂多变为有说无图与以图为'附庸'之地志。设此说与毕氏之说皆确，则《山海经》一书不仅为中国原始之地志，亦可谓中国最古地图之残迹矣。二、《山海经》为古代中国各部族间由会盟征伐及民间十口相传之地理知识之图像与记载，与后世职贡图之性质相类似，故山海经图亦谓为职贡图之初祖。"王氏又说："至于毕氏之以五藏山经为土地之图，说亦甚似。且窃疑中国古代之地图或即由此类山海图说演变而出。"袁珂也指出古代学者曾根据古地图来推测《山海经》原始古图之形貌："郝说'古图当有山川道里'，也只是本于《周礼·地官》'大司徒之职，掌建邦之土地之图'、《夏官》'职方氏掌天下之图'推论得之。"[21]

　　还是 30 年代，日本学者小川琢治同样推测山海图"当是据周职方氏所掌天下之图而编纂"[22]，与中世纪欧洲的古地图相类，他在《〈山海经〉考》中说："西汉之间，有山海图与经文并行，后世图失而经独存……余以为此图，与欧洲中世末叶所成之地图相类；均于车不到之远方，而画其异人奇物者也。乃举经文所载之山川、草木、禽兽、人物、鬼神，而描插于地图中。有可以窥山海图旧面目之一助。"[23]

　　当代学者扶永发在《神州的发现——〈山海经〉地理考》一书中，对山海经图为地图一说有详细的说明。作者的观点可概括为：（1）《山海经》有图有经，先有图，后有经；图为地图，经是图的说明。（2）山海经图为地理图，该图显示了远古时代的中国所在之地——古昆仑一带的概貌。

根据《山海经》记载的三种地理现象（即：北面有"冬夏有雪"之山，西南有"炎火之山"，又有"正立无景"的寿麻国），可证此古昆仑在云南西部。《山海经》记载的是云南西部远古时期的地理。（3）山海经图上的怪物是象形图画，是地图符号。以"地图符号"而不是以"怪物"的形貌去解读《山海经》是打开此书宝库的钥匙。（4）山海经图的制作时代当在大禹之世。该图为一人所作，而《山海经》则为多人写成：但该书的第一个作者是山海经图的制作者，而其余的作者只对书中的世系、传说等内容加以补充。原始的山海经图于周末已失传。[24]

马来西亚华裔学者丁振宗在《古中国的 X 档案——以现代科技知识解〈山海经〉之谜》中，认为"《山海经》是由好几个作者，在不同的时期参考一幅山海图而写的，这幅图其实就是黄帝时代的青藏高原地图。"[25]

有关《山海经》原始古图为地图一说，还有待于考古发现和科学的验证。

三、壁画说

曾昭燏等在其所著的《沂南古画像石墓发掘报告》一书中说："沂南画像石中有神话人物、奇禽异兽的计有三十一幅……纪录神话人物禽兽的书，以《山海经》为最完备。此经原亦有图……我们揣测《山海经》原图，有一部分亦为大幅图画或雕刻，有类于今日所见画像石，故经文常云：某某国在某某国东，某某国在某某国北，某人方作某事，似专为纪述图画而成文者。"[26]

历史学家吕子方在《读〈山海经〉杂记》中明确指出，楚国先王庙壁画上的故事主要是《大荒经》，屈原是看了这些壁画才写出《天问》来的："屈原宗庙里壁画故事的脚本就是《山海经》，而且主要是《大荒经》。这不仅因为《天问》的内容许多取材于《山海经》，更重要的是，他看了描绘《山海经》的壁画故事才写出了这篇著名作品来的。"[27] 历史学家蒙文通认为《山海经》部分是巴蜀的作品，山海经图也和巴蜀所传壁画有关："《山海经》古当有图……《山海经》的这个图，其起源应当是很古的……《天问》之书既是据壁画而作，则《山海经》之图与经其情况当亦如是。且《天问》所述古事十分之九都见于《大荒经》中，可能楚人祠庙壁画就是这部分《山海经》的图。至于《天问》与《大荒经》的出入之处，这应当是楚人所传壁画与巴蜀所传壁画的差异。《后汉书·筰都夷传》说：'郡尉府舍，皆有雕饰，画山灵海神，奇禽异兽'，《山海经》部分为巴蜀之书，此筰都图画可能即山海经图之传于汉代的巴蜀者。《华阳国志》说：'诸葛亮乃为夷作图谱，先画天地、日月……'也可能部分是沿袭山海经图而来。《天问》是始于天地、日月，筰都图画也是始于天地、日月，应当不是偶然的……但是，《山海经》的这部古图，却早已散失，现在流传的图，是后人所画。"[28]

在山野石壁、祖庙神祠上作壁画是中国的古老传统，早在先秦时代便已蔚然成风，正如刘师培在《古今画学变迁论》中所说："古人象物以作图，后者按图以列说。图画二字为互训之词。盖古代神祠，首崇画壁……神祠所绘，必有名物可言，与师心写意者不同。"[29] 近百年来无数楚辞专家就《天问》与楚宗庙壁画的关系问题进行过认真的探讨，由于《天问》和《山海经》几乎是同时代的作品，楚宗庙壁画的形貌对我们了解《山海经》古图与壁画的关系显然有重要的意义。

四、巫图说

巫图说认为《山海经》是古代的巫书、祈禳书，其中相当一部分是根据古代巫师祭祖招魂送魂禳灾时所用的巫图和巫辞写成的。最初没有文字，只有图画，其巫辞也只是口传；后来有了文字，才由识字的巫师写下来，成为有图有文的用于巫事活动的巫本。

关于《山海经》与巫的关系，鲁迅的见解最具权威性。他在《中国小说史略》中指出，《山海经》"盖古之巫书"，巫书"是巫师用的祈禳书"（《门外文谈》），其作者是巫，"以记神事"（《汉文学史纲要》）。鲁迅指出，这类巫书有两个重要的特点，一是"根柢在巫"，二是"多含古神话"[30]，而这两点正是有图有文的《山海经》母本的特征和性质所在。袁珂在鲁迅的基础上，进一步阐明《山海经》的图是巫图：

> 《山海经》尤其是以图画为主的《海经》部分所记的各种神怪异人，大约就是古代巫师招魂之时所述的内容大概。其初或者只是一些图画，图画的解说全靠巫师在作法时根据祖师传授、自己也临时编凑一些歌词。歌词自然难免半杂土语方言，而且繁琐，记录为难。但是这些都是古代文化宝贵遗产，有识之士不难知道（屈原、宋玉等人即其例证）。于是有那好事的文人根据巫师歌词的大意将这些图画作了简单的解说，故《海经》的文字中，每有"两手各操一鱼"（《海外南经》）……这类的描述，见得确实是说图之词。[31]

前面我们介绍了历代学者对《山海经》古图的一些推测，可以看出，四种见解都包含有巫信仰的内核，是远古时代初民企图认识世界和把握世界的幼稚经验的产物。从考古学、文献学、民族学、民俗学发现的大量实物和资料中，从我国相当一部分少数民族在敬祖、祭祀、招魂、禳灾和送葬时常用的神路图、指路图、送魂图、打鬼图，以及现今遗存下来的与之配套的经书、巫歌、招魂词、画本和一部分符书等文字材料可以看出，这类以巫为根柢，又多含古神话的有图有文的巫本，是巫风炽盛、文字不发达的时代和民族的遗存，并由此推测，以根柢在巫与多含古神话为特征的《山海经》母本（相当一部分），其成书过程很可能与这些民族的这类巫事活动和所用巫图巫辞相类，其文字部分最初作为古代巫图的解说词，几经流传和修改，才有了我们所见到的《山海经》。

——

明清古本山海经图及其特点

《山海经》的原始母本图早已亡佚，此后，公元 6 世纪南朝梁著名画家张僧繇和宋代校理舒雅都曾绘制过十卷本《山海经图》。郝懿行在《山海经笺疏叙》中引用《中兴书目》的话："《山海经图》十卷，本梁张僧繇画，咸平二年校理舒雅重绘为十卷，每卷中先类所画名，凡二百四十七种。"[32]

张僧繇（502 — 549）是南朝梁武帝（萧衍）时吴地的著名画家，擅画云龙仙佛人物，精工传神，有关张氏画龙点睛、画龙柱、禹庙梅梁的传说，把画家高超的画艺渲染到出神入化的境界，十卷本《山海经图》便出自他的手笔。舒雅是宋旌德人，曾于咸平二年（999）任校理编纂经史时，见僧繇旧图，便重绘《山海经图》十卷。可惜这两种十卷本的《山海经图》都没有流传下来。尽管如此，明清时期创作与流传的若干《山海经》古本，却保留了根据张、舒绘本或更古老的图加以增删修绘而成的山海经图，仍然可以看出中国亦图亦文的古老传统，可以看出《山海经》据图为文、以图立说的鲜明的叙事风格。历代注家如郭璞、杨慎、吴任臣、汪绂、毕沅、郝懿行、袁珂等，正是根据某些《山海经》图像对经文加以校注的。

目前所能见到的山海经图是明清时代绘画与流传的图本。就笔者所见，有以下十种版本：

1. 明《山海经图》，胡文焕编，格致丛书本，明万历二十一年（1593）刊行；全本共一百三十三幅图，其中有二十三图的神怪异兽未见于《山海经》。

2. 明《山海经（图绘全像）》十八卷，蒋应镐、武临父绘图，李文孝镌，明刻本；全本共七十四幅图。*

3. 明《山海经释义》十八卷，一函四册，王崇庆释义，董汉儒校，蒋一葵校刻，明万历二十五年（1597）始刻，万历四十七年（1619）刊行。第一册《图像山海经》，共七十五幅图。

4. 明《山海经》十八卷，日本刊本，四册，未见出处；全本共七十四幅图，是蒋应镐绘图本的摹刻本。全书附有供日文读者阅读的汉文训读。

5. 清《增补绘像山海经广注》，佛山舍人后街近文堂藏版；图五卷，共一百四十四幅。

6. 清《山海经》，毕沅图注，光绪十六年（1890）学库山房仿毕（沅）氏图注原本校刊，四册，图一册，全本一百四十四幅图。

7. 清《山海经存》，汪绂释，光绪二十一年（1895）立雪斋印本，图九卷。

8. 清《山海经笺疏》，郝懿行撰，光绪十八年壬辰（1892）五彩公司三次石印本，图五卷，共一百四十四幅。

9. 清《古今图书集成·禽虫典》中的异禽、异兽部。

10. 清《古今图书集成·神异典》中的山川神灵。

　　上述十种明清古本山海经图共收图两千多幅，经整理、编排和比较，大致可以看出有以下特点：

　　一、明清古本中的山海经图已非原始古图，二者有着本质的区别。明清古本中的图是明清画家和民间画工根据《山海经》经文创作的作品，反映了明清民众对《山海经》的理解，带有鲜明的明清时代的特色，从许多神灵穿着的明清服装便可见一斑。然而，明清古本山海经图与古图之间，又有着古老的渊源关系。原始古图虽然失传了，如果我们把明清山海经图与目前已发现的与原始古图同时代的远古岩画、战国帛画、汉画像石，以及新石器时代的陶器、商周青铜器上的图像、图饰和纹样做些比较，便可以从另一个侧面发现二者之间的渊源关系是十分古老的。再者，历代注家据图作注时对图像的解释和说明，以及一些古老的少数民族现存的有图有文的巫图，都可以从更多的侧面帮助我们探寻二者间的古老渊源。此外，从明清各种版本山海经图的图像造型有一个比较固定的模式，某些图几近相同（如混沌神帝江、失去头颅还奋斗不止的刑天等）来看，很可能有古老的图为母本；或者说，有一部分图是根据张、舒的图本增删而来的。因此，从整体来看，明清古本中的山海经图仍不失古意，在画像造型、特征勾勒、线条运用、结构、神韵、意境、写实与象征的处理等许多方面，仍保持了原始古图和《山海经》原始母本古朴粗犷的风貌，道佛的影响并不明显。因此，可以认为，明清古本山海经图在一定程度上再现了已经失传了的《山海经》原始古图，对进一步探讨《山海经》这部有图有文的奇书有着重要的意义。

二、编排与结构形式多样。从上述多种《山海经》图本中图与文的编排来看，有图像独立成卷的（如，明胡文焕图本、明王崇庆释义图本、清毕沅图本）；有全部图按五大类（神、异域、兽族、羽禽、鳞介）分别插入《山海经》十八卷经文中的（如清近文堂图本、郝懿行图本）；有按《山海经》十八卷经文顺序依次插图的（如明蒋应镐绘图本、日本刊本、清汪绂图本）；有作为丛书插图选用的（如《古今图书集成·禽虫典》本、《古今图书集成·神异典》本），等等多种。

从图画叙事的方式来看，有图与说兼备、右图左说、无背景、一神一图一说（如明胡文焕图本）；有以山川为背景的一神或多神图（如明蒋应镐绘图本、王崇庆释义图本、日本刊本）；有以山川为背景或无背景的一神图（如《古今图书集成》的两种本子）；有无背景的一神一图（一神一图中，又有图上附神名、释名、郭璞图赞的，如毕沅图本、郝懿行图本；有不附图赞的，如近文堂图本）；有无背景的多神一图与一神一图穿插编排（如汪绂图本），等等多种方式。

三、明清古本山海经图是明清画家（有署名的与未署名的）与民间画工的作品，其风格各不相同。明蒋应镐绘图本（王崇庆图本与日本刊本的图像与之基本相同，可能都出自蒋氏绘图本）、明胡文焕图本和清汪绂图本的图像比较精细、生动传神、线条流畅、有创意，显然出自有经验的画家的手笔；相比之下，吴任臣图本、毕沅图本、郝懿行图本彼此雷同，其刻画造型也比较简单、粗线条，图像编排与图上的文字错讹不少，很可能是民间画工、刻工所为。同是吴任臣图本，又有官刻本与民间粗本之别，不同地区刻本的图也有粗细、简繁的差异，这正是民间刻本常见的特征。可以看出，明清古本山海经图是上中层文化与下层文化共同创造的成果。

四、一神多图与一神二形（或多形）对神话研究的启示。在笔者目前所搜集到的两千多幅图的四百七十例神怪畏兽中，一神多图与一神二形甚至多形的现象处处可见。同一神怪畏兽，在不同版本不同时代不同画家笔下，有了许多变异。这不仅说明，这种变异性是神话所固有的，也使山海经图的画廊显得更加丰富多采。如《西山经》与《海外南经》都有毕方鸟，是一种兆火独足奇鸟，在所见的八幅图中，有七幅是非人面的独足鸟，而《禽虫典》本《海外南经》的毕方图却是人面独足鸟。历代注家如吴承志、郝懿行、袁珂均认为《海外南经》所记"其为鸟人面一脚"中的"人面"二字为衍字，应删去；他们没有看到神话中的毕方鸟有人面的与非人面的

两种形态。明清古本山海经图以《山海经》的文本为依据，以形象的方式
反映了原始初民对世界以及人类自身的幼稚认识，自然也反映了明清时代
的民众以及作画者、刻工对《山海经》的理解，一神多图或一神多形正是
不同时代、不同地域、不同作画者的不同理解的结果，为我们了解《山
海经》神话的多义性、歧义性、变异性提供了生动的形象资料。

　　五、山海经图的流传与变异。明清之际，山海经图在全国各地广为流
传。大家都知道，鲁迅就曾搜集过两种带图的《山海经》，一种是他幼年时，
长妈妈给他买的四本小书，刻印都十分粗拙，纸张很黄，图像很坏，几乎
全用直线凑合，连动物的眼睛也都是长方形的，那上面画着人面的兽，九
头的蛇，一脚的牛，袋子似的帝江，没有头而"以乳为目，以脐为口"，
还要"执干戚而舞"的刑天。鲁迅说，"这四本书，乃是我最初得到，最
为心爱的宝书"。另一种是他后来买的石印带图《山海经》郝懿行本，每
卷都有图赞，绿色的画，字是红的，比那木刻的精致多了。[33] 这两本书伴
随了鲁迅的一生，给他以重要的影响。

　　晚清民国期间，全国各地刻印的带图《山海经》地方本子，有了不少
变异。目前所见有两种情况，其一，以老本子为本，图像有修饰，如上海
锦章图书局于民国八年（1919）印行的《山海经图说》（校正本），此书
共四册，是根据上述毕沅的图本刻印的，收图一百四十四幅，其编排结构
一如毕沅图本，图上有神名、释名、郭璞图赞，图像也和毕沅本同，只是
有一部分图经过修饰，那线条清晰匀称、眉目清秀的神和兽，似乎有点失
去了老本子神兽的古朴和神韵，但总的来说，还是一个有味道的本子。

　　其二，部分图像带有相当明显的精怪化与连环画化的倾向，值得注
意的例子是四川顺庆海清楼于清咸丰五年（1855）刻印的《山海经绘图
广注》，清成或因绘图。此书标明用的是清吴任臣（志伊）的注，但图
却和吴任臣的图本完全不同。上面我们介绍过，清代吴任臣图本采用的
是无背景的一神一图格局，但四川的这一图本却采用了明代蒋应镐绘图
本式的有山川背景的多神图格局。其中部分神与兽的造型带有明显的宗
教化与连环画化的倾向，如《中次十二经》帝二女娥皇女英画成两个浓
妆富态的贵夫人，身后有佛光；又如《海外西经》的女子国图，画了
二十四个裸女在水中沐浴，岸上站着三个着装举扇的女子，沐浴女子向
岸上女子招手，似乎在说些什么。另外一幅上海上洋久和斋印行的《新
出山海经希奇精怪后本》（现藏匈牙利东方艺术博物馆），图上尽是些
鱼精、鸡精、狐狸精、羊精，完全失去了《山海经》的本来面目。

　　山海经图的流传与变异是一个很有意义的话题，值得进一步搜集资料
和深入研究。

《山海经》的图像世界

神奇瑰丽的山海经图为我们展示出中国原始先民心目中神话的图像世界，数百个形态各异的神话形象出现在我们面前。这些神话形象共分五类：（1）神灵，包括天帝（帝俊、颛顼、帝舜、西王母、帝丹朱……），自然神（司昼夜之神烛阴、日月之神、四方之神、时间之神、水神、山神……），人王（夏后开、刑天、王亥……）等；（2）异兽；（3）奇鸟；（4）异鱼和怪蛇；（5）远方异民；等等。中国著名的远古神话都有图，如羲和浴日、常羲生月、夸父逐日、精卫填海、刑天争神、女娲之肠化人、黄帝与蚩尤战、丹朱化鸟、王亥仆牛、西王母与三青鸟、混沌神帝江、创世神烛龙、颛顼死而复生化生鱼妇、人面龙身的雷神、九头蛇身的怪物相柳、巴蛇吞象……

这些形象在造型、想像、表现形式上都是典型中国式的。与希腊神话（就其主体来说）之人神一体，人神和谐，讲究形体美、均衡，神的形象举止优雅、风度翩翩不同，山海经图中的形象原始粗犷、率真稚拙、充满野性，中国人的始祖神黄帝轩辕氏、创世神女娲，竟然是个人面蛇身的怪物！人形神与非人形神（或人兽神合体）约1与4之比。山海经图的形象造型夸张怪诞，通过人与动物器官、肢体的加减、交错、异位、夸张、变形，重新组合，出现了新的神话形象。《山海经》的神不讲究人的形体美，常把人的器官肢体加诸鸟、兽、蛇身上，于是出现了大量的人面鸟、人面兽、人首蛇身的形象。中国人以这些形象表达自己对人与自然，对天、地、人关系的理解，以这种方式与天地沟通，与自然调协，与山水、动植物对话，进行交流，保留下来了大量原始思维的模式与遗韵。

山海经图再现了中国人童年的梦。神话是人类童年的梦，是人类走出混沌的第一声呐喊，是人类从自然走向文明所采摘的第一批果实。神话是民族生命力的源泉，是民族文化的根，是民族精神之所在。每个民族都有自己的神话，每个民族都为自己的神话而自豪。中国是一个多民族国家，神话蕴藏十分丰富，神话品种和类型齐全。山海经图以形象的方式向子孙后代讲述着远古发生的一个个至今并未消失的动人故事，把中国的神话世界，把中国人童年的梦展现在读者面前。

要了解一个民族，最好从她的神话入手。山海经图是中国人的创造，体现了中国的民族精神，那人面的兽、九头的蛇、一脚的牛、袋子似的混沌神帝江，将给人以无穷的艺术享受；而那与日竞走、道渴而死、其杖化为邓林的夸父，那口含木石、以堙东海的精卫，那没有了脑袋而以乳作目、以脐作口，还要手执干戈斗争不息的刑天，正是中国人民族精神的写照！

山海经图蕴含着深厚的中国文化，是中华民族心灵的历史，民族生命力的赞歌，同时又是各门学科取之不竭的源泉，艺术发生学、神话学、考古艺术学、民俗文化学、古典文学，等等，都可以从中找到联系的纽带。而山海经图对我们理解《山海经》这部博大精深的奇书，其意义更是不言而喻的。

对山海经图的搜集、整理和研究是一个大型的基础性建设工程，包括三个研究系列：（1）古本山海经图的搜集、整理和制作，为研究者和读者提供一部有观赏、收藏和研究价值的、可靠的古本山海经图；（2）山海经图与《山海经》的比较研究，这项工作的第一步是给读者提供一部带研究性质的图说；（3）山海经图与古文献、考古文物、民俗文物、民族巫图及其他学科的比较研究。笔者目前已完成的若干成果只是上述基础工程的第一步，图本还有待补充、完善，研究还有待深入开拓，真诚希望得到海内外学者的指教和支持。

2000 年春于北京

1. 《朱子语类》卷一三八。

2. 唐张彦远《历代名画记》中说："古之秘画珍图固多，散逸人间，不得见之，今粗举领袖，则有……山海经图……大荒经图。"京华出版社，2000年，第40页。此说未见于其他记载。

3. 宋姚宽《西溪丛语》卷下，中华书局，1993年，第91页。此书在"亦在畏兽书中"句前后加单引号，并对之作注云："据《山海经》，此句乃郭璞注文。'亦'前疑脱一'注'字。"查郭璞为强良作的注原文为"亦在畏兽画中"。宋尤袤《山海经传》载郭璞为强良作的注文为"亦在兽画中"。（中华书局，1984年，影印本第三册）由于繁体字"书画"二字字形相近，郭注"畏兽书"可能是"畏兽画"的笔误。对姚文"亦在畏兽书中"一句，是否也可理解为不一定是郭璞的注。其理由：一是郭璞为强良所作的注原文为"亦在畏兽画（一作兽画）中"，而非"畏兽书"；二是《西溪丛语》卷下收有姚宽的名篇《陶潜读山海经十三首》，多次引用郭注，在引用时，都写明"郭璞注云"，如果"亦在畏兽书中"确是郭氏所注，不会不加说明。因此，"亦在畏兽书中"一句很可能是姚宽的见解。"畏兽"一词来源于郭璞，而畏兽书指的是有图有文的《山海经》。

4. 饶宗颐《澄心论萃》，上海文艺出版社，1996年，第264－266页。

5. 清毕沅《山海经新校正·古今本篇目考》，光绪十六年（1890）学库山房仿毕氏图注原本校刊。

6. 清郝懿行《山海经笺疏叙》（嘉庆九年，1804），见《中国历代小说序跋集》，丁锡根编著，人民文学出版社，1996年，第21页。

7. 王以中《山海经图与职贡图》，《禹贡》第1卷第3期，民国二十三年（1934），第8页。

8. 《左传·宣公三年》，岳麓书社，1988年，第21页。

9. 王充《论衡·儒增篇》，上海人民出版社，1974年，第127页。

10. 《欧阳修全集》卷三，中国书店，1986年，第363页。

11. 明杨慎《山海经后序》，见《中国历代小说序跋集》第7－8页。

12. 清毕沅《山海经新校正序》，见《中国历代小说序跋集》第15页。

13. 明胡应麟《少室山房笔丛》卷32《四部正伪下》，中华书局，1958年，第413页。

14. 清阮元《山海经笺疏序》，见《中国历代小说序跋集》，第22页。

15 江绍原《中国古代旅行之研究》，商务印书馆，1937年，现见上海文艺出版社1989年影印本，第7、13页。

16. 袁珂《袁珂神话论集》，四川大学出版社，1996年，第17－18页。

17. 李先登《禹铸九鼎辨析》，《中国历史博物馆馆刊》，1992年，第18－19期，第98页。

18. 陈桥驿《民国以来研究〈水经注〉之总成绩》，《中华文史论丛》第53辑，上海古籍出版社，1994年，第67页。

19. 毕沅《山海经新校正序》，见《中国历代小说序跋集》，第15页。

20. 王以中《山海经图与职贡图》，《禹贡》第1卷第3期，民国二十三年，第6页。

21. 袁珂《袁珂神话论集》，第17页。

22. 小川琢治《山海经考》，见《先秦经籍考》下卷，内藤虎次郎等著，江侠庵编译，上海商务印书馆，1931年，第82页。小川文中还介绍了西方学者拉克倍理（Terrien de Lacouperie）的观点，拉氏在《古代中国文明西源论》（1894 年）中认为，海外海内两经，是周时之地理图；山经五篇，原有奇怪之人兽图，与经相附而行。至 6 世纪时，此旧图佚去，别附以新图（见小川上引文，第 9 — 10 页）。此处所说之旧图可能指的是《山海经》原始古图，6 世纪的新图可能指的是张僧繇绘画的山海经图。

23. 小川琢治《山海经考》，见《先秦经籍考》下卷，内藤虎次郎等著，江侠庵编译，上海商务印书馆，1931 年，第 2 页。

24. 扶永发《神州的发现——〈山海经〉地理考》（修订本），云南人民出版社，1998 年。

25. 丁振宗《古中国的 X 档案——以现代科技知识解〈山海经〉之谜》，台北昭明出版社，1999 年，序第 3 页。

26. 曾昭燏、蒋宝庚、黎忠义《沂南古画像石墓发掘报告》，南京博物院、山东省文物管理处编，文化部文物管理局出版，1956 年，第 42 页。

27. 吕子方《读〈山海经〉杂记》，见《中国科学技术史论文集》，四川人民出版社，1984 年，第 113、160 页。

28. 蒙文通所著的《略论山海经的写作时代及其产生地域》，《巴蜀古史论述》，四川人民出版社，1981 年，第 176 页。

29. 刘师培《古今画学变迁论》，见《刘申叔遗书》卷 13。

30. 1925 年 3 月 15 日鲁迅给傅筑夫信："中国之鬼神谈，似至秦汉方士而一变……且又析为三期，第一期自上古到周末之书，其根柢在巫，多含古神话……"见《鲁迅书信集》，人民文学出版社，1976 年，第 66 页。

31. 袁珂《袁珂神话论集》，第 15 页。

32. 郝懿行《山海经笺疏叙》，同注 2。

33. 鲁迅《阿长与山海经》，《鲁迅全集》（二），人民文学出版社，1958 年，第 229 — 231 页。

* 拙文初次发表时所记聚锦堂刻本不是蒋应镐绘图本的初刻本，明万历二十五年（1597）的刊行年代是错误的。这些年，我一直在寻找明代蒋应镐绘图、刘素明刊的初刻本而不获，未见确切的初刻年代记载，见到的只有明刻本的说明。悬望知者行家有以教我。

明清古本山海经图版

明·解缙 等 辑《永乐大典》卷九一〇

明·胡文焕 编《山海经图》

明·蒋应镐，武临父 绘《有图山海经》

清·吴任臣 注《山海经广注》康熙图本

清·成或因 绘《山海经绘图广注》

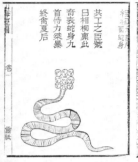

清·毕沅 注《山海经》图本

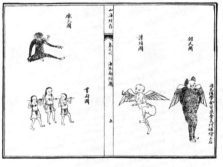

清·汪绂 绘《山海经存》图本

清·陈梦雷，蒋廷锡 等 编《古今图书集成·禽虫典》《古今图书集成·边裔典》

南山经

狌狌
xīng
xīng

南山经

南山经之首曰䧿山。其首曰招摇之山，临于西海之上。多桂，多金、玉。有草焉，其状如韭而青华，其名曰祝馀，食之不饥。有木焉，其状如榖而黑理，其华四照。其名曰迷榖，佩之不迷。有兽焉，其状如禺而白耳，伏行人走，其名曰狌狌，食之善走。丽麂之水出焉，而西流注于海。其中多育沛，佩之无瘕疾。

狌狌是古字，即今之猩猩。关于它的形状，一说它像猿猴，白耳朵，能伏行，又能如人般直立行走（《南山经》）；一说它人面猪身（《海内南经》："狌狌知人名，其为兽，如豕而人面，在舜葬西"）；一说它是人面青兽（《海内经》）；一说它人面狗躯而长尾（《吕氏春秋·本味》高诱注）；一说它状如黄狗而人面，头如雄鸡（《周书》）；一说猩猩若黄狗，人面能言（《博物志》）。

古书中说，猩猩能言（《礼记·曲礼》）。屈原《天问》有"焉有石林，何兽能言"的诗句，问的是天下会有石木之林，林中会有能言之兽吗？清代画家萧云从用图画（图3）回答了屈原的问题，在《天问图》中突出了猩猩能言的特征，对它的长舌做了夸张的描写。

《海内南经》中说，猩猩知人名。传说猩猩百余头为一群，出没于山谷之中。这种兽特别好酒和草鞋，土人常在路上摆上酒，还放上几十双连在一起的草鞋。猩猩走过，便知道放置这两样东西的土人和他们祖先的名字。开头，它们喊着土人和他们祖先的名字，一边大骂"诱我也"，一边走开。不一会又返回，相互嚷着喝酒，还把草鞋套在脚上（图2）。喝不多少便大醉，连着的草鞋让它们跑也跑不动，便被土人捉住（唐 李肇《唐国史补》；又见 李贤注引《南中志》）。

《水经注·叶榆河》记载，猩猩兽善与人言，音声丽妙，如妇人好女。对语交言，闻之无不酸楚。传说猩猩的肉甘美（《水经注》），人吃了能善走（《南山经》）。

郭璞《图赞》："狌狌似猴，走立行伏。櫰木挺力，少辛明目。蜚（飞）廉迅足，岂食斯肉。"

又《海内南经·图赞》："狌狌之状，形乍如兽（《百子全书》本作犬）。厥性识往，为物警辨。以酒招灾，自贻缨胃。"

山海经图所见的狌狌，有四种：

其一，猴形，如图1、4；

其二，人形兽尾，如图5；

其三，人面猪身，如图6、7；

其四，人形披兽毛，如图8。胡文焕图说："鹊山（招摇山）有兽，状如窝（音弗），类弥猴，发垂地。江东山中亦有，名猩猩，能言。"

1. 明·蒋应镐绘图本

4

2. 清·汪绂《山海经存·海内南经》图　3. 清·萧云从《钦定补绘离骚图·天问图》，"猩猩能言"
4. 清·汪绂图本　5. 清·四川成或因绘图本

6

7

8

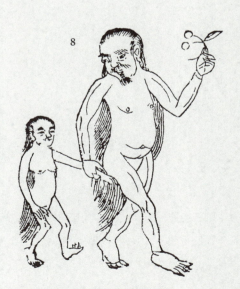

6. 明·蒋应镐绘图本《海内南经》图　　7. 清·四川成或因绘图本《海内南经》图　　8. 明·胡文焕图本，名猩猩

白猿

bái
yuán

又东三百里曰堂庭之山。多棪木，多白猿，多水玉，多黄金。

　　白猿似猴而大臂，脚长便捷，善攀援，其鸣声哀，故有"猿三鸣而人泪下"（《兽经》）之说。柳宗元《入黄溪闻猿》说："溪路千里曲，哀猿何处鸣。孤臣泪已尽，虚作断肠声。"《抱朴子·对俗篇》说，猴寿八百岁变为猿，寿五百岁变为玃。李时珍《本草纲目》说，猿产于川广深山，其臂甚长，能引气，故多寿。

　　郭璞《图赞》："白猿肆巧，由（繇）基抚弓。应眄而号，神有先中。数如循环，其妙无穷。"

1. 明·胡文焕图本　　2. 明·蒋应镐绘图本
3. 清·四川成或因绘图本　　4. 清·汪绂图本

蝮虫

fù
chóng

南山经

又东三百八十里曰猨翼之山。

其中多怪兽，水多怪鱼。多

白玉，多蝮虫，多怪蛇，不

可以上。

蝮虫即蝮、蝮蛇、蝮虺。郭璞说：色如绶文，鼻上有针，大者百余斤，又名反鼻虫。

《尔雅·释鱼》有"蝮虺博三寸首大如擘"的记载。蝮蛇是一种可怕的动物，屈原在《离骚·大招》的招魂词中，呼唤灵魂不要去炎火千里的南方，说那里有蝮蛇等可怕的生物。除《南山经》外，《南次二经》羽山、《南次三经》非山，皆"多蝮虫"。

图 2 上面画了 怪鱼、腹虫、怪蛇 三种生物。

怪蛇

*
貌奇之蛇

guài
shé

南山经

又东三百八十里曰猨翼之山。

其中多怪兽，水多怪鱼。多

白玉，多蝮虫，多怪蛇，不

可以上。

所谓怪蛇，指的是状貌倜奇不平常的蛇。《北次二经》洹山、《中次九经》崌山、《中次十二经》荣余山亦多怪蛇。

1. 明·蒋应镐绘图本　　2. 清·四川成或因绘图本，依次为怪鱼、腹虫、怪蛇

1. 明·蒋应镐绘图本

鹿蜀

lù shǔ

又东三百七十里，曰杻阳之山。其阳多赤金，其阴多白金。有兽焉，其状如马而白首，其文如虎而赤尾，其音如谣，其名曰鹿蜀，佩之宜子孙。怪水出焉而东流，注于宪翼之水。其中多玄龟，其状如龟而鸟首虺尾，其名曰旋龟，其音如判木，佩之不聋，可以为底。

　　鹿蜀是一种神兽，样子像马，长着白色的脑袋，红色的尾巴，身披虎纹，叫起来就像人在唱歌。传说明代崇祯时，闽南地区曾有人见过鹿蜀（**吴任臣注**）；又说人如果把它的皮毛佩戴在身上，或以之做褥子（**胡文焕 图说**："**人寝其皮**"），可使子孙昌盛。

　　郭璞《图赞》："鹿蜀之兽，马质虎文。骧首吟鸣，矫足腾群。佩其皮毛，子孙如云。"

1

1. 明·蒋应镐绘图本

2

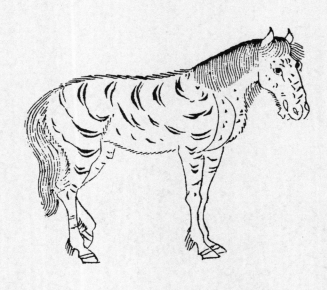

3

2. 明·胡文焕图本　　3. 清·四川成或因绘图本

4

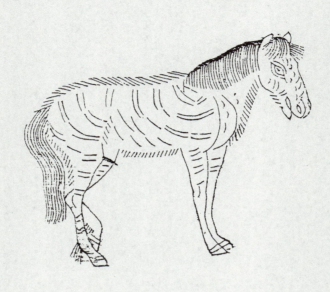

5

4. 清·毕沅图本　　5. 清·汪绂图本

旋龟

xuán
guī

* 虺尾

又东三百七十里，曰杻阳之山。其阳多赤金。其阴多白金。有兽焉，其状如马而白首，其文如虎而赤尾，其音如谣，其名曰鹿蜀，佩之宜子孙。怪水出焉而东流，注于宪翼之水。其中多玄龟，其状如龟而鸟首虺尾。其名曰旋龟，其音如判木，佩之不聋，可以为底。

旋龟的样子像普通的龟，但却长着鸟的头、毒蛇的尾巴。它叫起来就像敲击破木的声音。人带着它，可不患耳聋，还有治足茧的奇效。《中次六经》密山也有旋龟，其状为鸟首鳖尾，与此不同。旋龟又作玄龟，《拾遗记》所记禹治水时，"黄龙曳尾于前，玄龟负青泥于后"，可知玄龟又是神话中治水的重要角色。屈原《天问》有"鸱龟曳衔，鲧何听焉"的诗句，闻一多认为，其中的鸱龟便是《南山经》的旋龟（见《天问疏证》）。清代萧云从在《天问图》（**图2**）中，把鸱龟画成鸱与龟两种动物，图右下方的龟似是龟首龟身蛇尾之旋龟。

郭璞《图赞·南山经》："鸟首虺（虺）尾，其名旋龟。"

《图赞·中山经》："声如破木，号曰旋龟。"

旋龟图有二形：

其一，鸟首龟身，蛇尾四足，如**图**1、3、4、5；

其二，龟首蛇尾四足，如**图**6、7。

1. 明·蒋应镐绘图本　2. 清·萧云从《天问图》，"鸱龟曳衔"

16

3

4

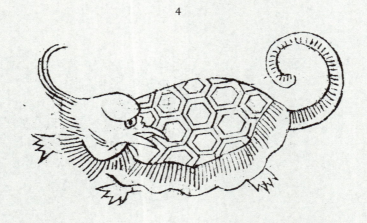

3. 清·毕沅图本　　4. 清·四川成或因绘图本

5

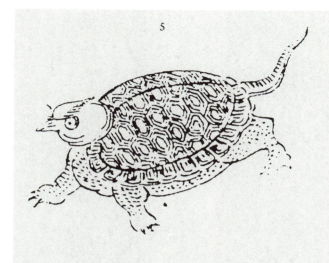

6

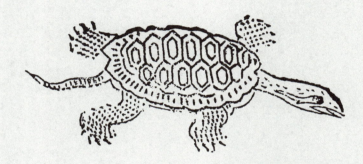

7

5.上海锦章图本　　6.明·胡文焕图本　　7.清·汪绂图本

鲑

lù

又东三百里枢山。多水，无草木。有鱼焉，其状如牛，陵居，蛇尾，有翼，其羽在鲑（胁）下，其音如留牛，其名曰鲑，冬死而夏生。食之无肿疾。

鲑（音陆）是一种集鸟、兽、鱼、蛇四牲于一身，介乎于生死之间的怪鱼，生活在水旁的山陵上。它的样子像牛，蛇尾有翼，羽毛长在肋下。叫声像牛，冬天休眠，夏天出来活动，所以说它冬死而夏生。人吃了这种鱼，可以防治痈肿。

郭璞《图赞》："鱼号曰鲑，处不在水。厥状如牛，鸟翼蛇尾。随时隐见，倚乎生死。"

鲑图有无足与四足两大类五种形象：

其一，无足类，牛首鱼身，蛇尾有翼，如图1、2；

其二，无足类，兽首鱼身，蛇尾有翼，如图3、4；

其三，无足类，兽首鱼身，蛇尾无翼，如图5；

其四，四足类，兽首鱼身牛蹄，蛇尾有翼，如图6；

其五，四足类，形象与胡文焕图本（图6）同，在水中奔驰，如图7。

1

2

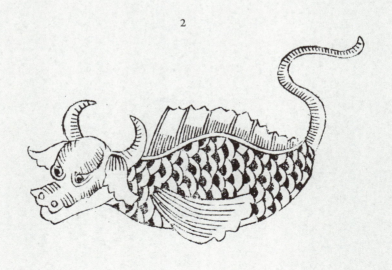

1.明·蒋应镐绘图本　　2.清·四川成或因绘图本

3

4

3. 清·吴任臣康熙图本，名"鲢鱼" 4. 上海锦章图本

5

6

7

5. 清·汪绂图本　　6. 明·胡文焕图本，名"鲑鱼"　　7. 清·《古今图书集成·禽虫典》，名"鲑鱼"

类

lèi

南山经

又东四百里曰亶爰之山。多水，无草木，不可以上。有兽焉，其状如狸而有髦，其名曰类，自为牝牡，食者不妒。

类又称灵狸、灵猫，样子像野猫，头披长毛，是一种雌雄共体的奇兽。传说云南蒙化县（今巍山县）有此兽，土人谓之香髦，具牝牡两体（**杨慎注本**）。郝懿行引陈藏器《本草拾遗》说："灵猫生南海山谷，状如狸，自为牝牡。"又引《异物志》说："灵狸一体，自为阴阳。"《列子》记："亶爰之兽，自孕而生，曰类；河泽之鸟，相视而生，曰鹢。"《楚辞》："乘赤豹兮载文狸。"王逸注："神狸而不言其状，考《南山经》亶爰之山有兽名类，其状如狸，其文如豹，疑即此物也。"据说吃过这种兽肉的人不知妒忌。

郭璞《图赞》："类之为兽，一体兼二。近取诸身，用不假物（**器**）。窃窕是佩，不知妒忌。"

类兽图有两种形状：

其一，兽形，如**图**1、2、3、4；

其二，人面兽形，如**图**5、6、7。

1

1. 明·蒋应镐绘图本

24

2. 清·汪绂图本　　3. 日本《怪奇鸟兽图卷》图本　　4. 清·四川成或因绘图本

5

6

7

5. 明·胡文焕图本　　6. 清·近文堂图本　　7. 上海锦章图本

猼訑

bó
yí

又东三百里曰基山。其阳多玉，其阴多怪木。有兽焉，其状如羊，九尾四耳，其目在背，其名曰猼訑。佩之不畏。有鸟焉，其状如鸡而三首六目，六足三翼，其名曰䳠鸺，食之无卧。

　　猼訑（音博宜）是一种怪兽，似羊，九条尾巴，四只耳朵，两只眼睛长在背脊上。据说人取其皮毛，佩在身上，可不知畏惧。

　　郭璞《图赞》："猼訑似羊，眼反在背。视之则奇，推之无怪。若欲不恐，厥皮可佩。"

1. 明·蒋应镐绘图本

27

2

2. 清·四川成或因绘图本

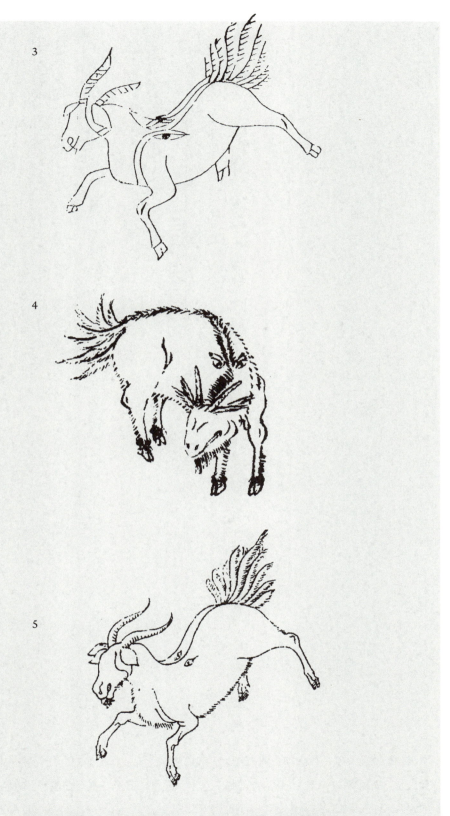

3. 清·近文堂图本　　4. 清·汪绂图本　　5. 清·《古今图书集成·禽虫典》

29

鹋鴒

bì
fū

又东三百里曰基山。其阳多玉，其阴多怪木。有兽焉，其状如羊，九尾四耳，其目在背，其名曰猼𧴩。佩之不畏。有鸟焉，其状如鸡而三首六目，六足三翼，其名曰鹋鴒，食之无卧。

　　鹋鴒（**音必夫**）一作鹋鴒，郝懿行注：鹋盖鹋字之讹。样子像鸡，却长着三个脑袋，六只眼，六条腿，三副翅膀。《广雅》记：南方有鸟，三首六目，六足三翼，其名曰鹋鴒。鹋字又音憋，郭璞说，鹋鴒急性，使人少眠。据说人吃了它，可少睡觉。

　　郭璞《图赞》："鹋鴒六足，三翅并翚。"

1. 明·蒋应镐绘图本　　2. 明·胡文焕图本　　3. 清·四川成或因绘图本
4. 上海锦章图本，名"鹠鸺"　　5. 清·汪绂图本，名"鹠鸺"

又东三百里曰青丘之山。其阳多玉，其阴多青䕫。有兽焉，其状如狐而九尾，其音如婴儿，能食人，食者不蛊。有鸟焉，其状如鸠，其音如呵，名曰灌灌，佩之不惑。英水出焉，南流注于即翼之泽。其中多赤鱬，其状如鱼而人面，其音如鸳鸯，食之不疥。

九尾狐

jiǔ
wěi
hú

1

　　九尾狐多次见于《山海经》与古代典籍，是古代神话中的重要角色。《海外东经》记："青丘国在其北，其狐四足九尾。"《大荒东经》又记："有青丘之国，有狐，九尾。"《周书·王会篇》说："青丘狐九尾。"

　　《南山经》的九尾狐是一只食人畏兽，它的叫声很像婴儿在啼哭。传说人吃了它的肉，可以不逢妖邪之气，抗拒蛊毒。九尾狐在《山海经》中出现三次，未见有祥瑞品格，与西王母的神话家族也没有联系，保留了它最古老的形象。

　　九尾狐后来成为祥瑞和子孙繁息的象征。郭璞在注释《山海经》时，把后来出现的九尾狐"太平则出而为瑞"的观念带进《山海经》的注文中。《吴越春秋·越王无余外传》记载了一则禹娶涂山女子为妻的故事，说禹娶涂山女子，是一只九尾白狐献瑞的结果。传说禹治水直到三十岁时，还没娶妻。有一次，他走过涂山，见到一只九尾白狐，不禁想起涂山当地流传的一首民间歌谣，大意是说：谁见了九尾白狐，谁就可以为王；谁见了涂山的女儿，谁就可以使家道兴旺。于是，禹便娶涂山女子女娇为妻。越是后出的文献，九尾狐的祥瑞色彩则越浓。《白虎通·封禅篇》中说："德至鸟兽则九尾狐见。"《瑞应图》记：王者不倾于色，则九尾狐至。王法修明，三才得所，九尾狐至。又说，九尾狐六合一同则见，文王时东方归之。商周、战国时代的青铜器与针刻画上保留了九尾狐的原始形象。汉画像石中常见九尾狐与兔、蟾蜍、三足乌等并列于西王母身旁，以示祥瑞与子孙兴旺，九尾狐成了西王母神话家族中的一员。

　　郭璞《图赞·海外东经》："青丘奇兽，九尾之狐。有道翔见，出则衔书。作瑞周文，以标灵符。"

33

2

3

1. 青铜器与汉画像石图像（左至右）：青铜尊刻纹，转自白川静《中国神话》；
铜奁鸟兽刻纹，江苏淮阴高庄战国墓出土；山东嘉祥洪山西王母画像石；河南郑州新通桥东汉画像石
2. 明·蒋应镐绘图本　3. 明·胡文焕图本

4

5

4. 日本《怪奇鸟兽图卷》图本　　5. 清·四川成或因绘图本

6

7

6.清·汪绂图本《海外东经》图　　7.清·《古今图书集成·禽虫典》

灌灌

huò
huò

又东三百里曰青丘之山。其阳多玉，其阴多青䨼。有兽焉，其状如狐而九尾，能食人，食者不蛊。有鸟焉，其状如鸠，其音如呵，名曰灌灌，佩之不惑。英水出焉，南流注于即翼之泽。其中多赤鱬，其状如鱼而人面，其音如鸳鸯，食之不疥。

灌灌鸟又叫濩濩（**音获**），是一种吉鸟，样子像鸠，叫起来很像人相互呵呼的声音。人若取其毛羽佩在身上，可不受蛊惑。据说把这种鸟的肉在火上烧烤，味道特别鲜美（**《吕氏春秋·本味篇》**）。陶潜有诗曰："青丘有奇鸟，自言独见尔。本为迷者生，又以喻君子。"

郭璞《图赞》："厥声如诃（**呵**），厥形如鸠。佩之辨惑，出自青丘。"

赤鱬

chì
rú

又东三百里曰青丘之山。其阳多玉，其阴多青䨼。有兽焉，其状如狐而九尾，能食人，食者不蛊。有鸟焉，其状如鸠，其音如呵，名曰灌灌，佩之不惑。英水出焉，南流注于即翼之泽。其中多赤鱬，其状如鱼而人面，其音如鸳鸯，食之不疥。

赤鱬（**音儒**）属人鱼类。《北次三经》的人鱼、《中次七经》之䱱鱼、《海外西经》之龙鱼、《海内北经》的陵鱼等都是。吴任臣引刘会孟说：磁州亦有孩儿鱼，四足长尾，声如婴儿啼，其豪膏燃之不灭。据刘说乃䱱鱼也。人鱼也叫鲵鱼，据《广志》记载，鲵鱼声如小儿啼，四足。而赤鱬则人面鱼身，叫声如鸳鸯。据说人若吃其肉，可以防病，又说可以不得疥疮。

郭璞《图赞》："赤鱬之物（**一作状**），鱼身人头。"

赤鱬图有两种形状：

其一，人面鱼身，如图1、2、3、4、5；其二，鱼形，非人面，如图6。

1. 明·蒋应镐绘图本   2. 清·四川成或因绘图本   3. 清·《古今图书集成·禽虫典》

1   2   3

1

1. 明·蒋应镐绘图本

2

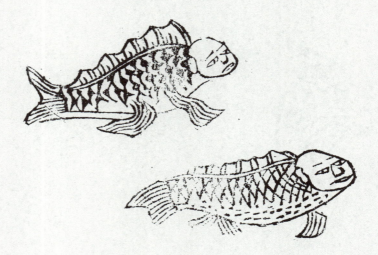

3

2. 清·四川成或因绘图本　　3. 清·吴任臣康熙图本

4. 上海锦章图本　　5. 清·《古今图书集成·禽虫典》　　6. 清·汪绂图本

鸟身龙首神

niǎo
shēn
lóng
shǒu
shén

凡䧿山之首，自招摇之山以至箕尾之山，凡十山，二千九百五十里。其神状皆鸟身而龙首。其祠之礼：毛用一璋玉瘗，糈用稌米，一璧，稻米、白菅为席。

招摇山至箕尾山共十山的山神，名䧿神，都是鸟身龙首神。

招摇山的山神䧿神有两种形状：

其一，人面龙首鸟身，如**图**1、2、3；

其二，龙首鸟身，如**图**4、5、6。

1. 明·蒋应镐绘图本　2. 清《古今图书集成·神异典》

42

3

4

3.清·四川成或因绘图本　4.明·胡文焕图本，名鹊神

5. 日本《怪奇鸟兽图卷》图本，名鹊神　　6. 清·汪绂图本，名南山神

44

狸力

lí
lì

南山经　南次二经

南次二经之首曰柜山。西临流黄，北望诸毗，东望长右。英水出焉，西南流注于赤水，其中多白玉，多丹粟。有兽焉，其状如豚，有距，其音如狗吠，其名曰狸力，见则其县多土功。有鸟焉，其状如鸱而人手，其音如痹，其名曰鸼，其名自号也，见则其县多放士。

　　狸力的样子像猪，脚上长着鸡足，叫声像狗吠。传说狸力出现的地方多土功，狸力可能是善于掘土之兽。

　　郭璞《图赞·东山经》："狸力鸼胡，或飞或伏。是惟土祥，出兴功筑。长城之役，同集秦域。"

　　图4中的狸力没长鸡足，与家猪无异。

1. 明·蒋应镐绘图本　2. 清·四川成或因绘图本
3. 清·汪绂图本　4. 清·《古今图书集成·禽虫典》

鴸

zhū

南次二经之首曰柜山。西临流黄，北望诸毗，东望长右。英水出焉，西南流注于赤水，其中多白玉，多丹粟。有兽焉，其状如豚，有距，其音如狗吠，其名曰狸力，见则其县多土功。有鸟焉，其状如鸱而人手，其音如痹，其名曰鴸，其名自号也，见则其县多放士。

　　鴸（音朱）鸟是丹朱的化身。丹朱是尧的儿子，传说他为人傲虐而顽凶，所以尧把天下让给了舜，而把丹朱放逐到南方的丹水去做诸侯。当地三苗的首领与丹朱联合抗尧被诛，三苗的首领被杀，丹朱自投南海而死。丹朱的魂魄化身为鴸鸟，样子像猫头鹰，爪子却像人手，整天"朱，朱……"地叫着，啼叫的声音就像自呼其名。哪里听到鴸鸟的叫声，哪里有本事的人就将被放逐。传说丹朱的子孙在南海建立了一个国家，叫灌头国，或叫驩朱国，也就是丹朱国（三者的音相近）。这里的人，样子很奇特，长着人的脸、鸟的翅膀（见《海外南经》）。

　　吴任臣注：鴸鸟鸱目人手。《事物绀珠》说：鴸身如鸱，人面人掌。乙酉岁夏六月，有鸟止于杭之庆春门上，三目，足如小儿，面若老人，其鸣曰鴸，或以为即鴸鸟也。

　　鴸图有两种形状：

　　其一，鸟首鸟身、脚如人手，如图1、2、3；

　　其二，人面鸟身、脚如人手，如图4、5、6。胡氏图说云："长舌山有鸟，状如鸱而人面，脚如人手，名曰鴸。"吴任臣、毕沅、郝懿行三图本的图释也说："状如鸱而人面人手。""人面"二字是《南次二经》经文所没有的。把鴸画成人面，想必是画工参考了上述《事物绀珠》等古书的记载，或参考了《海外南经》丹朱国的人面鸟翼的形象。毕沅图本的图释说："见则其县多夭亡，"此说未见于经文。

　　郭璞《图赞》："彗星横天，鲸鱼死浪。鴸鸣于邑，贤士见放。厥理至微，言之无象（一作况）。"陶潜《读山海经诗》："鹑鹅见城邑，其国有放士。念彼怀王世，当时数来止。"鹑鹅即丹鴸。黄省会诗云："宛彼鴸鸟鸣，放士真堪哀。"说的都是鴸鸟的故事。

1

2

1. 明·蒋应镐绘图本　　2. 清·汪绂图本

3

4

3. 清·四川成或因绘图本　　4. 日本《怪奇鸟兽图卷》图本

5

6

7

5. 明·胡文焕图本　　6. 清·毕沅图本　　7. 上海锦章图本

长右

cháng
yòu

南山经　南次二经

东南四百五十里曰长右之山。无草木，多水。有兽焉，其状如禺而四耳，其名长右，其音如吟，见则郡县大水。

　　长右是猴形水怪，与狌狌、举父均属猿猴类。长右山出此兽，因以山名之。长右是大水的征兆，其特征是猴状而四耳，吼叫声像人的呻吟声。

　　郭璞《图赞》："长右四耳，厥状如猴。实为水祥，见则横流。"

　　长右图有二形：

　　其一，猴形，如图 1、2、3、4、5；

　　其二，人面兽身，如图 6。

1

2

1. 明·蒋应镐绘图本　　2. 清·《古今图书集成·禽虫典》

3

4

3. 清·近文堂图本　　4. 清·汪绂图本

5

6

5.上海锦章图本　　6.清·四川成或因绘图本

猾褢

huá
huái

南山经　南次二经

又东三百四十里曰尧光之山。其阳多玉，其阴多金。有兽焉，其状如人而彘鬣，穴居而冬蛰，其名曰猾褢，其音如斫木，见则县有大繇。

猾褢（音滑怀）的样子像人，全身长满长长的猪样的硬毛，穴居，冬天蛰伏不出。它叫起来就像人砍劈木头的声音，它出现的地方就会天下大乱。胡文焕图说："尧光山有兽，状如猕猴，人面彘鬣。"

郭璞《图赞》："猾褢之兽，见则兴役。应（一作鹰）政而出，匪乱不适。天下有道，幽形匿迹。"

黄省会《读山海经》说："国邑有大繇，康庄行猾褢。"

1

2

1.明·蒋应镐绘图本　2.明·胡文焕图本

3

4

3. 清·四川成或因绘图本　　4. 清·毕沅图本

5

6

5. 清·汪绂图本　　6. 上海锦章图本

彘

zhì

又东五百里曰浮玉之山。北望具区，东望诸毗。有兽焉，其状如虎而牛尾，其音如吠犬，其名曰彘，是食人。苕水出于其阴，北流至于具区，其中多鮆鱼。

彘（音智）是水怪，又是食人畏兽，样子像虎，却长着牛的尾巴，叫起来像狗吠。

彘图有五种形状：

其一，虎身牛尾，如图1；

其二，人面如猴四耳、虎毛牛尾，如图2、3、4、5。胡文焕图说："浮玉山有兽，状如猴，四耳，虎毛而牛尾，其音如犬吠，名曰长彘。食人，见则大水。"《事物绀珠》所记湖州浮玉山的长彘，样子像猴，四耳，虎身而牛尾，也属这一类怪兽；

其三，虎首虎身独角、足爪似猴、名长彘，如图6；

其四，虎首虎身虎尾，如图7；

其五，兽身如熊、虎爪牛尾、双目如炬，如图8。

郭璞《图赞》："彘虎其身，厥尾如牛。"

1

1. 明·蒋应镐绘图本

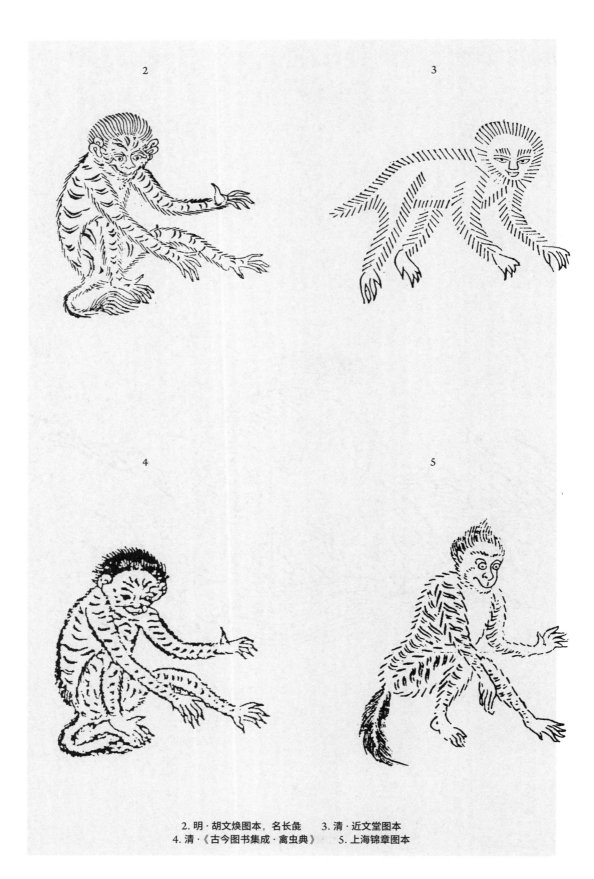

2. 明·胡文焕图本，名长麂　　3. 清·近文堂图本
4. 清·《古今图书集成·禽虫典》　　5. 上海锦章图本

6

7

8

6. 日本《怪奇鸟兽图卷》图本，名长彘　　7. 清·四川成或因绘图本　　8. 清·汪绂图本

鮆鱼

jì yú

南山经　南次二经

又东五百里曰浮玉之山。北望具区，东望诸毗。有兽焉，其状如虎而牛尾，其音如吠犬，其名曰彘，是食人。苕水出于其阴，北流至于具区，其中多鮆鱼。

　　鮆（音剂）鱼，又名刀鱼、鲚鱼、鲏鱼。鮆鱼长头而狭薄，其腹背如刀刃，故名刀鱼。大者长尺余，可以为脍（《尔雅翼》）。李时珍说，鲚生江湖中，常以三月始出。状狭而长薄，细鳞白色，吻上有二硬须，鳃下有长鬣如麦芒；腹下有硬角，刺快利若刀（《**本草纲目**》）。《北次二经》县雍之山所记之鱼，其状如鲦而赤鳞，其音如叱，食之不骄。据说吃了它的肉可防狐臭。

　　郭璞《图赞·北山经》："阳鉴动日，土蛇致宵。微哉鮆鱼，食则不骄。物有所感，其用无标。"

63

1. 明·蒋应镐绘图本　2. 清·汪绂图本　3. 清·汪绂图本《北次二经》图
4. 清·《古今图书集成·禽虫典》，名鮆鱼

羬

huàn

又东四百里曰洵山。其阳多金，其阴多玉。有兽焉，其状如羊而无口，不可杀也，其名曰羬。洵水出焉，而南流注于阏之泽，其中多芘蠃。

　　羬（音换）是一种怪兽，样子像羊，没有口，不用吃食，却禀气自然，而不会饿死。《事物绀珠》记，此兽如羊，无口黑色。胡文焕图说："旬山有兽，状如羊而无口，黑色，名曰羬。其性顽狠，人不可杀，其禀气自然。"

　　郭璞《图赞》："有兽无口，其名曰羬。害气不入，厥体无间。至理之尽，出乎自然。"

1

1. 明·蒋应镐绘图本

66

2

3

2. 明·胡文焕图本　　3. 日本《怪奇鸟兽图卷》图本

4

5

4. 清·毕沅图本　5. 清·汪绂图本

蛊雕

gǔ
diāo

南山经　南次二经

又东五百里曰鹿吴之山。上无草木，多金石。泽更之水出焉，而南流注于滂水。水有兽焉，名曰蛊雕，其状如雕而有角，其音如婴儿之音，是食人。

1

　　蛊雕又称纂雕，是一种似鸟非鸟的食人怪兽，样子像雕，有角，叫起来像婴儿啼哭。《骈雅》记："蛊雕如雕而戴角。"《事物绀珠》记："蛊雕如豹，鸟喙一角，音如婴儿。"

　　其一，鸟形，似雕独角，如图2、3；

　　其二，豹形，鸟喙一角，如图4、5、6、7。胡氏图说云："陆吾山有兽，名曰蛊雕，状如豹而鸟喙，有一角。音如婴儿，食人。"

　　郭璞《图赞》："纂雕有角，声若儿号。"

　　《山海经》出现像蛊雕一类鸟喙兽身的形象很值得注意。考古学家发现陕西神木纳林高兔村战国晚期匈奴墓出土的纯金鹰嘴鹿形兽身怪兽（图1），在造型上与《山海经》的蛊雕有相像的地方。这类造型带有典型的北方草原文化的特点（见 崔大庸《中国历史文物》2002 年第 4 期文）。

2

3

1. 鹰嘴兽身神，陕西神木纳林高兔村战国晚期匈奴墓出土
2. 清·汪绂图本　　3. 明·蒋应镐绘图本

4

5

4. 明·胡文焕图本　　5. 清·吴任臣康熙图本

6

7

6. 清·近文堂图本　　7. 上海锦章图本

龙身鸟首神

lóng
shēn
niǎo
shǒu
shén

南山经 南次二经

凡南次二经之首自柜山至于漆吴之山，凡十七山，七千二百里。其神状皆龙身而鸟首。其祠：毛用一璧瘗，糈用稌。

1

　　自柜山至漆吴山共十七山，其山神都是龙身鸟首神。龙身鸟首山神，属群山山神，与鹊山山神一样，其形象都是鸟与龙的结合体，具有相同的，即鸟信仰的文化含义。其祭礼也与鹊山山神大致相同，用玉和稻米祭神。可以看出，这两个山系的农耕方式与鸟信仰是相互适应的。

　　今见蒋绘本的龙身鸟首神似人形，鸟首尖喙，龙麟遍体，龙尾缠身，有人的四肢，均作鸟爪状，上肢（二鸟爪）作抱拳状，下肢（二鸟爪）如人般站立在高山之上，有披肩围腰。胸前云气缭绕，是山神具有神性的象征。《神异典》称此山神为"柜山至漆吴山共十七山之神"，其造型与蒋绘本相似。汪绂本的南山神为龙形神，鸟首尖喙。

1. 清·四川成或因绘图本　　2. 明·蒋应镐绘图本
3. 清·汪绂图本，名南山神　　4. 清·《古今图书集成·神异典》

犀

xī

东五百里曰祷过之山。其上多金、玉，其下多犀、兕，多象，有鸟焉，其状如鵁而白首，三足，人面，其名曰瞿如，其鸣自号也。泿水出焉，而南流注于海。其中有虎蛟，其状鱼身而蛇尾，其音如鸳鸯，食者不肿，可以已痔。

犀似水牛，猪头庳脚，脚似象，有三蹄。大腹，黑色。三角：一在顶上，一在额上，一在鼻上。在鼻上者，小而不堕，食角也。好啖棘，口中常洒血沫（郭璞注）。李时珍《本草纲目》说，犀出西番南番滇南交州诸处，有山犀、水犀、兕犀三种，又有毛犀，似之山犀，居山林，人多得之。水犀出入水中，最为难得。犀有一角、二角、三角者。据《交广志·犀簪》所记，西南夷土有异犀，三角，夜行如大炬，火照数千步。或解脱，则藏于深密之处，不欲令人见之。王者贵其异，以为簪能消除凶逆。

犀角可解毒，李时珍说，犀角，犀之精灵所聚，足阳明药也，能解诸毒。《抱朴子·登涉篇》说："通天犀所以能煞毒者，其为兽专食百草之有毒者，及众木有刺棘者，不妄食柔滑之草木也。"

郭璞《图赞》："犀头似（一作如）猪，形兼牛质。角则并三，分身互出。鼓鼻生风，壮气隘溢。"

1. 明·蒋应镐绘图本　　2. 清·汪绂图本　　3. 清·《古今图书集成·禽虫典》，"犀牛望月"

兕

sì

东五百里曰祷过之山。其上多金、玉，其下多犀、兕，多象，有鸟焉，其状如鵁而白首，三足，人面，其名曰瞿如，其鸣自号也。泿水出焉，而南流注于海。其中有虎蛟，其状鱼身而蛇尾，其音如鸳鸯，食者不肿，可以已痔。

　　兕（音四）是独角兽，似水牛，青色，一角，重千斤。兕又见《海内南经》："兕在舜葬东，湘水南，其状如牛，苍黑，一角。"《尔雅》记："兕似牛，犀似豕。"《三才图会》所记有关兕的故事很有趣：兕似虎而小，不咥人。夜间独立绝顶山崖，听泉声，好静，直至禽鸟鸣时，天将晓方归其巢。兕为文德之兽，常见于古代青铜器与画像石图饰中，是力量与威猛的象征。

　　郭璞《图赞》："兕推壮兽，似牛青黑。力无不倾，自焚其革。皮充武备，角助文德。"

1.狩猎纹壶上的猎兕图，河南辉县琉璃阁战国墓出土　2.明·蒋应镐绘图本《海内南经》图
3.明·胡文焕图本　4.清·汪绂图本　5.清·《古今图书集成·禽虫典》

象

xiàng

东五百里曰祷过之山。其上多金、玉，其下多犀、兕，多象，有鸟焉，其状如鵁而白首，三足，人面，其名曰瞿如，其鸣自号也。泿水出焉，而南流注于海。其中有虎蛟，其状鱼身而蛇尾，其音如鸳鸯，食者不肿，可以已痔。

　　象是巨兽。郭璞注："象，兽之最大者，长鼻，大者牙长一丈。"李时珍《本草纲目》记，象出交广云南西域诸国，野象多至成群，番人皆畜以服重，酋长则饰而乘之。象有灰白二色，大者身长丈余，肉倍数牛，目才若豕，四足如柱，无指而有爪甲。行则先移左足，卧则以臂着地，其头不能俯，其颈不能回。象肉肥美，陈藏器云，象具十二生肖肉，各有分段，惟鼻是其本肉，炙食糟食更美。《中次九经》岷山、崌山多象，《海内南经》记巴蛇食象，《大荒南经》苍梧之野有象，《海内经》朱卷之国有黑蛇（即巴蛇）食象。

　　郭璞《图赞》："象实魁梧，体巨貌诡。肉兼十牛，目不逾豕。望头如尾，动若山（一作丘）徙。"

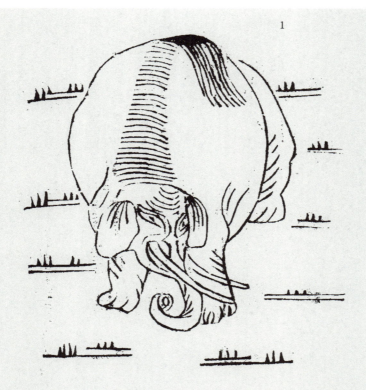

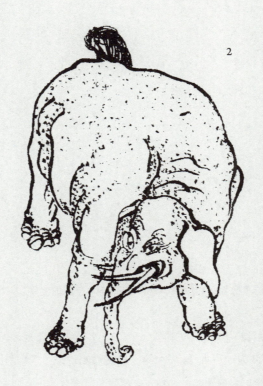

1. 清·四川成或因绘图本　　2. 清·汪绂图本

瞿如

qú
rú

东五百里曰祷过之山。其上多金、玉，其下多犀、兕，多象，有鸟焉，其状如䴔而白首，三足，人面，其名曰瞿如，其鸣自号也。浪水出焉，而南流注于海。其中有虎蛟，其状鱼身而蛇尾，其音如鸳鸯，食者不肿，可以已痔。

瞿如是人面三足鸟，样子像䴔，白脑袋，叫声如同呼唤自己的名字。

瞿如图有三种形状：

其一，人面三足鸟，如图1、2；

其二，三首二足鸟，非人面，如图2、3、4。胡文焕图说云："祷过山有鸟，状如䴔，似凫脚而小，长尾白首，三面二足，名曰瞿如，其名亦自呼"；

其三，一首三足鸟，非人面，如图5、6、7。

郭璞《图赞》："瞿如三手，厥状似䴔。"

1

2

1. 明·蒋应镐绘图本　　2. 清·《古今图书集成·禽虫典》

3

4

3. 明·胡文焕图本　　4. 日本《怪奇鸟兽图卷》图本

5.清·汪绂图本　6.清·郝懿行图本　7.上海锦章图本

虎蛟

hǔ
jiāo

南山经　南次三经

东五百里曰祷过之山。其上多金、玉，其下多犀、兕，多象，有鸟焉，其状如鵁而白首，三足，人面，其名曰瞿如，其鸣自号也。浪水出焉，而南流注于海。其中有虎蛟，其状鱼身而蛇尾，其音如鸳鸯，食者不肿，可以已痔。

虎蛟鱼身蛇尾，是水中非鱼非蛇的恶猛水物。《埤雅》说：蛟，龙属也。其状似蛇而四足。李时珍《本草纲目》说：有鳞曰蛟。虎蛟的叫声像鸳鸯，据说吃了它的肉，可不得痈肿病，又可治疗痔疮。

虎蛟图有三种形状：

其一，人面鱼身、蛇尾四足、鱼翼有鳞，如 图1。人面一说，未见于其他记载；

其二，鱼身鱼尾、四足鱼翼，如 图2；

其三，鱼首鱼身、兽尾而非蛇尾，端部有毛，如 图3。

郭璞《图赞》："鱼身蛇尾，是谓虎蛟。"

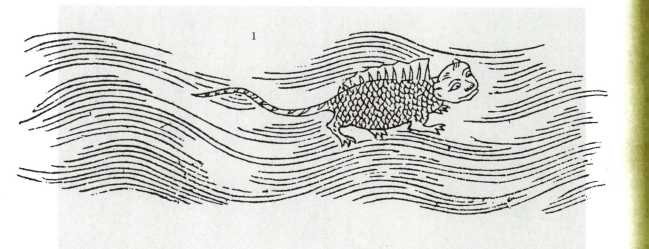

1

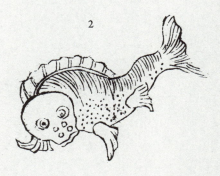

2

3

1. 明·蒋应镐绘图本　　2. 清·四川成或因绘图本　　3. 清·汪绂图本

凤皇

fèng
huáng

又东五百里曰丹穴之山。其上多金、玉。丹水出焉，而南流注于渤海。有鸟焉，其状如鸡，五采而文，名曰凤皇，首文曰德，翼文曰义，背文曰礼，膺文曰仁，腹文曰信。是鸟也，饮食自然，自歌自舞，见则天下安宁。

凤皇即凤凰，雄曰凤，雌曰凰；与麟、龟、龙合称四灵（《礼记》）。凤凰为百鸟之王，有"羽虫三百六十，凤为之长"之说（李时珍《本草纲目》）；凤又是南方朱鸟（李时珍），是仁瑞的象征。

许慎《说文》："凤，神鸟也。天老（黄帝臣）曰：'凤之象也，麐前鹿后（一作鸿前麟后），蛇颈鱼尾，龙文龟背，燕颔鸡喙，五色备举。出于东方君子之国，翱翔四海之外，过昆仑，饮砥柱，濯羽弱水，莫宿风穴，见则天下大安宁。"《论语纬》说："凤有六象：一曰头象天，二曰目象日，三曰背象月，四曰翼象风，五曰足象地，六曰尾象纬。"《抱朴子》记凤具五行："夫木行为仁，为青凤头上青，故曰戴仁也；金行为义，为白凤颈白，故曰缨义也；火行为礼，为赤凤背赤，故曰负礼也；水行为智，为黑凤胸黑，故曰向智也；土行为信，为黄凤足下黄，故曰蹈信也。"

郭璞《图赞》："凤皇灵鸟，实冠羽群。八象其体，五德其文。掀翼来仪，应我圣君。"

1. 清·汪绂图本　　2. 清·《古今图书集成·禽虫典》

鲑鱼

tuán
yú

又东五百里曰鸡山。其上多金，其下多丹腹。黑水出焉，而南流注于海。其中有鲑鱼，其状如鲋而彘毛，其音如豚，见则天下大旱。

鲑（音团）鱼是一种怪鱼，大旱的征兆。它的样子，一说像鲋鱼（即鲫鱼），长着猪尾，叫起来像猪嚎；一说"似蛇而豕尾"（吴任臣注引《集韵》）。传说鲑鱼为天下大旱之兆，但又是美味佳肴，《吕氏春秋》说："鱼之美者，洞庭之鲑。"

今见鲑鱼图有四种形状，四图的形态各不相同。

其一，龟身彘毛，如图1；

其二，龟首龟身有尾，如图2；

其三，鱼首鱼尾，形似鲫鱼，如图3；

其四，似蛇而豕尾，如图4。

郭璞《图赞》："颙鸟栖林，鲑鱼处渊。俱为旱征，灾延普天。测之无象，厥数推玄（一作厥类惟玄）。"

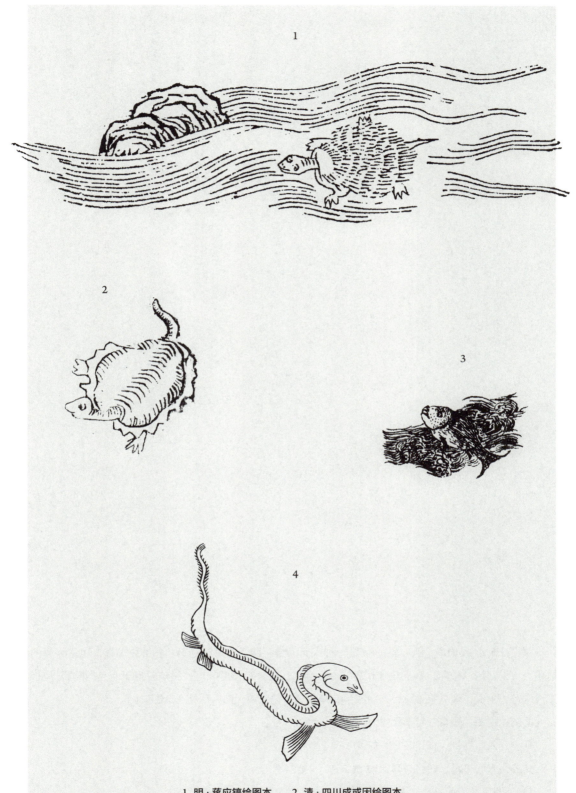

1. 明·蒋应镐绘图本　　2. 清·四川成或因绘图本
3. 清·汪绂图本　　4. 清·《古今图书集成·禽虫典》

颙

yú

南山经　南次三经

又东四百里曰令丘之山。无草木，多火。其南有谷焉，曰中谷，条风自是出。有鸟焉，其状如枭，人面四目而有耳，其名曰颙，其鸣自号也，见则天下大旱。

颙（音于），又作鶹、鸺、鵂。颙是一种人面枭身、四目有耳的怪鸟，和鲐鱼一样，也是大旱的征兆。传说万历二十年，颙鸟集豫章城宁寺，高二尺许，燕雀群噪之，是年五月至七月，酷暑异常。又传说万历壬辰，颙鸟集豫章，人面四目有耳，其年夏无雨，田禾尽枯（**吴任臣注**）。

据所见古图，颙有三种形状：

其一，人面鸟身、二目二足，如**图**1、2；

其二，人面鸟身、四目有耳，如**图**3、4、5、6；

其三，四目非人面鸟，如**图**7。

郭璞《图赞》："颙鸟栖林，鲐鱼处渊。俱为旱征，灾延普天。测之无象，厥类惟元（**又作玄**）。"

1. 明·蒋应镐绘图本

2. 清·《古今图书集成·禽虫典》　　3. 明·胡文焕图本　　4. 清·四川成或因绘图本

5. 清·毕沅图本　　6. 上海锦章图本　　7. 清·汪绂图本

龙身人面神

lóng
shēn
rén
miàn
shén

凡南次三经之首，自天虞之山以至南禺之山，凡一十四山，六千五百三十里。其神皆龙身而人面。其祠：皆一白狗祈，糈用稌。

自天虞山至南禺山共十四座山，其山神都是人面龙身神。

今见这十四座山的山神图有两种形状：

其一，人面龙身神，如图1、2、3；

其二，人面鸟身神，如图4。汪绂《山海经存》的经文："其神皆鸟身而人面"，他画的山神图也是鸟身人面神，与目前所见经文不同。由于《南山经》三个山系主要以鸟信仰为主，各山的山神主要是鸟形神，因此汪绂的见解是有根据的。

1. 明·蒋应镐绘图本　　2. 清·四川成或因绘图本
3. 清·《古今图书集成·神异典》　　4. 清·汪绂图本，名南山神

第二卷

西山经

羬羊

xián
yáng

西山经

西山经华山之首曰钱来之山。
其上多松，其下多洗石。有
兽焉，其状如羊而马尾，名
曰羬羊，其脂可以已腊（音
昔）。

羬（音咸）羊是一种怪兽，样子像羊，但长着马的尾巴，这种羊的脂肪可以治人身体皮皲。

郭璞说：今大月氏国有大羊，如驴而马尾。《尔雅》说："羊六尺为羬。"

郭璞《图赞》："月氏之羊，其类在野。厥高六尺，尾赤（一作亦）如马。何以审之，事见尔雅。"

1

1. 明·蒋应镐绘图本

2

3

2. 明·胡文焕图本   3. 清·四川成或因绘图本

4

5

4. 清·汪绂图本　　5. 清·郝懿行图本

蝺渠

tóng
qú

西山经

西四十五里曰松果之山，濩水出焉，北流注于渭。其中多铜。有鸟焉，其名曰蝺渠，其状如山鸡，黑身赤足，可以已㬥。

蝺（音同）渠又称庸渠、草渠，是一种可以避灾殃的奇鸟，样子像山鸡，毛黑足赤，可治皮皴。

《韵府群玉》说：庸渠似凫，灰色，鸡脚，一名水渠，即今水鸡。（杨慎补注引）

郭璞《图赞》："蝺渠已殃，赤鷩辟火。"

103

1. 明·蒋应镐绘图本　　2. 清·四川成或因绘图本
3. 清·汪绂图本　　4. 清·《古今图书集成·禽虫典》

肥𧎮

* 六足四翼

féi
yí

又西六十里曰太华之山。削成而四方，其高五千仞，其广十里，鸟兽莫居。有蛇焉，名曰肥𧎮，六足四翼，见则天下大旱。

　　肥𧎮（音遗），又作肥遗蛇，是一种灾蛇，六足四翼，是天下大旱的征兆。郭璞注："汤时此蛇见于阳山下。复有肥遗蛇，疑是同名。"肥遗蛇又见于《北山经》之浑夕山和《北次三经》之彭毗山。胡文焕图说："阳山有神蛇，名曰蝘（音废）𧎮，一首两身，六足四翼，见则其国大旱。汤时见出。"吴任臣说：胡文焕图作蝘遗；《骈雅》肥遗、肥𧎮，皆毒蛇也。又说：成汤元祀，肥遗见于阳山，后有七年之旱。《述异记》记载，肥𧎮，西华山中有也，见则大旱。传说今华山有肥遗穴，土人谓之老君脐，明末时大旱曾有人见过。太华山的肥𧎮与浑夕山的肥遗都是兆旱的灾蛇毒蛇，但二者形状不同，前者六足四翼，后者一首两身。

　　太华山之肥遗图，有两种形状：

　　其一，六足四翼蛇，如图 1、2、3；

　　其二，蛇头龙身一蛇尾，如图 4、5、6。

　　郭璞《图赞》："肥遗为物，与灾合契。鼓翼阳山，以表亢厉。桑林既祷，倏忽潜逝。"

1

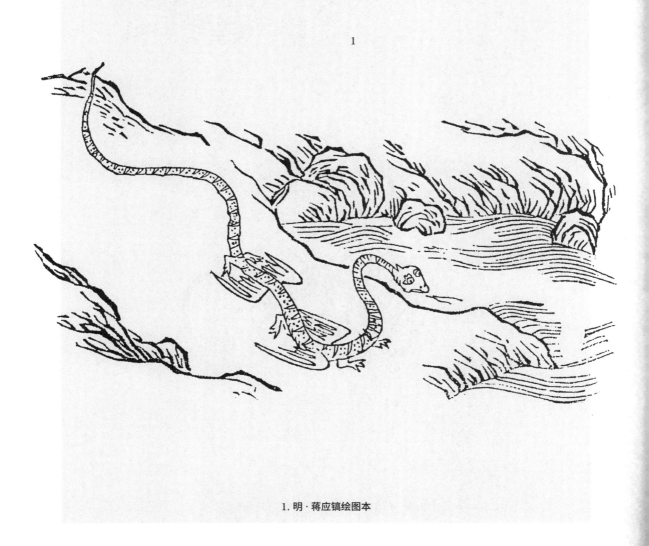

1. 明 · 蒋应镐绘图本

106

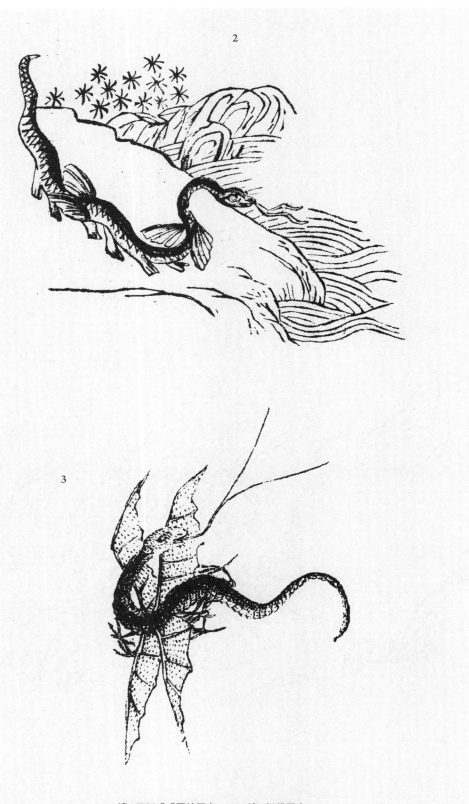

2. 清·四川成或因绘图本　　3. 清·汪绂图本

4

5

4. 清·毕沅图本　　5. 上海锦章图本

㟡牛

zuó
niú

又西八十里曰小华之山。其
木多荆、杞，其兽多㟡牛。
其阴多磬石，其阳多㻬琈之
玉。鸟多赤鷩，可以御火。
其草有萆荔，状如乌韭而生
于石上，亦缘木而生，食之
已心痛。

㟡（音昨）牛是一种巨牛。郭璞注：今华阴山中多山牛山羊，肉皆千斤，牛即此牛。《西次二经》的鹿台山也多㟡牛。

赤鷩

chì
bì

又西八十里曰小华之山。其
木多荆、杞，其兽多㟡牛。
其阴多磬石，其阳多㻬琈之
玉。鸟多赤鷩，可以御火。
其草有萆荔，状如乌韭而生
于石上，亦缘木而生，食之
已心痛。

赤鷩（音碧）即锦鸡，是一种辟火之鸟，似山鸡而小，毛色鲜艳，冠背金黄色，头绿色，胸腹及尾赤红。郭璞注：赤鷩，山鸡之属，胸腹洞赤，冠金、背黄、头绿，尾中有赤，毛彩鲜明。音作蔽，或作鳖。《埤雅》记：鷩似山鸡而小，冠背毛黄，项上绿色鲜明，胸腹洞赤。《西山经》所谓赤鷩，可以御火者也。《博物志》记：山鸡有美毛，自爱其色，终日映水，目眩则溺死。

郭璞《图赞》："鹖渠已殃，赤鷩辟火。"

1.清·四川成或因绘图本　　2.清·汪绂图本

1

2

1

1.清·汪绂图本

葱聋

cōng
lóng

西山经

又西八十里曰符禺之山。其阳多铜，其阴多铁。其上有木焉，名曰文茎，其实如枣，可以已聋。其草多条，其状如葵，而赤华黄实，其状如婴儿舌，食之使人不惑。符禺之水出焉，而北流注于渭。其兽多葱聋，其状如羊而赤鬣。其鸟多䴢，其状如翠而赤喙，可以御火。

　　葱聋是一种野羊，黑脑袋，鬣髦赤色。胡文焕图说："符遇山有兽，名曰葱聋，状如羊，赤鬣而黑首。"郝懿行注：此即野羊之一种，今夏羊亦有赤鬣髦者。《事物绀珠》记："葱聋如羊，黑首赤鬣。"神话中有异羊，一角谓之㧗㧗（见《北次三经》）；赤鬣谓之葱聋（见**本经**）；两种异羊都是经中的畏兽。

1

2

1. 明·蒋应镐绘图本　　2. 明·胡文焕图本

3

4

3. 日本《怪奇鸟兽图卷》图本　　4. 清·近文堂图本

5. 清·四川成或因绘图本　　6. 清·汪绂图本　　7. 上海锦章图本，此兽鸟嘴独角，造型与诸本不同

又西八十里曰符禺之山。其阳多铜，其阴多铁。其上有木焉，名曰文茎，其实如枣，可以已聋。其草多条，其状如葵，而赤华黄实，如婴儿舌，食之使人不惑。符禺之水出焉，而北流注于渭。其兽多葱聋，其状如羊而赤鬣。其鸟多䳡，其状如翠而赤喙，可以御火。

䳡

mín

　　䳡（音民）一作鹠。是一种辟火之鸟，样子像翠鸟，喙赤。《广韵》说，䳡鸟似翠而赤喙。郭璞注：翠似燕而绀色，畜之辟火灾也。汪绂说，翠有二种：山翠大如鸠，青绀色；水翠小如燕，赤喙丹腹，青羽鲜好短尾。此鸟似山翠而赤喙也。

　　郭璞《图赞》："䳡亦卫灾，厥形惟麼。"

1

2

4

3

1. 明·蒋应镐绘图本　　2. 清·四川成或因绘图本
3. 清·《古今图书集成·禽虫典》　　4. 清·汪绂图本

鲜鱼

bàng
yú

又西七十里曰英山。其上多杻、橿。其阴多铁，其阳多赤金。禺水出焉，北流注于招水，其中多鲜鱼，其状如鳖，其音如羊。其阳多箭、𥯤。其兽多㸲牛、羬羊。有鸟焉，其状如鹑，黄身而赤喙，其名曰肥遗，食之已疠，可以杀虫。

鲜（音棒）鱼是一种奇鱼，样子像龟，却长着鱼尾，二足，声音像羊叫。吴任臣引《事物绀珠》说：鲜鱼如龟，鱼尾，二足，音如羊。

肥遗

*鸟

feí
yí

又西七十里曰英山。其上多杻、橿。其阴多铁，其阳多赤金。禺水出焉，北流注于招水，其中多鲜鱼，其状如鳖，其音如羊。其阳多箭、𥯤。其兽多㸲牛、羬羊。有鸟焉，其状如鹑，黄身而赤喙，其名曰肥遗，食之已疠，可以杀虫。

肥遗鸟是一种益鸟，可治疫病，又可杀虫。它的样子像鹑鸟，羽黄、喙赤。汪绂在注中说，鹑状如小鸡，有赤鹑元鹑。此肥遗与前肥蟥之蛇，亦异物而同名也。疠，疫病也，或曰癞也，今麻风疮也。太华山之肥蟥蛇，见则大旱；而英山的肥遗鸟却可以治疫病，又可以杀虫，二者虽同名而美恶不同。

郭璞《图赞》："肥遗似鹑，其肉已疫。"

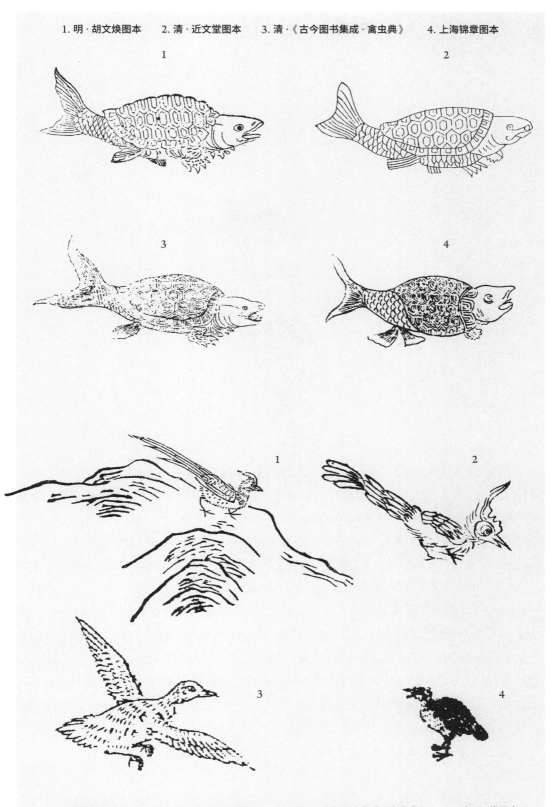

1.明·胡文焕图本　　2.清·近文堂图本　　3.清·《古今图书集成·禽虫典》　　4.上海锦章图本

1.明·蒋应镐绘图本　　2.清·四川成或因绘图本　　3.清·《古今图书集成·禽虫典》　　4.清·汪绂图本

人鱼

rén
yú

西山经

又西五十二里曰竹山。其上多乔木，其阴多铁。有草焉，其名曰黄蘿，其状如樗，其叶如麻，白华而赤实，其状如赭，浴之已疥，又可以已胕。竹水出焉，北流注于渭。其阳多竹箭，多苍玉。丹水出焉，东南流注于洛水，其中多水玉，多人鱼。有兽焉，其状如豚而白毛，大如笄而黑端，名曰豪彘。

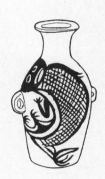

1

　　人鱼即鲵鱼、鳎鱼，四足之鱼，多见于《山海经》。《北次三经》：龙侯之山，"其中多人鱼，其状如鳎鱼，四足，其音如婴儿，食之无痴疾。"郭璞注：人鱼即鲵也，似鮎而四足，声如小儿啼，今亦呼鮎为鳎。《尔雅·释鱼》注：今鲵鱼似鮎，四脚，前似猕猴，后似狗，声如小儿啼，大者长八九尺。李时珍说，鲵即鳎鱼之能上树者，传说鲵生山溪中，似鮎，有四足，长尾，能上树。大旱则含水上山，以草叶覆身，张口，鸟来饮水，因吸食之。《异物志》说，鲵鱼有四足，如龟而行疾，有鱼之体，而以足行，故曰鲵鱼。鱼以足行，由此而衍生出美人鱼一类神话故事来。

　　《山海经》之人鱼（包括鳎鱼）常有"食之无痴疾"（《北次三经》）、"食者无蛊疾"（《中次七经》）的记载。据《临海异物志》载："人鱼似人，长三尺余，不可食。"鲵鱼因有毒不可食，但土人也有食鲵鱼的办法。据《酉阳杂俎》记载，峡中人食鲵鱼，缚树上，鞭至白汁出如构汗，方可食，否则有毒。

　　在远古时代，人鱼（鲵鱼）可能是某些人类族群崇拜的动物。甘肃省甘谷西坪出土的庙底沟文化彩陶瓶腹部（见《海外西经》轩辕国）和武山出土的马家窑文化彩陶瓶腹部（图1），都画有人面鲵鱼图像。

　　郭璞《图赞·中山经》："人鱼类鳎，出于伊洛。"

　　人鱼是四足之鱼，仔细观察人鱼图的四足有似人足与似兽足的区别：

　　其一，四足似人足，如图2、3、4；

　　其二，四足似兽足，如图5、6、7。胡文焕图说："人鱼，状如鲼而四足，声如小儿啼，食之疗疫疾。"汪绂图本有两幅人鱼图 图8、9。

2

3

4

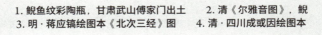

1.鲵鱼纹彩陶瓶，甘肃武山傅家门出土　2.清《尔雅音图》，鲵
3.明·蒋应镐绘图本《北次三经》图　4.清·四川成或因绘图本

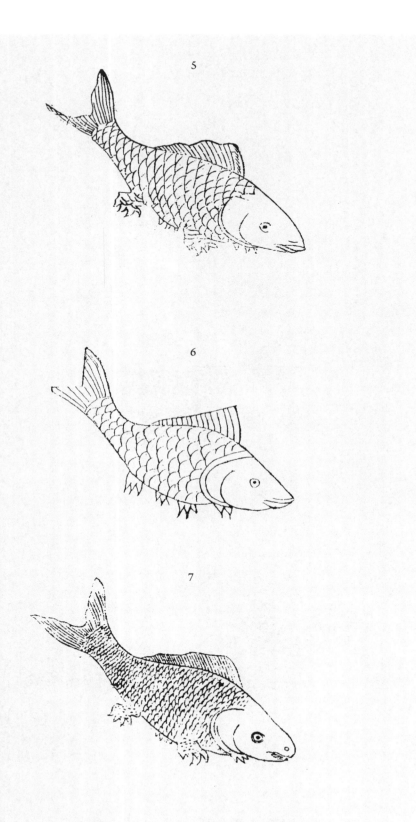

5. 明·胡文焕图本　　6. 清·近文堂图本　　7. 清·《古今图书集成·禽虫典》

8

9

8. 清·汪绂图本　　9. 清·汪绂图本

豪彘

háo
zhì

又西五十二里曰竹山。其上多乔木，其阴多铁。有草焉，其名曰黄蓷，其状如樗，其叶如麻，白华而赤实，其状如赭，浴之已疥，又可以已胕。竹水出焉，北流注于渭。其阳多竹箭，多苍玉。丹水出焉，东南流注于洛水，其中多水玉，多人鱼。有兽焉，其状如豚而白毛，大如笄而黑端，名曰豪彘。

1

　　豪彘即豪猪、毫彘、箭猪。样子像猪，其脚如狸，毛如尖锥，中有激矢，能振发以射人，是远古时代人畜禾稼的大害。郭璞注，夹髀有麤（同粗）毫，长数尺，能以颈上毫射物。汪绂注，今豪猪也，一名狟，又名鸾猪。其状似猪，其脚如狸。《桂海兽志》记：山猪即豪猪，身有棘刺，能振发以射人。三二百为群，以害禾稼，州洞中甚苦之。商周青铜器与汉画像砖上有豪猪图（图1）

　　郭璞《图赞》："刚鬣之族，号曰豪彘。毛如攒锥，中有激矢。厥体兼资，自为牝牡。"自为雌雄一说未见于经文及其他记载。

2

1. 河南新密汉画像砖　　2. 明·蒋应镐绘图本

3

4

3. 明·胡文焕图本　　4. 清·近文堂图本

5

6

5. 清·四川成或因绘图本　　6. 清·汪绂图本

囂

* 兽

xiāo

西山经

又西七十里曰榆次之山。漆水出焉，北流注于渭。其上多棫、橿，其下多竹箭。其阴多赤铜，其阳多婴垣之玉。有兽焉，其状如禺而长臂善投，其名曰嚣。有鸟焉，其状如枭，人面而一足，曰橐𢽾，冬见夏蛰，服之不畏雷。

囂兽属猿猴类，长臂而善投掷。郭璞注："亦在畏兽画中，似猕猴投掷也。"郝懿行按：嚣、夒，声相近。《说文》：夒，母猴，似人。

郭璞《图赞》："嚣兽长臂，为物好掷。"

嚣图有两种形状：

其一，猴状，如 图1、2、3、4；

其二，人面兽身，如 图5、6。胡文焕图说云："崦次山有兽，状如寫（音佛），长臂善杀，名曰嚣。"善杀一说未见于经文。

1

1. 明·蒋应镐绘图本

2

3

2. 清·四川成或因绘图本　　3. 清·汪绂图本

4. 清·《古今图书集成·禽虫典》　　5. 明·胡文焕图本　　6. 日本《怪奇鸟兽图卷》图本

130

橐𩇯

tuó
féi

西山经

又西七十里曰翰次之山。漆水出焉，北流注于渭。其上多棫、橿，其下多竹箭。其阴多赤铜，其阳多婴垣之玉。有兽焉，其状如禺而长臂善投，其名曰嚣。有鸟焉，其状如枭，人面而一足，曰橐𩇯，冬见夏蛰，服之不畏雷。

橐𩇯（音陀肥）是一种怪鸟，样子像枭，一般鸟兽均夏见冬蛰，而此鸟则相反，故其毛羽据说可防雷。其特征是人面、一足。《山海经》中的人面鸟有鹌、瞿如、颙（见《南山经》）、凫徯（见《西次二经》）、人面鸮（见《西次三经》）、𩖶斯（见《北山经》）、𪃹鹊（《北次二经》）、鵸𪄀鸟（《海外西经》）、五色之鸟（《大荒西经》）。经中的独足鸟有毕方（见《西次三经》）、跂踵（见《中次十经》）。只有橐𩇯，人面一足，二者兼而有之。李时珍《本草纲目》对独足鸟有专门的记载："独足鸟闽广有之，昼伏夜飞，或时昼出，群鸟噪之。惟食虫豸，不食稻粱。"吴任臣注引《广州志》说：独足鸟，一名山肖鸟，大如鹊，其色苍，其声自呼。《临海志》记：独足鸟，文身赤口，昼伏夜飞，将雨转鸣，即孔子所谓商羊也。《河图》曰：鸟一足名独立，见则主勇强。南史陈之将亡，有鸟一足集其殿庭，以嘴画地成文。凡此皆一足鸟，亦橐𩇯类。橐𩇯的另一特征是冬见夏蛰，服之不畏雷。汪绂解释说，凡蛰类皆夏见冬蛰，此鸟独冬见夏蛰，故服其毛羽，能不畏雷也。胡文焕图说："人以羽毛置诸衣中，则不畏雷霆。"

郭璞《图赞》："有鸟人面，一脚孤立。性与时反，冬出夏蛰。带其羽毛，迅雷不入。"

橐𩇯图有二形：

其一，人面独足鸟，如图1、2、3、4、5。

其二，人面双足鸟，如图6。

1. 明·蒋应镐绘图本　　2. 明·胡文焕图本　　3. 清·近文堂图本
4. 清·汪绂图本　　5. 上海锦章图本　　6. 清·四川成或因绘图本

猛豹

měng
bào

又西百七十里曰南山。上多
丹粟。丹水出焉，北流注于
渭。兽多猛豹，鸟多尸鸠。

　　猛豹是一种能食蛇，又能食铜铁的畏兽奇兽。郭璞注：猛豹似熊而小，毛浅，有光泽，能食蛇，食铜铁，出蜀中。豹或作虎。郝懿行注：猛豹即貘豹也。《尔雅》云：貘，白豹。《毛诗陆疏广要》记：白豹别名貘，今出建宁郡，毛黑白臆，似熊而小，能食蛇。以舌舐铁，可顿进数十斤，溺能消铁为水。

　　古书中有关这一食铁奇兽的记载很不少，据说唐世多画貘作屏，唐白居易有《貘屏赞》，其文曰："貘者，象鼻犀目、牛尾虎足，生南方山谷中。寝其皮辟瘟，图其形辟邪。予旧病头风，每寝息常以小屏卫其首，适遇画工，偶令写之。按《山海经》，此兽食铁与铜，不食他物，因有所感，遂为赞焉。"

1.明·蒋应镐绘图本

134

2

3

2. 明·胡文焕图本　　3. 日本《怪奇鸟兽图卷》图本

4

5

4. 清·四川成或因绘图本　5. 清·汪绂图本

尸鸠

shī
jiū

西山经

又西百七十里曰南山。上多丹粟。丹水出焉，北流注于渭。兽多猛豹，鸟多尸鸠。

尸鸠即䲭鸠、鸣鸠、胡鹭、戴胜。郭璞注：尸鸠，布谷类也；或曰胡鹭也。

李时珍在《本草纲目》中说：布谷名多，皆各因其声似而呼之。如俗呼阿公阿婆，割麦插禾，脱却破袴之类。因其鸣时可为农候，故耳或云䲭鸠，即《月令》鸣鸠也。鸣鸠大如鸠而带黄色，啼鸣相呼而不相集，不能为巢，多居树穴及空鹊巢中。哺子朝自上下，暮自下上。二月谷雨后始鸣，夏至后乃止。

1. 明·王崇庆《山海经释义》图本　　2. 清·四川成或因绘图本
3. 清·汪绂图本　　4. 清·《古今图书集成·禽虫典》

138

熊

xióng

又西三百二十里曰嶓冢之山。

汉水出焉，而东南流注于沔。

嚣水出焉，北流注于汤水。

其上多桃枝、钩端，兽多犀、

兕、熊、罴，鸟多白翰、赤

鷩。有草焉，其叶如蕙，其

本如桔梗，黑华而不实，名

曰蓇蓉，食之使人无子。

　　《尔雅翼》记：熊类犬豕、人足、黑色。春出冬蛰，轻捷，好缘高木，见人自投而下。李时珍《本草纲目》说，俗呼熊为猪熊，罴为人熊、马熊，各因形似以为别也。《述异记》说，在陆曰熊，在水曰能，即鲧所化者。故熊字从能，狒狒亦名人熊。

罴

pí

又西三百二十里曰嶓冢之山。

汉水出焉，而东南流注于沔。

嚣水出焉，北流注于汤水。

其上多桃枝、钩端，兽多犀、

兕、熊、罴，鸟多白翰、赤

鷩。有草焉，其叶如蕙，其

本如桔梗，黑华而不实，名

曰蓇蓉，食之使人无子。

　　《尔雅》："罴如熊，黄白文。"注：似熊而长头，高脚猛憨多力，能拔树木。关西呼曰猳熊。《埤雅》说，罴高脚纵目，能缘能立，遇人则擎而攫之。《史记·五帝本记》记：黄帝有熊氏教熊罴貔貅䝙虎，以与炎帝战于阪泉之野。

1. 清·汪绂图本

1

1

1. 清·汪绂图本

白翰

bái
hàn

又西三百二十里曰嶓冢之山。汉水出焉，而东南流注于沔；嚣水出焉，北流注于汤水。其上多桃枝、钩端，兽多犀、兕、熊、罴，鸟多白翰、赤鷩。有草焉，其叶如蕙，其本如桔梗，黑华而不实，名曰蓇蓉，食之使人无子。

　　白翰即白雉。白翰是一种吉祥之鸟，故《白虎通》有"德至鸟兽则白雉降"之说。汉班固有《白雉诗》："启灵篇兮披瑞图，获白雉兮效素乌。嘉祥阜兮集皇都，发皓羽兮奋翘英。"

1

1. 清·汪绂图本

谿边

xī
biān

又西三百五十里曰天帝之山。
上多棕、枏，下多菅、蕙。
有兽焉，其状如狗，名曰谿
边，席其皮者不蛊。有鸟焉，
其状如鹑，黑文而赤翁，名
曰栎，食之已痔。有草焉，
其状如葵，其臭如靡芜，名
曰杜蘅，可以走马，食之已
瘿。

谿（音溪）边是一种样子像狗的奇兽，据说用它的皮做席可辟蛊。吴任臣说，谿边形如黑狗，能登木。其皮可为衣褥，能运动血气。李时珍在《本草》中说，川西有元豹，大如狗，黑色，尾亦如狗。其皮作裘褥甚暖，疑即谿边类也。《事物绀珠》记：谿边如狗，席其皮辟蛊。蛊腹病或云蛇蛊、金蚕蛊之类。《史记·封禅书》记，秦德公磔狗邑四门而御蛊菑。《风俗通义》卷八《祀典》有"杀狗磔邑四门"的记载。应劭按："《月令》：'九门磔禳，以毕春气。'盖天子之城，十有二门，东方三门，生气之门也，不欲使死物见于生门，故独于九门杀犬磔禳。"民间流传的杀白犬以血题门户，正月白犬血辟除不祥的杀犬磔禳的风俗，即来源于《山海经》狗属的谿边兽具有辟蛊驱邪的功能，后演变为以犬血辟除不祥的习俗。

郭璞《图赞》："谿边类狗，皮厌妖蛊。"

1

2

1. 清·汪绂图本　　2. 清·《古今图书集成·禽虫典》

獿如

yīng
rú

西南三百八十里曰皋涂之山。蔷水出焉，西流注于诸资之水。涂水出焉，南流注于集获之水。其阳多丹粟，其阴多银、黄金，其上多桂木。有白石焉，其名曰礜，可以毒鼠。有草焉，其状如藁茇，其叶如葵而赤背，名曰无条，可以毒鼠。有兽焉，其状如鹿而白尾，马足人手而四角，名曰獿如。有鸟焉，其状如鸱而人足，名曰数斯，食之已瘿。

獿（音英）如即獿如，是一种集鹿、马、人三形于一身的四角怪兽。《广雅》记，西方有兽，如鹿白尾，马足人手四角，其名曰獿如，亦作獿獿。《事物绀珠》说：獿如状如白鹿，前两脚似人手，后两脚似马蹄。故胡文焕图说云："皋涂山有兽如白鹿，前两脚似人手，后两脚似马蹄，四角，名獿。"

郭璞《图赞》："獿如之兽，鹿状四角。马足人手，其尾则白。貌兼三形，攀木缘石。"

1

2

1.明·蒋应镐绘图本　　2.明·胡文焕图本，名玃

3

4

3.清·近文堂图本　4.清·四川成或因绘图本

5

6

5.清·汪绂图本　　6.清·《古今图书集成·禽虫典》

数斯

shù
sī

西南三百八十里曰皋涂之山。

蔷水出焉，西流注于诸资之水。涂水出焉，南流注于集获之水。其阳多丹粟，其阴多银、黄金，其上多桂木。

有白石焉，其名曰礜，可以毒鼠。有草焉，其状如稾茇，其叶如葵而赤背，名曰无条，可以毒鼠。有兽焉，其状如鹿而白尾，马足人手而四角，名曰玃如。有鸟焉，其状如鸱而人足，名曰数斯，食之已瘿。

　　数斯是一种奇鸟，样子像鸱，却长着人足。《事物绀珠》说：数斯如雉，人足。据说吃了它的肉可以治癫痫病或小儿癫痫。

　　郭璞《图赞》："数斯人脚，厥状似鸱。"

1. 明·蒋应镐绘图本　2. 明·胡文焕图本　3. 日本《怪奇鸟兽图卷》图本
4. 清·四川成或因绘图本　5. 清·汪绂图本　6. 清·《古今图书集成·禽虫典》

犎
mǐn

西山经

又西百八十里曰黄山。无草木，多竹箭。盼水出焉，西流注于赤水，其中多玉。有兽焉，其状如牛而苍黑大目，其名曰犎。有鸟焉，其状如鸮，青羽赤喙，人舌能言，名曰鹦鹉。

犎（音敏）是一种大眼黑牛。《事物绀珠》说：苍黑色，大目。

郭璞《图赞》："犎兽大眼。"

鹦鹉
yīng
wǔ

西山经

又西百八十里曰黄山。无草木，多竹箭。盼水出焉，西流注于赤水，其中多玉。有兽焉，其状如牛而苍黑大目，其名曰犎。有鸟焉，其状如鸮，青羽赤喙，人舌能言，名曰鹦鹉。

鹦鹉即鹦鹉，是一种会说话的灵鸟。郭璞说，鹦鹉舌似小儿。李时珍《本草纲目》说："鹦鹉如婴儿之学母语，故字从婴母。"《尔雅翼》记：此鸟其舌似小儿，故能委曲其音声以象人耳；又鸟目下睑眨上，唯此鸟两睑俱动如人目。盖羽虫之能人言者，必有人形之一端。可知禽兽之具有人的某种特性，常常是有某种生物学上的类同为依据的。《异物志》记：鹦鹉有三种：青大如鸟臼，一种；白大如鸱鸮，一种；五色大于青者。交州巴南尽有之，五色者出杜薄州。

郭璞《图赞》："鹦鹉慧鸟，栖林喙桑（一作喙蕊）。四指中分，行则以觜。自贻伊笼，见幽坐伎（一作趾）。"

1.明·蒋应镐绘图本　　2.清·四川成或因绘图本　　3.清·汪绂图本

1.明·蒋应镐绘图本　　2.清·《古今图书集成·禽虫典》

旄牛

máo
niú

又西二百里曰翠山。其上多棕、楠，其下多竹箭。其阳多黄金、玉，其阴多旄牛、麢、麝。其鸟多鸓，其状如鹊，赤黑而两首四足，可以御火。

旄牛又见《北山经》潘侯之山，说"其状如牛而四节生毛。"

郭璞注：今旄牛背膝及胡尾皆有长毛。汪绂注：旄牛一名犛（同牦）牛，长毛尺许，尾背项膝毛尤长，可为旄纛（音道）之用，巴蜀之西南多有之。古人打仗，常以旄牛尾做旗，便于远距离指挥。成语"名列前茅"的"前茅"便是"前旄"，指前军所持之旗，引申为先头部队，"名列前茅"成了排名领先的成语了。

郭璞《图赞·北山经》："牛充兵机，兼之者旄。冠于旄鼓，为军之标。匪肉致灾，亦毛之招。"

1. 明·蒋应镐绘图本　　2. 明·胡文焕图本
3. 清·汪绂图本　　4. 清·《古今图书集成·禽虫典》

又西二百里曰翠山。其上多棕、楠，其下多竹箭。其阳多黄金、玉，其阴多㸲牛、麢、麝。其鸟多鸓，其状如鹊，赤黑而两首四足，可以御火。

麢

líng

　　麢，一作羚，即羚羊，是一种大角大羊，好在山崖间活动。《说文》：麢，大羊而细角。《释兽》记：麢，大羊。羚羊，似羊而大，角有圆绕蹙文，夜则悬角木上以防患。李时珍《本草纲目》说，麢好独栖，悬角木上以避远害，可谓灵也，故字从鹿从灵。

1. 清·吴任臣康熙图本　　2. 清·汪绂图本　　3. 上海锦章图本

麝

shè

又西二百里曰翠山。其上多棕、楠，其下多竹箭。其阳多黄金、玉，其阴多旄牛、麢、麝。其鸟多鸓，其状如鹊，赤黑而两首四足，可以御火。

麝形似麞而小，黑色，常食柏叶，又啖蛇。郭璞说，麝似獐而小，有香。李时珍《本草纲目》说：麝之香气远射，故谓之麝。麝香从何而来？一说来自兽脐，一说来自阴茎前皮内，别有膜袋裹之。五月得者往往有蛇皮骨于腹。李时珍还说，麝香有三等，第一生香，名遗香，乃麝自剔出者，但极难得，价同明珠；第二脐香，乃捕得杀取之；第三为心结香，乃麝见大兽捕逐，惊畏失心，狂走坠死，人有得之，破心见血流出，脾上作干血块者，不堪入药。故李商隐有诗："投岩麝自香。"许浑诗："寻麝采生香。"

1

2

1. 清·汪绂图本　　2. 清·《古今图书集成·禽虫典》

鸓
䳙

léi

又西二百里曰翠山。其上多棕、楠，其下多竹箭。其阳多黄金、玉，其阴多㹎牛、羬、麢、麝。其鸟多鸓，其状如鹊，赤黑而两首四足，可以御火。

鸓（音雷）是双头奇鸟，样子像鹊，黑色，二首一身而四足，可以辟火。

胡文焕图说："东华山有鸟，状如鹊，色赤黑，一身、二首、四足。"《事物绀珠》说，鸱、鸓、駅鵌俱辟火。鸱、鸓、駅鵌，都是《山海经》中的奇鸟。

郭璞《图赞》："有鸟名鸓，两头四足，翔若合飞。"

鸓鸟图有二形：

其一，二首四足鸟，如图1、2、3、4、5；

其二，一首四足鸟，如图6。

1. 明·蒋应镐绘图本　　2. 明·胡文焕图本　　3. 清·近文堂图本
4. 清·郝懿行图本　　5. 清·汪绂图本　　6. 清·四川成或因绘图本

鸾鸟

luán
niǎo

西南三百里曰女床之山。其阳多赤铜，其阴多石涅。其兽多虎、豹、犀、兕。有鸟焉，其状如翟而五采文，名曰鸾鸟，见则天下安宁。

鸾鸟属凤鸟，为凤凰属之瑞鸟。胡文焕图说："女床山有鸟，状如翟，玉乘毕备，身如雉而尾长，名曰鸾。见则天下太平。周成王时西戎来献。"据《大荒西经》记，五采鸟有三：一曰皇鸟，一曰鸾鸟，一曰凤鸟。鸾鸟为神灵之精，祥瑞之鸟，天下太平安宁则见。鸾鸟的声音如铃，周之文物大备法车之上，常缀以大铃，如鸾之声，后称銮车即由此而来。

郭璞《图赞》："鸾翔女床，凤出丹穴。拊翼相和，以应圣哲。击石靡咏，韶音其绝。"

1. 明·蒋应镐绘图本   2. 明·胡文焕图本   3. 日本《怪奇鸟兽图卷》图本
4. 清·汪绂图本   5. 清·四川成或因绘图本

凫徯

fú

xī

又西二百里曰鹿台之山。其上多白玉，其下多银。其兽多柞牛、羬羊、白豪。有鸟焉。其状如雄鸡而人面，名曰凫徯，其鸣自叫也，见则有兵。

　　凫徯（**音浮西**）是人面鸟身的怪鸟，兆凶之鸟。古人认为凫徯是大恶之鸟。吴任臣说：鸟人面者，非大美则大恶；大美者频伽，大恶者凫徯。黄石曾诗：海内扬戈兵，凫徯下鹿台。凫徯与朱厌都是兵燹的征兆。据《宜春县志》记载，崇祯九年夏大旱，谷每石至八钱。秋七月，郴江一带凫徯见。愈年丁丑，果有楚冠之变。

　　郭璞《图赞》："凫徯朱厌，见则有兵。类异感同，理不虚行。推之自然，厥数难明。"

　　凫徯图有两种形状：

　　其一，人面鸟，如图1、2、3、4、5、6；

　　其二，非人面鸟，如图7。

1

1. 明·蒋应镐绘图本

164

2. 明·胡文焕图本　　3. 日本《怪奇鸟兽图卷》图本　　4. 清·四川成或因绘图本

5

6

7

5. 清·近文堂图本　6. 上海锦章图本　7. 清·汪绂图本

朱厌

zhū
yàn

又西四百里曰小次之山。其
上多白玉，其下多赤铜。有
兽焉，其状如猿而白首赤足，
名曰朱厌，见则大兵。

朱厌是凶兽，属猿猴类，白首赤足；与凫徯一样，都是兵燹的征兆。

郭璞《图赞》："凫徯朱厌，见则有兵。类异感同，理不虚行。惟之自然，厥数难明。"

朱厌图有二形：

其一，猴形，如图 1、2、3；

其二，人面猴身，如图 4。

1. 明·蒋应镐绘图本　　2. 清·汪绂图本
3. 清·《古今图书集成·禽虫典》　　4. 清·四川成或因绘图本

虎

hǔ

又西四百里曰厎（音旨）阳之山。其木多樱、楠、豫章。其兽多犀、兕、虎、犳、㸲牛。

虎是猛兽，山兽之王；虎是威猛之兽，吉祥的象征。

李时珍《本草纲目》说：虎，山兽之君也，状如猫而大如牛。黄质黑章，锯牙钩爪，须健而尖，舌大如掌，生倒刺，项短鼻齆（**音瓮**）;夜视。一目放光，一目看物。声吼如雷，风从而生，百兽震恐。虎又是阳气之盛者，《春秋纬》记：三九二十七，七者，阳气成，故虎七月而生。阳立于七，故虎首尾长七尺。般般文者，阴阳杂也。《抱朴子·对俗篇》说："虎及鹿兔皆寿千岁，满五百岁者，其毛色白；能寿五百岁者，则能变化。"

1

1. 清·汪绂图本

麋

mí

又西三百五十里曰西皇之山。其阳多金，其阴多铁。其兽多麋、鹿、柞牛。

麋大如小牛，鹿属。李时珍《本草纲目》说：麋生南山山谷及淮海边，十月取之。麋似鹿而色黑，大如小牛，肉蹄，雄麋有角。麋目下有二窍，为夜目。故《淮南子》说，孕女见麋而子四目也。今海陵至多千百为群，多牝少牡。

鹿

lù

又西三百五十里曰西皇之山。其阳多金，其阴多铁。其兽多麋、鹿、柞牛。

鹿是瑞兽，长寿的象征。李时珍《本草纲目》说，鹿，处处山林中有之，马身羊尾，头侧而长，高脚而行速。雄鹿有角，夏至则解，大如小马，黄质白班，俗称马鹿。雌鹿无角，小而无班，毛杂黄白色，俗称麀（**音优**）鹿。孕六月而生子，鹿性淫，一牡常交数牝，谓之聚麀。旧时迷信认为，夏至之日鹿解鹿角；不解，兵戈不息。《述异记》记：鹿千年化为苍，又五百年化为白，又五百年化为元。

1. 清·汪绂图本　　2. 清·《古今图书集成·禽虫典》

1

2

1

2

1. 清·汪绂图本　　2. 清·《古今图书集成·禽虫典》

人面马身神

rén
miàn
mǎ
shēn
shén

凡西次二经之首，自铃山至于莱山，凡十七仙，四千一百四十里。其十神者，皆人面而马身，其七神皆人面牛身，四足而一臂，操杖以行，是为飞兽之神。其祠之：毛用少牢，白菅为席。其十辈神者，其祠之：毛一雄鸡，钤而不糈；毛采。

自铃山至莱山共十七山，其中十座山的山神，都是人面马身神，又称为十辈神。

汪绂图本名之为西山十神，他解释说，十神是指自铃山至大次十山之神。

1.明·蒋应镐绘图本　2.清·四川成或因绘图本　3.清·汪绂图本，名西山十神

人面牛身神

rén
miàn
niú
shēn
shén

凡西次二经之首，自钤山至于莱山，凡十七仙，四千一百四十里。其十神者，皆人面而马身，其七神皆人面牛身，四足而一臂，操杖以行，是为飞兽之神。其祠之：毛用少牢，白菅为席。其十辈神者，其祠之：毛一雄鸡，钤而不糈；毛采。

　　自钤山至莱山共十七山，其中七座山的山神都是人面牛身神，由于其一臂操杖以行，能行疾如飞，故名为飞兽之神，又称七神。

1

1. 明·蒋应镐绘图本

2

3

2. 清·四川成或因绘图本　　3. 清·汪绂图本，名西山七神

4

4. 清·《古今图书集成·神异典》，名飞兽神

举父

jǔ
fù

西次三经之首曰崇吾之山。

在河之南，北望冢遂，南望
峚之泽，西望帝之搏兽之丘，
东望蝄渊。有木焉，员叶而
白柎，赤华而黑理，其实如
枳，食之宜子孙。有兽焉，
其状如禺而文臂，豹虎而善
投，名曰举父。有鸟焉，其
状如凫，而一翼一目，相得
乃飞，名曰蛮蛮，见则天下
大水。

举父，或作夸父，是一只大猴。举父又名𤠿（音巨），郭璞注，今建平山中有𤠿，大如狗，似猕猴，黄黑色，多髯鬣，好奋迅其头，能举石擿（同掷）人。

1. 明·蒋应镐绘图本

2

3

2. 清·四川成或因绘图本　　3. 清·近文堂图本

4

5

4. 清·汪绂图本　　5. 上海锦章图本

蛮蛮

* 比翼鸟

mán
mán

西次三经之首曰崇吾之山。在河之南，北望冢遂，南望瑶之泽，西望帝之搏兽之丘，东望蜼渊。有木焉，员叶而白柎，赤华而黑理，其实如枳，食之宜子孙。有兽焉，其状如禺而文臂，豹虎而善投，名曰举父。有鸟焉，其状如凫，而一翼一目，相得乃飞，名曰蛮蛮，见则天下大水。

蛮蛮即比翼鸟，色青赤，不比不能飞，《尔雅》称作鹣鹣鸟。古人有比目鱼、比翼鸟、比肩兽的说法；不比不行，不比不飞，视双双对对为吉祥，成为我国祥瑞文化的重要内容。古书中的比翼鸟多是瑞禽，是吉祥、比翼齐飞与忠贞爱情的象征。

胡文焕图说：比翼鸟"似凫，青赤色，一目一翼，相得乃飞。王者有孝德，于幽远则至"。《周书》记：成王时，巴人献比翼鸟。《瑞应图》记：王者德及高远，则比翼鸟至。《拾遗记》记：周成王六年，燃丘之国献比翼鸟雌雄各一。比翼鸟多力，状如鹊，衔南海之丹泥，巢昆仑之元木，遇圣则来集，以表周公辅圣之祥异也。《博物志》记：崇丘山有鸟，一足一翼一目，相得而飞，名曰䖟。见则吉良，乘之寿千岁。《博物志余》说：南方有比翼凤，飞止饮啄，不相分离；死而复生，必在一处。此比翼凤也属比翼鸟一类。

郭璞《图赞》："比翼之鸟，似凫青赤。虽云一形，气同体隔。延颈离鸣，翻飞合翮。"

《西次三经》崇吾山之蛮蛮鸟，却与上述吉祥的比翼鸟不同，它是天下大水的征兆，故郝懿行在注中说："此则比翼鸟非瑞禽也。"也许这兆水的双头怪鸟蛮蛮就是吉鸟比翼鸟的原始形态。

1.明·蒋应镐绘图本　　2.明·胡文焕图本，名比翼鸟　　3.日本《怪奇鸟兽图卷》图本，名比翼鸟
4.清·四川成或因绘图本　　5.清·毕沅图本　　6.清·汪绂图本

西山经　西次三经

鼓 gǔ

*钟山神

又西北四百二十里曰钟山。其子曰鼓，其状如人面而龙身。是与钦䲹杀葆江于昆仑之阳，帝乃戮杀钦䲹之钟山之东，曰崒崖。钦䲹化为大鹗，其状如雕而黑文，白首赤喙而虎爪，其音如晨鹄，见则有大兵。鼓亦化为鵕鸟，其状如鸱，赤足而直喙，黄文而白首，其音如鹄，见则其邑大旱。

　　鼓是钟山山神烛阴（烛龙）的儿子，人面龙身，他的父亲烛阴也是"人面蛇身"（见《海外北经》）或"人面龙身"（见《淮南子》），可见父子二神长相一模一样。传说古时候天宫中众诸侯常有纷争，有一次，鼓和另一个名叫钦䲹的天神，把一个名叫葆江（又叫祖江）的天神在昆仑山杀死了。黄帝知道以后很生气，下令在钟山之东的崒崖把二神处死。二神死后灵魂不散，钦䲹化作大鹗，鼓化作鵕鸟，成为兵灾和大旱的征兆。陶潜《读山海经》诗第十一篇说："巨猾肆威暴，钦䲹违帝旨。窫窳强能变，祖江遂独死。"说的就是祖江被钦䲹杀死的故事。

　　郭璞《图赞》："钦䲹及鼓，是杀祖江。帝乃戮之，昆仑之东。二子皆化，矫翼亦同。"

1. 明·蒋应镐绘图本　　2. 清·《古今图书集成·神异典》，名鼓神

186

3

4

3. 明·胡文焕图本，名钟山神　　4. 日本《怪奇鸟兽图卷》图本，名皷

5. 清·近文堂图本　　6. 清·四川成或因绘图本　　7. 清·汪绂图本，名钟山子鼓

钦䲹

qīn
pī

又西北四百二十里曰钟山。

其子曰鼓，其状如人面而龙身。是与钦䲹杀葆江于昆仑之阳，帝乃戮之钟山之东，曰崤崖。钦䲹化为大鹗，其状如雕而黑文，白首赤喙而虎爪，其音如晨鹄，见则有大兵。鼓亦化为鵕鸟，其状如鸱，赤足而直喙，黄文而白首，其音如鹄，见则其邑大旱。

　　烛阴的儿子鼓与钦䲹（**音丕**）杀死了葆江（**即祖江**），被黄帝处死于钟山之东的崤崖。二神死后，均化身为鸟。钦䲹化为大鹗，样子像大雕，白脑袋，红嘴喙，背上有黑色斑纹，长着老虎的爪子，声音有如晨鹄。它出现的地方，就会有兵燹之灾。

　　郭璞《图赞》："钦䲹及鼓，是杀祖江。帝乃戮之，昆仑之东。二子皆化，矫翼亦同。"

鵕鸟

jùn
niǎo

又西北四百二十里曰钟山。

其子曰鼓，其状如人面而龙身。是与钦䲹杀葆江于昆仑之阳，帝乃戮之钟山之东，曰崤崖。钦䲹化为大鹗，其状如雕而黑文，白首赤喙而虎爪，其音如晨鹄，见则有大兵。鼓亦化为鵕鸟，其状如鸱，赤足而直喙，黄文而白首，其音如鹄，见则其邑大旱。

　　烛阴之子鼓杀祖江被戮，其魂化为鵕（**音俊**）鸟。鵕鸟的样子像鸱，白脑袋，红爪子，直嘴喙，背上有黄色斑文，叫声很像大鹄。它出现的地方，会有旱灾发生。汪绂在注中说，鵕音俊，鸱，枭类也。凡枭类钩喙，此直喙为异也。言黄帝杀此二人，而此二人各化为鸟，如鲧化黄熊（**原文如此。——引者**）之说也。陶潜《读山海经》诗云："长枯固已剧，鵕鹗岂足恃。"写的也是二神化身二鸟的故事。

1. 明·蒋应镐绘图本　　2. 清·四川成或因绘图本　　3. 清·汪绂图本，名钦碼大鹗　　4. 清·《古今图书集成·禽虫典》

1. 清·汪绂图本，名鼓鵫

文鳐鱼

wén
yáo
yú

西山经　西次三经

又西百八十里曰泰器之山。观水也焉，西流注于流沙，是多文鳐鱼，状如鲤鱼，鱼身而鸟翼，苍文而白首赤喙，常行西海游于东海，以夜飞，其音如鸾鸡，其味酸甘，食之已狂，见则天下大穰。

　　文鳐鱼是一种鱼鸟共体的奇鱼，属飞鱼类，是丰年的征兆。文鳐鱼的样子像鲤鱼，鱼身鸟翼，白脑袋，红嘴喙，毛色苍斑，叫声像鸾鸡，夜间常飞翔遨游于西海东海之间。胡文焕图说："鸟翼苍文，昼游西海，夜入北海。其味甘酸，食之已狂，见则大稔。"《埤雅》记：文鳐长尺许，有翼。《神异经》：东南海中有温湖，其中有鳐鱼，长八尺。《尔雅翼》记：文鳐鱼出南海，大者长尺许，有翅与尾齐；一名飞鱼，群飞海上。海人候之，当有大风。《吴都赋》云，文鳐夜飞而触纶是也。

　　《歙州图经》记载了一则有关文鳐鱼的故事：传说歙州赤岭下有大溪，俗传昔有人造横溪鱼梁，鱼不得下半夜飞从此岭过。其人遂于岭下张网以捕之，鱼有越网而过者，有飞不过而变为石者。今每雨其石即赤，故谓之赤岭，而浮梁县因此得名。传说文鳐肉酸甘，吃了可治癫狂病。《吕氏春秋·本味篇》说：味之美者，蘿水之鱼，名曰鳐。文鳐鱼是丰年的象征，民间常以鱼为占，认为文鳐鱼见则大穰，是丰年之兆，今海人也说岁丰则鱼大上。

　　郭璞《图赞》："见则邑穰，厥名曰鳐。经营二海，矫翼闲（一作间）霄。惟味之奇，见叹（一作难）伊庖。"

1

1. 明·蒋应镐绘图本

2

3

2. 明·胡文焕图本　　3. 清·四川成或因绘图本

4

5

4. 清·汪绂图本　　5. 上海锦章图本

英招

yīng sháo

又西三百二十里曰槐江之山。丘时之水也焉，而北流注于泑水。其中多嬴母，其上多青雄黄，多藏琅玕、黄金、玉。其阳多丹粟，其阴多采黄金、银。实惟帝之平圃，神英招司之，其状马身而人面，虎文而鸟翼，徇于四海，其音如榴。南望昆仑，其光熊熊，其气魂魂。西望大泽，后稷所潜也。其中多玉，其阴多榣木之有若。北望诸毗，槐鬼离仑居之，鹰鹯之所宅也。东望恒山四成，有穷鬼居之，各在一搏。

英招（**音韶**）是槐江山的山神，是一位集人、马、虎、鸟四形于一身的天神，又是天帝管辖的平圃天然牧场的管理者。这片牧场位于离昆仑山天帝帝都四百里的槐江之山，名叫悬圃，又称玄圃、平圃、元圃。英招人面马身，有鸟的双翼，虎的斑纹，常振翅高飞，巡游四海。

《图赞》："槐江之山，英招是主。巡游四海，抚翼云俦。实惟帝圃，有（**是**）谓玄圃。"

195

1. 明·蒋应镐绘图本　2. 清·《古今图书集成·神异典》

3

4

3. 清·吴任臣康熙图本　　4. 清·近文堂图本

5

6

5. 清·四川成或因绘图本　　6. 清·汪绂图本

天神

*淫水之神

tiān
shén

西山经　西次三经

又西三百二十里，曰槐江之山。……爰有淫水，其清洛洛。有天神焉，其状如牛，而八足二首马尾，其音如勃皇，见则其邑有兵。

1

　　此天神是槐江山的山神，又是淫（音瑶）水之神，是兵灾的征兆。在槐江山的悬圃下面，有一条清冷彻骨的泉水，叫淫水。陶潜《读山海经》诗云："迢迢槐江岭，落落清瑶流"，说的就是槐江山玄圃下淫水之神管辖的地域。这位天神的样子很怪，是一只双头怪兽，样子像牛，两个牛头，八条牛腿，却长着马的尾巴；它的声音有如羽翼振动；它出现的地方，会有兵乱。

2

3

4

1. 明·蒋应镐绘图本　　2. 清·四川成或因绘图本
3. 清·汪绂图本　　4. 清·《古今图书集成·神异典》

陆吾

lù
wú

西山经　西次三经

西南四百里曰昆仑之丘，是实惟帝之下都，神陆吾司之。其神状虎身而九尾，人面而虎爪。是神也，司天之九部及帝之囿时。有兽焉，其状如羊而四角，名曰土蝼，是食人。有鸟焉，其状大如鸳鸯，名曰钦原，蠚鸟兽则死，蠚木则枯。有鸟焉，其名曰鹑鸟，是司帝之百服。

　　昆仑丘即昆仑山。《山海经》有西方昆仑，东南方昆仑，所以神话昆仑不专指某山。毕沅说，高山皆得名之。昆仑是神山，是天帝出入的通道，是天帝在人间的都邑。陆吾是昆仑山神，又是天帝帝都的守卫者，兼管天上九域之部界，以及天帝苑囿之时节，故又称天帝之神。陆吾即肩吾、坚吾，是一位人虎共体的怪神，人面虎身虎爪，长着九条尾巴。陆吾与《海内西经》的昆仑开明兽是同一个神，都是昆仑的山神，帝都之守。胡文焕图说："昆仑之丘有天帝之神，曰陆吾，一名坚吾，其状虎身人面九首，司九域之事。"

　　陆吾图的形状有二：

　　其一，人面虎身九尾，如图1、2、3、4；

　　其二，九首人面虎身，如图5、6、7。

　　郭璞《图赞》："肩吾得一，以处昆仑。开明是对，司帝之门。吐纳灵气，熊熊魂魂。"

1
2

1. 明·蒋应镐绘图本　　2. 清·《古今图书集成·神异典》

3

4

3. 清·四川成或因绘图本　　4. 清·汪绂图本

5

6

7

5.明·胡文焕图本，名神陆　　6.日本《怪奇鸟兽图卷》图本，名神陆　　7.清·毕沅图本

204

土蝼
tǔ
lóu

西山经　西次三经

西南四百里曰昆仑之丘，是实惟帝之下都，神陆吾司之。其神状虎身而九尾，人面而虎爪。是神也，司天之九部及帝之囿时。有兽焉，其状如羊而四角，名曰土蝼，是食人。有鸟焉，其状如蜂，大如鸳鸯，名曰钦原，蠚鸟兽则死，蠚木则枯。有鸟焉，其名曰鹑鸟，是司帝之百服。

　　土蝼（音楼）即土羹，是一种四角如羊之食人怪兽。胡文焕图说："昆仑之丘，有兽，名曰土蝼。状如羊，四角，其锐难当，触物则毙，食人。"郝懿行注：土蝼，《广韵》作土羹，说似羊四角，其锐难当，触物则毙，食人，出《山海经》。
　　郭璞《图赞》："土蝼食人，四角似羊。"

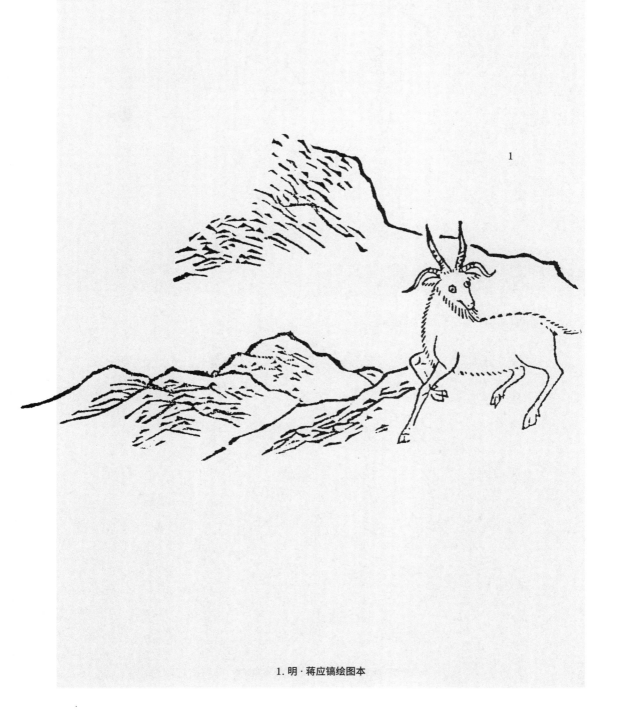

1

1. 明·蒋应镐绘图本

2

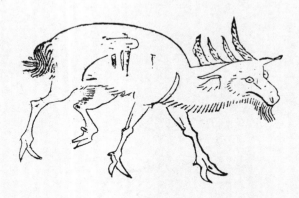

3

2. 明·胡文焕图本　　3. 清·近文堂图本

4

5

4.清·汪绂图本　　5.清·《古今图书集成·禽虫典》

钦原

qīn
yuán

西山经　西次三经

西南四百里曰昆仑之丘，是实惟帝之下都，神陆吾司之。其神状虎身而九尾，人面而虎爪。是神也，司天之九部及帝之囿时。有兽焉，其状如羊而四角，名曰土蝼，是食人。有鸟焉，其状如蜂，大如鸳鸯，名曰钦原，蠚鸟兽则死，蠚木则枯。有鸟焉，其名曰鹑鸟，是司帝之百服。

　　钦原是一种毒鸟，样子像蜂，却大如鸳鸯；蠚鸟兽则死，蠚草木则枯。《骈雅》说：钦原，蠚鸟也。

　　郭璞《图赞》："钦原类蜂，大如鸳鸯。触物则毙，其锐难当。"

1. 明·蒋应镐绘图本　　2. 清·四川成或因绘图本　　3. 清·汪绂图本　　4. 清·《古今图书集成·禽虫典》

鲭鱼

[*]四足

huá
yú

西山经　西次三经

又西三百七十里曰乐游之山。

桃水出焉，西流注于稷泽，是多白玉。其中多鲭鱼，其状如蛇而四足，是食鱼。

　　鲭（音滑）鱼又称鲭鱼，是一种四足蛇形的食鱼怪。《东次四经》子桐山也有鲭鱼："其状如鱼而鸟翼，出入有光，其音如鸳鸯，见则天下大旱。"二者的形状与性能都不同。传说龙蟠山潭中产鱼，四足而有角，疑鲭鱼一类。汪绂注中的鲭鱼与经中所记又有不同："鲭鱼似鲇，腹下赤，前足如人足，后足如鳖足，多产于西流之水。"

　　今见桃水之鲭鱼图，有三种形状：

　　其一，蛇首蛇尾、鱼身四足，如图1；

　　其二，鱼首鱼身蛇尾、有翼四足，前足似人足，如图2、3；

　　其三，蛇首有角，蛇身四足，前足似人足，图4、5。

1. 明·蒋应镐绘图本

212

2

3

2. 清·四川成或因绘图本　　3. 清·汪绂图本，名鳕鱼

4

5

4.清·《古今图书集成·禽虫典》　　5.上海锦章图本，名鳛鱼

长乘

cháng
chéng

西山经　西次三经

西水行四百里曰流沙，二百里至于嬴母之山。神长乘司之，是天之九德也。其神状如人而豹尾。其上多玉，其下多青石而无水。

1

长乘是地处流沙附近的嬴母山的山神，他的样子像人，却长着豹尾。传说他是天上九德之气所化生。有人说，禹治水至洮水时，有一长人代表天帝把黑玉书交给了他，这个长人，便是长乘。

郭璞《图赞》："九德之气，是生长乘。人状豹尾，其神则凝。妙物自潜，世无得称。"

215

1. 清·四川成或因绘图本　2. 明·蒋应镐绘图本
3. 清·汪绂图本　4. 清·《古今图书集成·神异典》

西王母

xī
wáng
mǔ

又西三百五十里曰玉山，是西王母所居也。西王母其状如人，豹尾、虎齿而善啸，蓬发戴胜，是司天之厉及五残。有兽焉，其状如犬而豹文，其角如牛，其名曰狡，其音如吠犬，见则其国大穰。有鸟焉，其状如翟而赤，名曰胜遇，是食鱼，其音如录，见则其国大水。

《山海经》中有关西王母的记载有三处。其一《西次三经》，说住在玉山的西王母样子像人，蓬发上戴着玉胜，却长着豹尾虎齿，还擅长野兽般的啸鸣，是掌管瘟疫刑杀的天神。这一带有兽形特征的天神，可以看作是西王母之原始。其二《大荒西经》，说昆仑丘上的西王母"人面、虎身、文尾……戴胜、虎齿、豹尾、穴处"，此经所记之西王母，尽管仍保留了若干兽形特性，但"穴处"一说，点出了她穴居蛮人酋长的身份。其三《海内北经》："西王母梯几而戴胜杖，其南有三青鸟，为西王母取食。在昆仑虚北。"此处之西王母俨然有王者之风。西王母从半人半兽到人，而又王者，经历了若干变异。从《山海经》西王母的变异可以看出，此经实非一时一地一人之作。

郭璞《图赞》："天帝之女，蓬头（一作发）虎颜。穆王执贽，赋诗交欢。韵外之事，难以俱言。"

今见山海经图保留了西王母作为山神的虎颜豹尾的原始形象。

1.明·蒋应镐绘图本　2.清·汪绂图本

狓

jiǎo

又西三百五十里曰玉山，是西王母所居也。西王母其状如人，豹尾、虎齿而善啸，蓬发戴胜，是司天之厉及五残。有兽焉，其状如犬而豹文，其角如牛，其名曰狓，其音如吠犬，见则其国大穰。有鸟焉，其状如翟而赤，名曰胜遇，是食鱼，其音如录，见则其国大水。

狓是吉兽，丰年的征兆。狓的样子像狗，却身披豹纹，长着牛角（**一说羊角**），声音像吠犬。传说匈奴狓犬，巨身四足。

1.明·蒋应镐绘图本　　2.明·胡文焕图本
3.清·汪绂图本　　4.清·《古今图书集成·禽虫典》

胜遇

xìng
yù

又西三百五十里曰玉山，是西王母所居也。西王母其状如人，豹尾、虎齿而善啸，蓬发戴胜，是司天之厉及五残。有兽焉，其状如犬而豹文，其角如牛，其名曰狡，其音如吠犬，见则其国大穰。有鸟焉，其状如翟而赤，名曰胜遇，是食鱼，其音如录，见则其国大水。

胜（音姓）遇是一种食鱼的水鸟，是大水的征兆。样子像翟鸟，红色，声音很像鹿在鸣叫。关于这种水鸟的名字，郝懿行在注中说：《玉篇》有鸲字，音生，鸟也，疑鸲即胜矣。关于这种水鸟和它的叫声，吴任臣解释说：《事物绀珠》云，胜遇如翟而赤，食鱼。《骈雅》曰，蛮蛮、胜遇，皆水鸟也。

221

1.明·蒋应镐绘图本　　2.清·四川成或因绘图本
3.清·汪绂图本　　4.清·《古今图书集成·禽虫典》

神魂氏

* 少昊

shén
wěi
shi

西山经　西次三经

又西二百里曰长留之山，其神白帝少昊居之。其兽皆文尾，其鸟皆文首。是多文玉石。实惟员神魂氏之宫。是神也，主司反景。

　　员神魂（音伟）氏即西方天帝少昊。少昊金天氏，名挚。《大荒东经》说，他曾在东海之外的大壑，即五神山之一的归墟，建立了一个国家，名叫少昊之国。《左传·昭公十七年》记载，少昊之国是一个鸟的王国，其百官由百鸟担任，而少昊挚（鸷）便是百鸟之王。后来，他返回西方，和他的儿子金神蓐收作为西方天帝，管理着西方一万二千里的地方（《淮南子·时则篇》）。

　　少昊住在长留山，其神职就是查看沉落西方的太阳，看它反照到东边的景象是否正常。故郭璞说，日西入则景反东照，主司察之。日落西山，红霞满天，景象万千，故少昊又称员神，蓐收又名红光。

　　郭璞《白帝少昊赞》："少昊之帝，号曰金天。魂氏之宫，亦在此山。是司日入，其景惟员。"

1

1. 清·汪绂图本

狰

zhēng

又西二百八十里曰章莪之山。无草木，多瑶、碧，所为甚怪。有兽焉，其状如赤豹，五尾一角，其音如击石，其名如狰。有鸟焉，其状如鹤，一足，赤文青质而白喙，名曰毕方，其鸣自叫也，见则其邑有讹火。

　　狰是独角怪兽，样子像赤豹，却长着五条尾巴，能发出石头碰击的声音。《广韵》说，狰似狐有翼；黄氏《续离骚经》说，狰似豹一角五尾。

　　郭璞《图赞》："章莪之山，奇怪所宅。有兽似豹，厥色惟赤。五尾一角，鸣如击石。"

1. 明·蒋应镐绘图本

226

2. 明·胡文焕图本　　3. 日本《怪奇鸟兽图卷》图本　　4. 清·近文堂图本　　5. 清·四川成或因绘图本

6

7

8

6. 清・汪绂图本　　7. 清・《古今图书集成・禽虫典》　　8. 上海锦章图本

毕方

bì
fāng

西山经　西次三经

又西二百八十里曰章莪之山。无草木，多瑶、碧，所为甚怪。有兽焉，其状如赤豹，五尾一角，其音如击石，其名如狰。有鸟焉，其状如鹤，一足，赤文青质而白喙，名曰毕方，其鸣自叫也，见则其邑有讹火。

毕方是独足怪鸟，兆火之鸟。它的样子像鹤，白嘴喙，黑羽毛上有红色斑纹，青色，一足，不食五谷，整天叫着自己的名字。毕方被称为老父神、老鬼，又是木之精、火之精。《淮南子·氾论篇》说："木生毕方。"《白泽图·火之精》记："毕方，状如鸟，一足，以其名呼之则去。"《汇苑》说："毕方，老鬼也，一曰南方独脚鸟，形如鹤。"可知毕方是独足神鸟。

《海外南经》的毕方鸟却有所不同，是人面独足鸟："毕方鸟在其东，青水西，其为鸟人面一脚"。尽管一些《山海经》专家认为经文中的"人面"二字是多余的，应删去；但《禽虫典》在《海外南经》毕方图引"人面一脚"的经文后，有吴任臣的按语说，《抱朴子》云：枯灌化形，山夔潜跟，石修九首，毕方人面，即斯鸟也。特别值得注意的是，此书第五十三卷异鸟部在《西次三经》下有非人面的一足鸟毕方图，而在《海外南经》中又有人面一足的毕方鸟图，可知毕方有二，这是其他各种本子所没有见到的。

在古代神话中，毕方扮演了护卫神鸟的角色。传说黄帝合鬼神于西泰山，六条蛟龙为黄帝驾象车，毕方随车而行，蚩尤在前开道；风伯进扫，雨师洒道，虎狼在前，鬼神在后，腾蛇伏地，凤凰复上，多么威风，多么壮观。古书所记东方朔根据《山海经》辨识独足怪鸟毕方的故事，说明早在汉时《山海经》便已名震四方。

毕方是兆火鸟，常衔火在人家作怪灾。传说陈后主时，一足鸟集殿，以觜画地，有诗曰：独足上高台，盛草变成灰。（《古今图书集成·禽虫典·羽禽总部纪事》）古人视毕方为火之兆，故著文以逐之，柳宗元曾写《逐毕方文》。据《兴化府志》记载，嘉靖十八年九月间，莆田县火灾，是夜有鸟下火中，传说就是毕方鸟。

毕方为火灾之兆，但也有主寿之说。胡文焕图说："毕方，见则有寿。"《事物绀珠》说："毕方，见者主寿。"此说与毕方形似鹤有关。鹤是一种寿禽，《初学记》说，鹤所以寿者，无死气于中也；大喉以吐故，修颈以纳新，故生大寿不可量。

本书所收毕方图，有两种形状：

其一，独足鸟，如图1、2、3、4、5；

其二，人面独足鸟，如图6。

郭璞《图赞》："毕方赤文，离精是炳。旱则高翔，鼓翼阳景。集乃流灾，火不炎正（上）。"

1. 明·蒋应镐绘图本　　2. 明·胡文焕图本　　3. 日本《怪奇鸟兽图卷》图本　　4. 清·四川成或因绘图本
5. 清·汪绂图本　　6. 清·《古今图书集成·禽虫典》本《海外南经》图，人面毕方

230

天狗

tiān
gǒu

西山经　西次三经

又西三百里曰阴山。浊浴之水出焉，而南流注于蕃泽，其中多文贝。有兽焉，其状如狸而白首，名曰天狗，其音如榴榴，可以御凶。

　　天狗是御凶辟邪、攘灾除害之兽，样子像狸，或像豹，白脑袋，声音像猫叫；食蛇。

　　《太平御览》卷九〇五引《秦氏三秦记》讲述的白鹿原天狗的故事很有名：传说周平王时，白鹿出此原。原有狗枷堡，秦襄公时，有天狗来其下。凡有贼，天狗吠而护之，一堡无患。《事物绀珠》记：天狗如狸，白首，音如猫，食蛇。胡文焕图说："阴山有兽，状如狸，白首，名曰天狗，食蛇。其音如猫，佩之可以御凶。"今见胡文焕图本之天狗图，嘴上叼着蛇，即据此而来。

　　郭璞《图赞》："乾麻不长，天狗不大。厥质虽小，攘灾除害。气之相生（**一作旺**），在乎食带。"

1

2

1. 明·蒋应镐绘图本　　2. 明·胡文焕图本

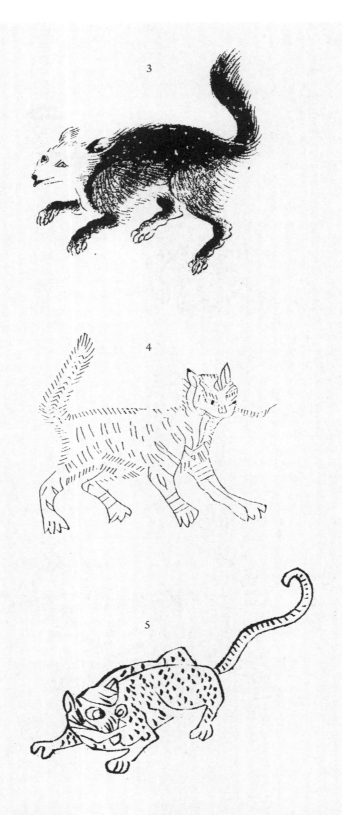

3. 日本《怪奇鸟兽图卷》图本　　4. 清·近文堂图本　　5. 清·四川成或因绘图本

6

7

6.清·汪绂图本　　7.上海锦章图本

江疑

jiāng
yí

又西二百里曰符惕之山。其上多棕、楠，下多金、玉。神江疑居之。是山也，多怪雨，风云之所出也。

　　符惕（音阳）山山神江疑，主司风云怪雨。郝懿行说，山林川谷丘陵能出云，为风雨，见怪物者皆曰神。

　　郭璞《图赞》："江疑所居，风云是潜。"

1

1. 清·汪绂图本

三青鸟

sān
qīng
niǎo

西山经　西次三经

又西二百二十里曰三危之山。三青鸟居之。是山也，广员百里。其上有兽焉，其状如牛，白身四角，其豪如披蓑，其名曰傲狠，是食人。有鸟焉，一首而三身，其状如鹨，其名曰鸱。

　　三青鸟是为西王母取食的神鸟，广员百里的三危山是三青鸟栖息的神山。《竹书纪年》记：穆王十三年西征，至于青鸟之所憩，就是三危山。汪绂据此以及三青鸟为王母所使两则材料，认为"此山去昆仑群玉之山，道里应不远，是敦煌三危也。"

　　关于三青鸟的形状和神职，《大荒西经》记，有西王母之山，有三青鸟，赤首黑目，一名大鹜，一名少鹜，一名曰青鸟。又《海内北经》记：西王母梯几而戴胜杖，其南有三青鸟，为西王母取食。在昆仑虚北。

　　陶潜《读山海经》第五篇："翩翩三青鸟，毛色奇可怜。朝为王母使，暮归三危山。我欲因此鸟，具向王母言。在世无所须，惟酒与长年。"

　　郭璞《图赞》："山名三危，青鸟所解。往来昆仑，王母是隶。穆王西征，旋轸斯地。"

1

2

1. 明·蒋应镐绘图本　　2. 清·汪绂图本

獢狕

áo
yè

西山经　西次三经

又西二百二十里曰三危之山。
三青鸟居之。是山也，广员
百里。其上有兽焉，其状如
牛，白身四角，其豪如披蓑，
其名曰獢狕，是食人。有鸟
焉，一首而三身，其状如鹗，
其名曰鸱。

　　獢狕（**音敖夜**）是食人怪兽，样子像牛，色白，长着四只角，它的毛很长，就像披在身上防雨的蓑衣一样。《骈雅》说：牛四角而白，曰獢狕。《玉篇》引此作樊狕。

　　郭璞《图赞》："兽有獢狕，毛如被蓑（一作苦）。"

1

2

1. 明·蒋应镐绘图本　　2. 清·吴任臣康熙图本

240

3

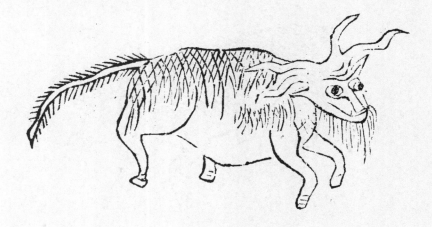

4

3.清·四川成或因绘图本　　4.清·汪绂图本

5

6

5. 清·《古今图书集成·禽虫典》　　6. 上海锦章图本

鸱

chī

西山经　西次三经

又西二百二十里曰三危之山。三青鸟居之。是山也，广员百里。其上有兽焉，其状如牛，白身四角，其豪如披蓑，其名曰獓狠，是食人。有鸟焉，一首而三身，其状如鹖，其名曰鸱。

鸱，古称鸱鸺，夜禽，枭类，俗称猫头鹰。鸱的样子像鹖（音洛）鸟，一个脑袋，三个身子。郭璞说，鹖似雕，黑文赤颈。郝懿行注：今东齐人谓鸱为老雕，盖本为鹖雕，声近转为老雕。《西山经》天帝之山有栎鸟，又名鹖鸟。《禽虫典》曰："其状如雕，黑文而赤翁，名曰鹖，食之已痔。"《说文》云："翁，颈毛也。"这种像鹖，或者像雕，羽色黑文，颈上有一圈赤毛的栎鸟，又称雷鹖。据说吃了它的肉，可治隐痔。《事物绀珠》说："雷鹖已痔，数斯已瘿。"郭璞《图赞》："黑文赤翁，鸟愈隐痔。"

鸱鸺属猛禽类大鸟，由于其形貌与声音丑恶，向来被视为不祥之鸟。但考古学家发现，鸱的形象大量出现在商周礼器之中，作为威猛与必胜的象征，带有神圣的性质。到了汉代，鸱鸺作为灵魂世界的引导者与守护者，也常见于与丧葬有关的绘画、画像石与帛画之中。

另一说："鹖则鸱鸟，一首三身。"郭璞《图赞》："鹖鸟一头，厥身则兼。"

1

1. 明·蒋应镐绘图本

244

2. 明·胡文焕图本，名鸮　　3. 日本《怪奇鸟兽图卷》图本，名鵵　　4. 清·四川成或因绘图本

5. 清·毕沅图本　　6. 清·汪绂图本　　7. 清·《古今图书集成·禽虫典》

老耆童

qí
tóng

又西一百九十里曰骐山。其上多玉而无石。神耆童居之，其音常如钟磬。其下多积蛇。

耆童即老童，颛顼之子。传说耆童声音如钟磬，能作乐风，是音乐的创始人。关于老童的世系，《大荒西经》有记载：颛顼生老童，老童生祝融，祝融生太子长琴，是处榣山，始作乐风。又说：颛顼生老童，老童生重及黎，帝令重献于天，令黎邛下地。传说耆童为蛇媒，在汪绂图本中，耆童图下方，积蛇满地。郝懿行在此经"神耆童"条"其下多积蛇"句下有注说："今蛇媒，所在有之。其蛇委积，不知所来，不知所去，谓之蛇媒也。"

郭璞《图赞》："颛顼之子，嗣作火正。铿枪其鸣，声如钟磬。处于骐山，惟灵之盛。"

1

1. 清·汪绂图本

帝江

dì
jiāng

西山经　西次三经

又西三百五十里曰天山。多金、玉，有青雄黄。英水也焉，而西南流注于汤谷。有神焉，其状如黄囊，赤如丹火，六足四翼，浑敦无面目，是识歌舞，实惟帝江也。

　　帝江即浑沌神。胡文焕图说："天山有神，形状如皮囊，背上赤黄如火，六足四翼，浑沌无面目。自识歌舞。名曰帝江。"《庄子·应帝王》中讲过一个故事：南海之帝名儵（音书），北海之帝名忽，中央之帝名浑沌。儵与忽常相会于浑沌之地，浑沌待之甚好。儵与忽商量要报答浑沌的深情厚意。他们想，人人都有眼耳口鼻七窍，用来视听食息，惟独浑沌没有，我们试试为他凿开七窍。于是，一日凿一窍，凿了七日，浑沌死了。这则古老的寓言必有古老的神话为依据，帝江便是古老浑沌神的原始。浑沌神帝江没头没脸，样子像个黄袋子，颜色像丹火一样红，长着六条腿，四只翅膀。《神异经》所记的浑沌与帝江略有不同，说的是昆仑西有兽，有目而不见，有两耳而不闻，有腹无五脏，有肠直短食径过，名浑沌。传说帝江还精通歌舞，当是原始先民的歌舞之神。

　　郭璞《图赞》："质则混沌，神则旁通。自然灵照，听不以聪。强为之名，号曰（一作惟）帝江。"

　　帝江图有三形：

　　其一，六足四翼，如图1、2、3、4、5；

　　其二，六足四翼兽尾，如图6；

　　其三，四足四翼有尾，前胸似有一小脸，十分怪异，如图7。

1

1. 明·蒋应镐绘图本

250

2. 明·胡文焕图本　　3. 日本《怪奇鸟兽图卷》图本　　4. 清·汪绂图本

5. 清·《古今图书集成·神异典》　6. 清·四川成或因绘图本　7. 上海锦章图本

蓐收

*红光

rù
shōu

又西二百九十里曰泑山。神
蓐收居之，其上多婴短之玉。
其阳多瑾瑜之玉，其阴多青
雄黄。是山也，西望日之所
入。其气员，神红光之所司
也。

　　蓐（音入）收是泑（音优）山山神，是西方天帝少昊（即神魂氏）的儿子，又是西方刑神、金神。
蓐收在《山海经》中出现两次。《西次三经》的蓐收突出了他作为泑山山神，作为日入之神的神格，
故又名神红光、员神。蒋应镐绘图本的蓐收（图1），人面虎爪，白尾执钺，身后的祥云是他作为日入
之神具有神性的标志。成或因绘图本的蓐收（图2），人面虎爪执钺，头后也有圆光。

　　汪绂图本的蓐收（图3）名神红光，为司日入之神。《海外西经》的蓐收，突出了他作为西方刑神、
金神的神格，其特征是珥蛇执钺乘龙，云游于天地之间（详见《海外西经》）。

1. 明·蒋应镐绘图本　　2. 清·四川成或因绘图本　　3. 清·汪绂图本

讙
huān

西水行百里，至于翼望之山。无草木，多金、玉。有兽焉，其状如狸，一目而三尾，名曰讙，其音如夺百声，是可以御凶，服之已瘅。有鸟焉，其状如乌，三首六尾而善笑，名曰鵸鵌，服之使人不厌，又可以御凶。

讙（音欢）又称獂（音原），是一种御凶辟邪奇兽，样子像狸，独目三尾。据说讙能发出百种动物的鸣叫声，还可以治黄瘅病。

讙獂图有三形：

其一，独目三尾，如**图**1、2、3、4、5、6；

其二，二目五尾，名獂，如图7。胡氏图说："翼望山有兽，状如狸，五尾，名曰獂，又狢类。其音夺众声，食之可以治瘅"；

其三，二目七尾，如图8。

郭璞《图赞》中作獂兽："鵸鵌三头，讙（**一作獂或原**）兽三尾。俱御不祥，消凶辟眛。君子服之，不逢不瞵。"

1

1. 明·蒋应镐绘图本

2. 清·吴任臣康熙图本　　3. 清·四川成或因绘图本　　4. 清·汪绂图本

257

5. 清·《古今图书集成·禽虫典》　　6. 上海锦章图本　　7. 明·胡文焕图本，名貚
8. 日本《怪奇鸟兽图卷》图本，名貚

鹘鸼

qí
yú

*三首六尾

西水行百里，至于翼望山。
无草木，多金、玉。有兽焉，
其状如狸，一目而三尾，其
名曰谨，其音如夺百声，是可
以御凶，服之已瘅。有鸟焉，
其状如乌，三首六尾而善笑，
名曰鹘鸼，服之使人不厌，
又可以御凶。

鹘鸼（**音奇余**）是一种御凶辟邪奇鸟，样子像乌，却长着三个脑袋，六条尾巴，还常常发出人的
笑声。《北山经》带山有鸟，名曰鹘鸼，自为牝牡，与此鸟同名而不同形不同类。本经之鹘鸼可御凶，
据说服之可不做恶梦。胡文焕本之鹘鸼，集翼望山与带山此鸟之特征于一身，其图说云："翼望山有鸟，
状如乌，三首六尾，自为牝牡，善笑，名曰鹘鸼。服之不眯，佩之可以御兵。"御兵一说未见于他书。

郭璞《图赞》："鹘鸼三头，獂兽三尾。俱御不祥，消凶辟眯。君子服之，不逢不韪。"

1

2

1. 明·蒋应镐绘图本　　2. 明·胡文焕图本

260

3

4

3. 日本《怪奇鸟兽图卷》图本   4. 清·近文堂图本

5.清·四川成或因绘图本　　6.清·汪绂图本　　7.上海锦章图本

羊身人面神

yáng
shēn
rén
miàn
shén

西山经　西次三经

凡西次三经之首崇吾之山至于翼望之山，凡二十三山，六千七百四十四里。其神状皆羊身人面。其祠之礼：用一吉玉瘗，糈用稷米。

1

　　崇吾山至翼望山共二十三山的山神都是人面羊身神。祭祀这一山系的群山山神有共同的祠礼，要把一块吉玉埋进地里，另加稷米。

　　今见蒋绘本的羊神人面山神为人形神，人面人身，戴披肩，束腰带，短裤；四条羊腿，前二腿如人手作平举状，后二腿如人作直立状。山神的四周祥云环绕，是山神具有神性的标志。《神异典》的羊身人面神名为"崇吾山至翼望山共二十三山之神"，其造型采自蒋本。汪绂本的羊身人面西山神为兽形神，人面羊身。

1.清·汪绂图本，名西山神　　2.明·蒋应镐绘图本
3.清·四川成或因绘图本　　4.清·《古今图书集成·神异典》

白鹿

bái
lù

又北百二十里曰上申之山，上无草木而多硌石，下多榛、楛。兽多白鹿。其鸟多当扈，其状如雉，以其髯飞，食之不眴目。汤水出焉，东流注于河。

　　白鹿是一种瑞兽。《宋书·符瑞志》记，白鹿，王者明惠及下则至。《述异记》说，鹿千年化为苍，五百年化为白。传说穆王征犬戎，得四白鹿。《三秦记》讲述了白鹿原的故事，周平王东迁，有白鹿游于此原，以是得名，盖泰运之象。《云笈七籖》记述了西王母乘白鹿的故事，说西王母是太阴之精，天帝之女，慕黄帝之德，乘白鹿来献白玉环。吴薛综有《白鹿颂》："皎皎白鹿，体质驯良。其质皎曜，如鸿如霜。"

当扈

dāng
hù

又北百二十里曰上申之山，上无草木而多硌石，下多榛、楛。兽多白鹿。其鸟多当扈，其状如雉，以其髯飞，食之不眴目。汤水出焉，东流注于河。

　　当扈是一种怪鸟，样子像雉，据说吃了它的肉可以不瞬目（**不眨眼**）。一般的鸟鼓翼高飞，而当扈却扬起咽喉下的须毛来飞翔。

　　当扈图有二形：

　　其一，以须毛飞，如图1、2、3；

　　其二，似雉，如图4、5。胡氏图说云："当扈，状如雉，飞咽毛尾似芭蕉，人食则目不瞬。"

　　郭璞《图赞》："鸟飞以翼，当扈则须。废多任少，沛然有余。轮运于毂，至用在无。"

1. 清·汪绂图本

1

1

1. 明·蒋应镐绘图本

2

3

2. 清·四川成或因绘图本　　3. 清·汪绂图本

4

5

4. 明·胡文焕图本　　5. 清·《古今图书集成·禽虫典》

白狼

bái
láng

西山经　西次四经

又北二百二十里曰孟山。其阴多铁，其阳多铜。其兽多白狼、白虎，其鸟多白雉、白翟。生水也焉，而东流注于河。

　　白狼是一种珍兽、瑞兽。《瑞应图》说："白狼，王者仁德明哲则见；又王者进退动准法度则见。"传说周穆王伐犬戎，得四白狼。《竹书纪年》记述了白狼的故事，说殷商成汤时，有神牵白狼衔驹而入商朝。

　　郭璞《图赞》："矫矫白狼，有道则游。应符变质，乃衔灵钩。惟德是适，出殷见周。"

白虎

bái
hǔ

西山经　西次四经

又北二百二十里曰孟山。其阴多铁，其阳多铜。其兽多白狼、白虎，其鸟多白雉、白翟。生水也焉，而东流注于河。

　　白虎是一种瑞兽。《瑞应图》记，白虎者，仁而善，王者不暴则见。白虎是天之四灵之一。《三辅黄图》："苍龙、白虎、朱雀、玄武，天之四灵，以正四方。"白虎即四方神之一，为守西方之神。《淮南子·天文篇》：西方金也，其神为太白，其兽白虎。白虎又是星名，是西方七宿（奎、娄、胃、昴、毕、觜、参）的总称，即西官白虎星座。

　　白虎是古代巴人（廪君之后）的祖先和图腾。《后汉书·南蛮西南夷列传》载："廪君死，魂魄世为白虎。"今湘鄂一带的土家族仍信仰白虎，他们对白虎的信仰有两种情况：一是视白虎为祖神、家神，即所谓坐堂白虎，对之要敬要祭；一是视白虎为凶神、邪神，即所谓过堂白虎，对之要赶要收。汉族地区也有该情况的反映；白虎是瑞兽，又是岁中凶神，民间有"退财白虎"或"丧门白虎"之说。

　　郭璞《图赞》："�之虎，仁而有猛。其质载晧，其文载炳。应德而扰，止我交境。"

1. 清·汪绂图本

1

1

1. 清·汪绂图本

神䰡

shén
chì

又西百二十里曰刚山。多柒木，多㻬琈之玉。刚水出焉，北流注于渭。是多神䰡，其状人面兽身，一足一手，其音如钦。

神䰡（音赤）是刚山山神，即所谓独脚山魈，属精怪一类。《说文》说，䰡是神兽，或是厉鬼。

《史记·五帝本记》司马贞索隐引："魑魅，人面兽身，四足，好惑人。"此经所记神䰡亦人面兽身，一足一手，能发出像人打呵欠的声音。胡文焕图说："刚山多神魑，亦魑魅之类。其状人面兽身，一手一足，所居处无雨。""无雨"一说未见于经文。

郭璞《图赞》："其音如吟，一脚人面。"

1. 明·蒋应镐绘图本　　2. 清·《古今图书集成·神异典》

272

3. 明·胡文焕图本，名神魖　　4. 日本《怪奇鸟兽图卷》图本，名神魖　　5. 清·近文堂图本

6. 清·四川成或因绘图本　　7. 清·汪绂图本　　8. 上海锦章图本

274

蛮蛮

*兽

bīn
bīn

西山经　西次四经

又西二百里至刚山之尾，洛水也焉，而北流注于河。其中多蛮蛮，其状鼠身而鳖首，其音如吠犬。

蛮蛮又名猵（**音宾**），是一种怪兽，样子像鼠，长着鳖的脑袋，声音像吠犬。

《三苍解诂》记：猵似狐，青色，居水中，食鱼。今见几种图本的蛮蛮图，其兽居于水滨，可能与此兽居水中、食鱼的品性有关。

郭璞《图赞》："鼠身鳖头，厥号曰蛮。"

1. 明·蒋应镐绘图本

2

3

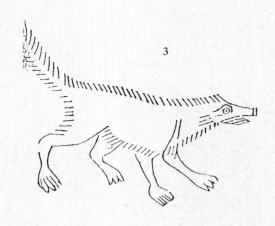

2. 明·胡文焕图本　　3. 清·近文堂图本

4

5

6

4.清·四川成或因绘图本　　5.清·汪绂图本　　6.清·《古今图书集成·禽虫典》

冉遗鱼

 răn
yí
yú

西山经　西次四经

又西三百五十里曰英鞮之山。上多漆木，下多金、玉，鸟兽尽白。涴水出焉，而北注于陵羊之泽。是多冉遗之鱼，鱼身蛇首六足，其目如马耳，食之使人不眯，可以御凶。

冉遗鱼是一种御凶辟邪之奇鱼，集鱼、蛇、马三牲的特点于一身。它长着蛇的脑袋，鱼的身子，有六只脚，两只眼睛像马耳。据说吃了它可使人不做恶梦，还可以御凶避邪。

《御览》作无遗之鱼，《事物绀珠》作冉鳢。《元览》说：儵鱼、冉鳢、蛤蛤，皆六足。胡文焕图说："英鞮（**音低**）山涴（**音鸳**）水出焉，北注于凌阳之泽。中多髯鳢鱼，蛇首六足，其目如珠，马耳。食之使人不寐，佩之亦可以御凶。"

郭璞《图赞》："目如马耳，食厌妖变。"

1

1. 明·蒋应镐绘图本

2

3

2. 明·胡文焕图本　3. 清·四川成或因绘图本

4

5

6

4. 清·汪绂图本　　5. 清·《古今图书集成·禽虫典》　　6. 上海锦章图本

驳

bó

西山经　西次四经

又西三百里曰中曲之山。其阳多玉，其阴多雄黄、白玉及金。有兽焉，其状如马而白身黑尾，一角，虎牙爪，音如鼓音，其名曰驳，是食虎豹，可以御兵。有木焉，其状如棠，而员叶赤实，实大如木瓜，名曰櫰木，食之多力。

驳（音驳）又名兹白，是一种可以御兵灾、辟兵刃的独角吉兽。样子像马，白身黑尾，虎牙虎爪，独角冲天，能发出击鼓的声音。驳又是兽中之英，威猛之兽，能以虎豹为食。胡文焕图说云："状如马，白身黑尾，一角，虎足锯牙，音如振鼓，能食虎豹。名曰驳。佩之可以御凶。"可知驳为独角吉兽。

驳亦有无角之说。《海外北经》："北海内有兽焉，其名曰驳，状如白马。锯牙，食虎豹。"郭璞注："《尔雅》说驳，不道有角及虎爪。驳亦在畏兽画中，养之辟兵刃也。"《尔雅·释兽》："驳如马，倨牙，食虎豹。"《周书·王会篇》也说："义渠兹白，兹白若白马，锯牙，食虎豹。"都未提到驳有一角。

《尔雅翼》有六驳的记载："六驳如马，白身黑尾，一角，锯牙，虎爪，其音如鼓，喜食虎豹。盖毛物既可观，又似马，故马之色相类者，以驳名之。"李白《送张秀才从军》中的六驳勇猛无比："六驳食猛虎，耻从驽马群。一朝长鸣去，矫若龙行云。"

关于驳食虎豹的异闻很多。据《管子》记载，有一次，齐桓公乘马，迎面来了一头虎，虎不但没有扑过来，反而望而伏地。桓公很奇怪，问管仲，管仲回答说，你骑的是驳马，驳食虎豹，故虎疑马。还有一次，晋平公打猎遇虎，虎伏于道。晋平公问师旷，旷答，臣闻驳马伏虎豹，意君所乘者驳马乎！又《宋史》载顺州山中有异兽，如马而食虎豹，北人不能识，问刘敞，敞答，此驳也，还说出了驳的形状，问他怎么知道的，他说是读了《山海经》和管子的书才知道的。

郭璞《图赞》："驳惟马类，实畜之英。腾髦骧首，嘘天雷鸣。气无不凌，吞虎辟兵。"

驳图有二形：

其一，独角马，如图1、2、3、4、5。

其二，无角兽，如图6。

1. 明·蒋应镐绘图本

2

3

2. 明·胡文焕图本　　3. 日本《怪奇鸟兽图卷》图本

4

5

6

4. 清·四川成或因绘图本　　5. 清·汪绂图本　　6. 明·蒋应镐绘图本《海外北经》图

286

又西二百六十里曰邽山。其上有兽焉，其状如牛，蝟毛，名曰穷奇，音如獋狗，是食人。濛水出焉，南流注于洋水。其中多黄贝、蠃鱼，鱼身而鸟翼，音如鸳鸯，见则其邑大水。

穷奇

qióng
qí

*似牛

　　穷奇是食人畏兽。关于它的形状，一说它像牛，全身披着刺猬般的毛，叫声像獋狗（《西次四经》）；一说它像虎，有翼（《海内北经》："穷奇状如虎，有翼"）。《神异经·西北荒经》记述了穷奇的故事，说西北有兽状似虎，有翼能飞，便勦（通剿）人。知人言语。闻人斗，辄食直者；闻人忠信，辄食其鼻；闻人恶逆不善，辄杀兽往馈之；名曰穷奇。亦食诸禽兽。此兽之德行真与人间之走狗无异。

　　穷奇又是大傩十二神中食蛊的逐疫天神，又称神狗。《后汉书·礼仪志》所记大傩逐疫"追恶凶"的十二神中，有"穷奇、腾根共食蛊"之说。《淮南子·地形训》记："穷奇，广莫风之所生也。"高诱注："穷奇，天神也。"

　　郭璞《图赞》："穷奇之兽，厥形甚丑。驰逐妖邪，莫不奔走。是以一名，号曰神狗。"另一说："穷奇如牛，蝟毛自表。"

1. 明·蒋应镐绘图本

2

3

2. 明·胡文焕图本　　3. 日本《怪奇鸟兽图卷》图本

4. 清·四川成或因绘图本　5. 清·汪绂图本　6. 清·《古今图书集成·禽虫典》

羸鱼

luó
yú

又西二百六十里曰邽山。其上有兽焉，其状如牛，蝟毛，名曰穷奇，音如獆狗，是食人。濛水出焉，南流注于洋水。其中多黄贝、羸鱼，鱼身而鸟翼，音如鸳鸯，见则其邑大水。

羸（音罗）鱼是一种鱼鸟共体的怪鱼，是大水的征兆。羸鱼的样子像鱼，却长着鸟的翅膀，叫声像鸳鸯。

郭璞《图赞》："濛（一作华）水之羸，匪鱼伊鸟。"

291

1. 清·吴任臣康熙图本　　2. 清·四川成或因绘图本
3. 清·汪绂图本　　4. 清·《古今图书集成·禽虫典》

鸟鼠同穴

niǎo
shǔ
tóng
xuè

西山经　西次四经

又西二百二十里曰鸟鼠同穴之山。其上有白虎、白玉。渭水出焉，而东流注于河。其中多鳋鱼，其状如鳣鱼，动则其邑有大兵。滥水出于其西，西流注于汉水。多鳖之鱼，其状如覆铫，鸟首而鱼翼鱼尾，音如磬石之声，是生珠、玉。

鸟鼠同穴山又名青雀山、同穴山。《尔雅》说，其鸟为鵌（音余），其鼠为鼵（音突），其穴入地三四尺，鼠在内，鸟在外，在今渭源县。《孔氏书传》说：共为雌雄，同穴而处。郭璞注："今在陇西首阳县西南，山有鼠鸟同穴，鸟名曰鵌，鼠名曰鼵。鼵如人家鼠而短尾，鵌似燕而黄色。穿地入数尺，鼠在内，鸟在外而共处。"

郭璞《图赞·鸟鼠同穴山》："鵌鼵二虫，殊类同归。聚不以方，或走或飞。不然之然，难以理推。"

1

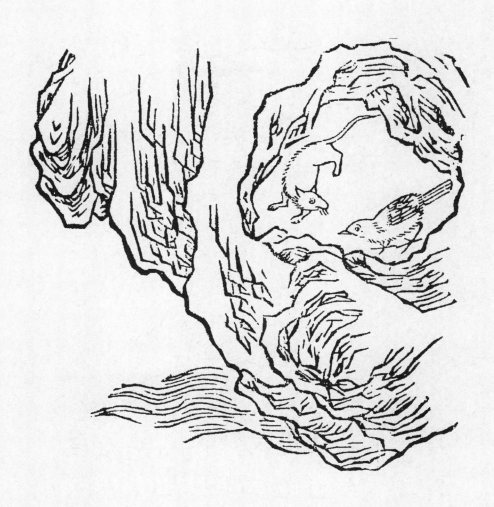

1. 明·蒋应镐绘图本

2

3

2. 明·胡文焕图本　　3. 清·近文堂图本

4

4. 清·四川成或因绘图本

鳋鱼

sāo
yú

又西二百二十里曰鸟鼠同穴之山。其上有白虎、白玉。渭水出焉，而东流注于河。其中多鳋鱼，其状如鳣鱼，动则其邑有大兵。滥水出于其西，西流注于汉水。多鳘（鱼之鱼），其状如覆铫，鸟首而鱼翼鱼尾，音如磬石之声，是生珠、玉。

　　鳋（音骚）鱼（《禽虫典》作鳋鱼）是一种怪鱼，兵灾的征兆。它的样子像鳣鱼，体大，口在颔下，体有连甲。

　　郭璞《图赞》："鳋鱼潜渊，出则邑悚。"

1. 明·蒋应镐绘图本　2. 清·四川成或因绘图本
3. 清·汪绂图本　4. 清·《古今图书集成·禽虫典》，名鲣

又西二百二十里曰鸟鼠同穴之山。其上有白虎、白玉。渭水出焉，而东流注于河。其中多鳋鱼，其状如鳣鱼，动则其邑有大兵。滥水出于其西，西流注于汉水。多䱻魮之鱼，其状如覆铫，鸟首而鱼翼鱼尾，音如磬石之声，是生珠、玉。

䱻魮鱼

rú
pí
yú

䱻魮（**音如皮**）鱼是一种类似珠母蚌、鱼鸟共体的奇鱼。它的形体很奇特，就像一个翻过来的温器，在鸟的脑袋下面，长着鱼翼和鱼尾，叫起来像敲击磬石的声音。䱻魮鱼的体内可孕生珠玉。

《南越志》记：海中有文魮，鸣似磬，鸟头鱼尾而生玉。

郭璞《图赞》："形如覆铫，苞玉含珠。有而不积，泄以尾间。闇与道会，可谓奇鱼。"

1.明·蒋应镐绘图本　　2.清·汪绂图本　　3.清·毕沅图本
4.清·《古今图书集成·禽虫典》　　5.上海锦章图本

孰湖

shú
hú

西南三百六十里曰崦嵫之山。

其上多丹木，其叶如穀，其实大如瓜，赤符而黑理，食之已瘅，可以御火。其阳多龟。其阴多玉。苕水出焉，而西流注于海，其中多砥、砺。有兽焉，其状马身而鸟翼，人面蛇尾，是好举人，名曰孰湖。有鸟焉，其状如鸮而人面，蜼身犬尾，其名自号也，见则其邑大旱。

　　孰湖生活的地方名崦嵫山，是日入之山，《离骚》有"望崦嵫而勿迫"的诗句，说的就是日落的景象。孰湖是一种集人、马、鸟、蛇四形于一身的奇兽，人面马身，鸟翼蛇尾，喜欢抱举人。

　　《骈雅》记：马而人面鸟翼，曰孰湖。

　　郭璞《图赞》："孰湖之兽，见人则抱。"

301

1. 明·蒋应镐绘图本　　2. 清·四川成或因绘图本
3. 清·汪绂图本　　4. 清·《古今图书集成·禽虫典》

人面鸮

rén
miàn
xiāo

西山经　西次四经

西南三百六十里曰崦嵫之山。其上多丹木，其叶如榖，其实大如瓜，赤符而黑理，食之已瘅，可以御火。其阳多龟。其阴多玉。苕水出焉，而西流注于海，其中多砥、砺。有兽焉，其状马身而鸟翼，人面蛇尾，是好举人，名曰孰湖。有鸟焉，其状如鸮而人面，蜼身犬尾，其名自号也，见则其邑大旱。

　　人面鸮（音消）是一种集人、猴、狗、鸟四形于一身的奇鸟，又是凶鸟。一说为兽，是大旱的征兆。它人面鸮翅，躯干像猕猴，却长着狗的尾巴，整天叫着自己的名字。郭璞说，其名自号，而经无其名，疑文有阙脱。

　　人面鸮鸟形兽身，由于经文的不确定性，出现了三种不同的形象：

　　其一，人面鸟形兽尾，在天空飞翔，如 **图**1、2；

　　其二，人面鸟身，如 **图**3；

　　其三，人面兽身有翼，如 **图**4、5、6。胡氏图说："崦嵫山有兽，名曰鸮，人面熊身，犬尾有翼，其名自呼，见则大旱。"

1.明·蒋应镐绘图本　　2.清·四川成或因绘图本　　3.清·汪绂图本，名"名自号"
4.明·胡文焕图本　　5.清·近文堂图本　　6.上海锦章图本

第三卷

北山经

滑鱼

huá
yú

又北二百五十里曰求如之山。

其上多铜，其下多玉，无草木。滑水出焉，而西流注于诸毗之水。其中多滑鱼，其状如鳝，赤背，其音如梧，食之已疣。其中多水马，其状如马，文臂牛尾，其音如呼。

滑鱼的样子像黄鳝，背部赤色，声音如人支吾之声，据说吃了它的肉可以治赘疣。

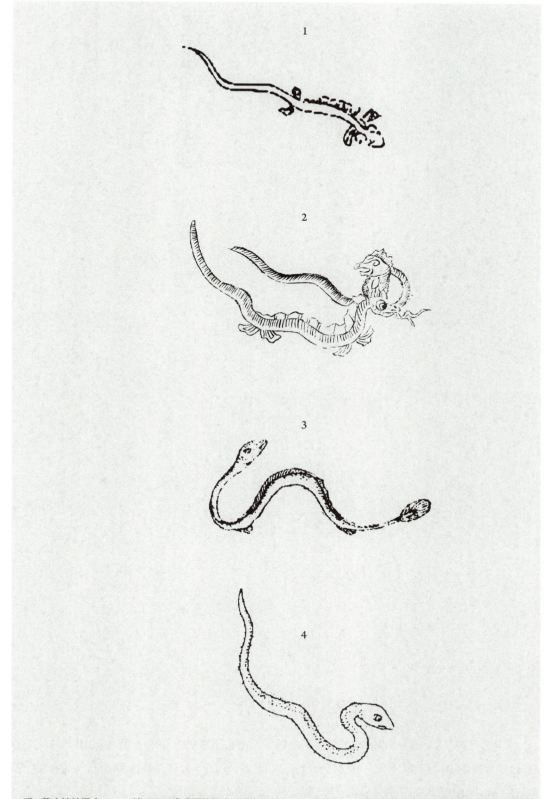

1.明·蒋应镐绘图本　　2.清·四川成或因绘图本（滑鱼居前）　　3.清·汪绂图本　　4.清·《古今图书集成·禽虫典》

水马

shuǐ
mǎ

又北二百五十里曰求如之山。其上多铜，其下多玉，无草木。滑水出焉，而西流注于诸毗之水。其中多滑鱼，其状如鳝，赤背，其音如梧，食之已疣。其中多水马，其状如马，文臂牛尾，其音如呼。

水马是灵瑞之兽，被称为龙精、神马。水马似马，前腿上有斑纹，却长着牛的尾巴，水马叱吒的声音有如人在呼叫。《周礼》记，马黑脊而斑臂腰。汉武元狩四年，敦煌渥洼水出马，以为灵瑞者，即此类也。古书中所记水中得异马、神马，都是水马。

郭璞《图赞》："马实龙精，爱出水类。渥洼之骏，是灵是瑞。昔在夏后，亦有何驷。"

1

2

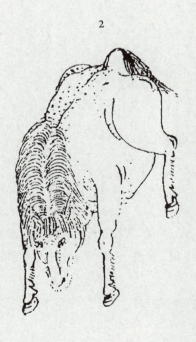

1. 明·胡文焕图本　　2. 清·汪绂图本

朧疏

huān
shū

又北三百里曰带山。其上多玉，其下多青碧。有兽焉，其状如马，一角有错。有鸟焉，其名曰朧疏，可以辟火。有鸟焉，其状如乌，五采而赤文，名曰鹐鸰，是自为牝牡，食之不疽。彭水出焉，而西流注于芘湖之水。其中多儵鱼，其状如鸡而赤毛三尾，六足四首，其音如鹊，食之可以已忧。

　　朧（音欢）疏是一角马，辟火奇兽，其独角上有甲错。胡文焕图说："带山有兽，状如马，首有角，可以错石。名曰朧疎。"《骈雅》说，朧疏，一角马也。《五侯鲭字海》说，朧疏出常（带）山，如马一角，其性墨，即此也。

　　郭璞《图赞》："厌火之兽，厥名朧疏。"

　　朧疏图有二形：

　　其一，独角马，如图1、2、3、4、5、6；

　　其二，双角马，如图7。

1

1. 明·蒋应镐绘图本

2. 明·胡文焕图本,名朣疎　　3. 清·四川成或因绘图本　　4. 清·毕沅图本

5.清·汪绂图本　　6.上海锦章图本　　7.日本《怪奇鸟兽图卷》图本，名朣疎

北山经

又北三百里曰带山。其上多玉，其下多青碧。有兽焉，其状如马，一角有错，其名曰臛疏，可以辟火。有鸟焉，其状如乌，五采而赤文，名曰鵸䳜，是自为牝牡，食之不疽。彭水出焉，而西流注于芘湖之水。其中多儵鱼，其状如鸡而赤毛三尾，六足四首，其音如鹊，食之可以已忧。

鵸䳜
qí yú

* 自为牝牡

鵸䳜已见《西次三经》翼望山，与本经之鵸䳜同名而不同形不同类。带山的鵸䳜是一种奇鸟，其状如凤，身披五彩羽翼，上有赤色斑纹，可自为雌雄，独自繁衍后代。据说吃了它的肉可不得痈疽病。

郭璞《图赞》："有鸟自化，号曰鵸䳜。"

1.明·蒋应镐绘图本　2.清·四川成或因绘图本
3.清·汪绂图本　4.清·《古今图书集成·禽虫典》

鯈鱼

yóu
yú

又北三百里曰带山。其上多玉，其下多青碧。有兽焉，其状如马，一角有错。有鸟焉，其名曰朧疏，可以辟火。有鸟焉，其状如乌，五采而赤文，名曰鹁鵌，是自为牝牡，食之不疽。彭水出焉，而西流注于芘湖之水。其中多鯈鱼，其状如鸡而赤毛三尾，六足四首，其音如鹊，食之可以已忧。

鯈（音由）鱼即鯈鱼，是一种奇鱼，样子像鸡，毛色红赤，三尾六足，四个脑袋，叫声如鹊，据说吃了它的肉可以乐而忘忧。传说中鯈鱼还可以御火。胡文焕图说："带山，彭水出焉而西流，中多鯈鱼，状如鸡而赤色，三尾、六足、四首，音如鹊，食之已忧，可御火。"

鯈鱼是鱼，其状如鸡。由于经文的不确定性，不同版本的山海经图便出现了鱼形与鸡形、四首与四目两类不同的图像，也出现了不同的注文。

其一，鱼形四首，四鱼首、三鱼身、三鱼尾、六鸡足，如图1、2；

其二，鱼形四首，四鱼首、三鱼身、三鱼尾，六足不明显，如图3；

其三，鱼形四首，四鸡首、三鱼身、三鱼尾、六鸡足，如图4；

其四，鸡形四目，一鸡首、鸡身四目，三尾六足，如图5、6、7；

其五，鸡形，一首二目、三尾六足，如图8。

历代《山海经》注家对"四首""四目"发表了各自不同的看法；这鱼形鸡形、四首四目同时出现在不同本子的山海经图中。由此可见，山海经图是注家注释的重要依据，而诸注家与画工对此的不同看法，也生动地反映在不同的《山海经》图本中。

郭璞《图赞》："涵和损平，莫惨于忧。诗咏萱草，带山则鯈。塈焉遗岱，聊以盘游。"

1

2

1. 明·蒋应镐绘图本　　2. 清·四川成或因绘图本

318

3

4

3.明·胡文焕图本　　4.清·汪绂图本

5. 清·吴任臣康熙图本　6. 清·近文堂图本
7. 清·《古今图书集成·禽虫典》　8. 上海锦章图本

319

何罗鱼

hé
luó
yú

又四百里曰谯明之山。谯水出焉，西流注于河。其中多何罗之鱼，一首而十身。其音如吠犬，食之已痈。有兽焉，其状如貆而赤豪，其音如榴榴，名曰孟槐，可以御凶。是山也，无草木，多青雄黄。

何罗鱼是一种怪鱼，一个脑袋十个身子，声音像犬吠，据说吃了它的肉可以治痈肿病；一说此鱼可御火。胡文焕图说：亦可以御火。杨慎补注：何罗鱼即今八带鱼。有学者认为，十首一身的姑获鸟（**鬼车鸟**），是由一首十身的何罗鱼化身而来。《东次四经》之茈鱼亦一首十身。

郭璞《图赞》："一头十身，何罗之鱼。"

1

1. 明·蒋应镐绘图本

2

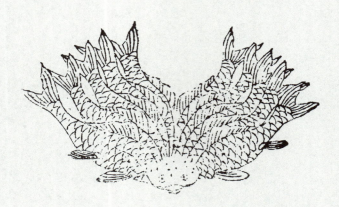

3

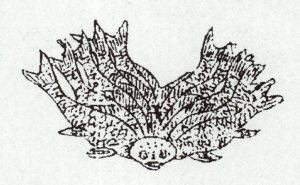

2. 明·胡文焕图本，名阿罗鱼　　3. 清·郝懿行图本

4

5

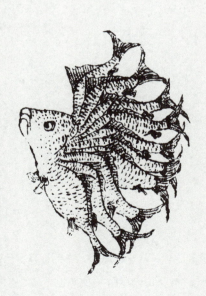

4. 清·四川成或因绘图本　　5. 清·汪绂图本

孟槐

měng
huái

又四百里曰谯明之山。谯水出焉，西流注于河。其中多何罗之鱼，一首而十身，其音如吠犬，食之已痈。有兽焉，其状如貆而赤豪，其音如榴榴，名曰孟槐，可以御凶。是山也，无草木，多青雄黄。

　　孟槐又作猛槐，是一种御凶辟邪之兽，样子像豪猪，豪毛红赤，声音有如猫叫。郭璞注："辟凶邪气也。亦在畏兽画中也。"《骈雅》说："谿边如狗，孟槐如狟，石戬如狢，活襦如鼠。"胡文焕图说："谯明之山，有兽状如狟，赤豪，鲁猪也。其一声如貙鼠，名猛槐。图之，可以御凶。"可知古人有挂《山海经》畏兽图御凶之俗。

　　郭璞《图赞》："孟槐似狟，其豪则赤。列象畏兽，凶邪是辟。气之相胜，莫见其迹。"

1

1. 明·蒋应镐绘图本

2

3

2. 明·胡文焕图本，名猛槐　　3. 日本《怪奇鸟兽图卷》图本，名猛槐

4

5

6

4.清·四川成或因绘图本　　5.清·汪绂图本　　6.清·《古今图书集成·禽虫典》

鰼鰼鱼

xí
xí
yú

又北三百五十里曰涿光之山。

嚣水出焉，而西流注于河。

其中多鰼鰼之鱼，其状如鹊

而十翼，鳞皆在羽端，其音

如鹊，可以御火，食之不瘅。

其上多松、柏，其下多棕、

橿。其兽多麢羊，其鸟多蕃。

　　鰼（音习）鱼是一种鸟鱼共体的怪鱼，鸟头鱼尾，身子如鹊，羽翅十翼，鳞在羽端，叫声如鹊。据说此鱼可以御火，吃了它的肉还可以不得黄瘅病。《神异经》说，鰼鰼之鱼，如鹊而十翼，可以御火。关于"御火"一说，王崇庆《山海经释义》解释说，鰼鱼御火，意其得水气居多，气有相制故也。

　　郭璞《图赞》："鼓翮一挥（一作运），十翼翩（一作翛）翻。厥鸣如鹊，鳞在羽端。是谓怪鱼，食之辟（一作避）燔。"

1. 明·蒋应镐绘图本　　2. 明·胡文焕图本

3

4

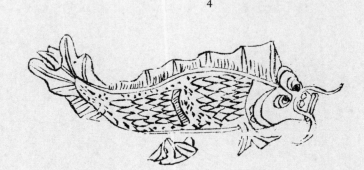

3. 清·近文堂图本　　4. 清·四川成或因绘图本

5

6

5. 清 · 汪绂图本　　6. 清 ·《古今图书集成 · 禽虫典》

橐驼

tuó
tuó

北山经

又北三百八十里曰虢山。其上多漆，其下多桐、椐。其阳多玉，其阴多铁。伊水出焉，西流注于河。其兽多橐驼。其鸟多寓，状如鼠而鸟翼，其音如羊，可以御兵。

橐（音驼）驼即今骆驼，有肉鞍，善行流沙中，日行三百里，其负千斤，知水泉之所在。李时珍《本草纲目》说，驼能负橐橐，故名；方音讹为骆驼。又说：驼状如马，其头似羊，长项垂耳，脚有三节，背有两肉峰，如鞍形，有苍褐黄紫数色。其声曰圈（音亚），其食亦龄（音踏），其性耐寒恶热。《汉书·西域传》记载，大月氏出一封橐驼。一封，指脊上有一肉峰。传说有橐驼的地方就有泉渠。

郭璞《图赞》："驼惟奇畜，肉鞍是被。迅骛流沙，显功绝地。潜识泉源，微乎其智。"

1

2

1.明·蒋应镐绘图本　　2.清·汪绂图本

334

寓

yù

又北三百八十里曰虢山。其上多漆，其下多桐、椐。其阳多玉，其阴多铁。伊水出焉，西流注于河。其兽多橐驼。其鸟多寓，状如鼠而鸟翼，其音如羊，可以御兵。

寓鸟又名鹖鼠，属蝙蝠类怪鸟，样子像鼠，却长着鸟的翅膀，与蝙蝠之肉翅不同，叫声如羊。据说此鸟可以辟邪御兵。《尔雅》有寓属，又有寓鼠，曰嘛。

郭璞《图赞》："鼠而傅翼，厥声如羊。"

1

2

1. 明·蒋应镐绘图本　　2. 清·四川成或因绘图本

3

4

3. 清·吴任臣康熙图本　　4. 清·近文堂图本

5

6

5.清·汪绂图本　　6.上海锦章图本

耳鼠

ěr
shǔ

又北二百里曰丹熏之山。其上多樗、柏，其草多韭、薤，多丹雘。熏水出焉，而西流注于棠水。有兽焉，其状如鼠而菟首麋身，其音如獓犬，以其尾飞，名曰耳鼠，食之不睬（音采），又可以御百毒。

耳鼠即鼺鼠，又名鼺（音雷）、夷由、飞生鸟，是一种亦兽亦禽、可御百毒之奇兽。集鼠、兔、麋三兽于一身：样子像鼠，兔首麋身，声音像獓犬，用肉翅连着尾足一起飞翔，故又称飞生鸟。胡文焕图说："丹熏山有兽，状如鼠而兔首麋耳，音如鸣犬，以其髯飞，名曰耳鼠。食之不眯，可以御百毒。"耳鼠"以其髯飞"，与经文有异。传说吃了它的肉，可以治大肚子病，或不做噩梦。吴任臣说，耳鼠即鼺鼠，飞生鸟也，状如蝙蝠，暗夜行飞。其形翅联四足及尾，与蝠同，故说以尾飞。《尔雅·释鸟》：鼺鼠夷由状如小狐，似蝙蝠，肉翅，翅尾项胁毛紫赤色，背上苍文色，腹下黄喙颔杂白脚短爪，长尾三尺许，飞且乳，亦谓之飞生。声如人呼，食火烟，能从高赴下，不能从下上高。

今见耳鼠图有四形：

其一，麋身小兽、长尾，如图1、2；

其二，兔首麋耳、以其髯飞，如图3；

其三，兔形、长尾，如图4；

其四，兔形、长尾有翼，如图5。

郭璞《图赞》："蹠实以足，排虚以羽。翘尾翻飞，奇哉耳鼠。厥皮惟良，百毒是御。"又有《鼺鼠赞》："鼺之为鼠，食烟栖林。载飞载乳，乍兽乍禽。皮藉孕妇，人为大任。"

1

1. 明·蒋应镐绘图本

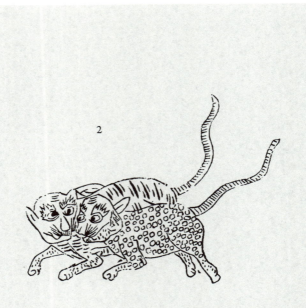

2. 清·四川成或因绘图本　　3. 明·胡文焕图本

4

5

4.清·汪绂图本　　5.清·《古今图书集成·禽虫典》

孟极

mèng
jí

北山经

又北二百八十里曰石者之山。其上无草木，多瑶碧。泚水出焉，西流注于河。有兽焉，其状如豹而文题白身，名曰孟极，是善伏，其鸣自呼。

　　孟极的样子像豹，额上有斑纹，身上的毛皮是白色的；它善于卧伏躲藏，其叫声有如呼喊自己的名字。经中说孟极"白身"，而现见诸图的孟极身上均呈豹纹或虎纹。

　　郭璞《图赞》："孟极似豹，或倚无良。"

　　孟极图有二形：

　　其一，豹形，如图1、2；

　　其二，人面虎，如图3、4。

343

1.明·蒋应镐绘图本　　2.清·汪绂图本
3.清·四川成或因绘图本　　4.清·《古今图书集成·禽虫典》

幽頞

yōu
è

北山经

又北百一十里曰边春之山。

多葱、葵、韭、桃、李。杠

水出焉，而西流注于泑泽。

有兽焉，其状如禺而文身，

善笑，见人则卧，名曰幽頞，

其鸣自呼。

幽頞（音饿）又称幽鴳，是一种怪兽，样子像猕猴，全身有斑纹，整天喊着自己的名字；爱笑，见人爱耍小聪明，倒下装睡。胡文焕图说："古山上无草木，有泚水，西注于河中。有兽，文背善笑，见人则佯卧。名曰幽頞，其鸣自呼。"

郭璞《图赞》："幽頞似猴（一作猿），俾愚作智。触物则笑，见人佯睡。好用小慧，终是婴累（一作系）。"

幽頞图有二形：

其一，猴形，如图1、2、3；

其二，人面兽，如图4、5。

1

1. 明·蒋应镐绘图本

346

2

3

2. 清·四川成或因绘图本　3. 清·汪绂图本

4

5

4. 明·胡文焕图本　　5. 清·《古今图书集成·禽虫典》

足訾

zú

zǐ

又北二百里曰蔓联之山。其上无草木。有兽焉，其状如禺而有鬣，牛尾、文臂、马蹄，见人则呼，名曰足訾，其鸣自呼。有鸟焉，群居而朋飞，其毛如雌雉，名曰鵁，其鸣自呼，食之已风。

足訾（**音紫**）是一种集猴、牛、马三牲于一身的怪兽，样子像猿猴却身披鬣毛，长着牛的尾巴，马的蹄子，前腿有斑纹；它的叫声喊的是自己的名字，见人便呼叫。

郭璞《图赞》："见人则呼，号曰足訾。"

1.明·蒋应镐绘图本　　2.清·四川成或因绘图本
3.清·汪绂图本　　4.清·《古今图书集成·禽虫典》

鹪

jiāo

又北二百里曰蔓联之山。其上无草木。有兽焉，其状如禺而有鬣，牛尾、文臂、马蹄，见人则呼，名曰足訾，其鸣自呼。有鸟焉，群居而朋飞，其毛如雌雉，名曰𪀚，其鸣自呼，食之已风。

　　𪀚（音交），一名𪀚䴔，又名鸼，是一种厌火奇鸟，毛如雌雉，顶有红毛如冠，翠鬣丹嘴；好群居，喜成群结队飞翔，故有飞则笼日，集则蔽野之说。其鸣叫声，喊的是自己的名字。据说吃了它的肉可治风病。《尔雅·释鸟》记，䴔𪀚䴔似凫，脚高，毛冠，江东人家养之以厌火灾。

　　郭璞《图赞》："毛如雌雉，朋翔群下。飞则笼日，集则蔽野。肉验针石，不劳补写。"

1.明·蒋应镐绘图本　2.清·四川成或因绘图本
3.清·汪绂图本　4.清·《古今图书集成·禽虫典》，名鹝

诸犍

zhū
jiàn

又北百八十里单张之山，其上无草木。有兽焉，其状如豹而长尾，人首而牛耳，一目，名曰诸犍。善吒，行则衔其尾，居则蟠其尾。有鸟焉，其状如雉而文首、白翼、黄足、名曰白鵺，食之已嗌痛，可以已瘘。栎水出焉，而南流注于杠水。

诸犍是人面独目怪兽，集人、豹、牛三形于一身，样子像豹，尾巴特别长，行走时用嘴衔着尾巴，不走动时则把尾巴蟠在身旁。它长着人的脑袋，牛的耳朵，独眼，爱吒怒。胡文焕图说："单张山有兽，状如豹而尾长至首，牛鼻直目，名曰诸犍。善吒，行则衔其尾，居则蟠之。""尾长至首""牛鼻直目"等特点，均与经文不合。《玉篇》说：犍兽似豹，人首一目。

据经文，诸犍的形象特征是：人首、豹身、牛耳、一目、衔尾。而今见古本诸图，只有蒋应镐绘图本的诸犍图（图1），画出了上述特征。其余诸图的诸犍，虽衔尾，却似非人首，如图2、3、4、5、6。

郭璞《图赞》："诸犍善吒，行则衔尾。"

1

1. 明·蒋应镐绘图本

354

2. 明·胡文焕图本　　3. 清·近文堂图本　　4. 清·四川成或因绘图本

355

5. 清·汪绂图本　　6. 清·《古今图书集成·禽虫典》　　7. 上海锦章图本

白鹅

bái
yè

又北百八十里单张之山，其上无草木。有兽焉，其状如豹而长尾，人首而牛耳，一目，名曰诸犍。善吒，行则衔其尾，居则蟠其尾。有鸟焉，其状如雉而文首，白翼黄足、名曰白鹅，食之已嗌痛，可以已瘭。栎水出焉，而南流注于杠水。

白鹅（音夜）的样子像雉，头上有斑纹，白翼黄足；据说吃了它的肉可以治咽喉痛，还可以治痴病。

郭璞《图赞》："白鹅竦斯，厥状如雉。见人则跳，头文如绣。"

1. 明·蒋应镐绘图本　　2. 明·胡文焕图本　　3. 清·四川成或因绘图本
4. 清·汪绂图本　　5. 清·《古今图书集成·禽虫典》

那父
nà
fù

又北三百二十里曰灌题之山。
其上多樗、柘，其下多流沙，
多砥。有兽焉，其状如牛而
白尾，其音如訆，名曰那父。
有鸟焉，其状如雌雉而人面，
见人则跃，名曰竦斯，其鸣
自呼也。匠韩之水出焉，而
西流注于泑泽，其中多磁石。

　　那父是一种奇兽，样子像牛，尾巴却是白色的，其叫声有如人在呼唤。《骈雅》说，兽似牛而白尾，
曰那父。赤尾曰领月，马尾曰精精。

1. 明·蒋应镐绘图本　　2. 清·四川成或因绘图本
3. 清·汪绂图本　　4. 清·《古今图书集成·禽虫典》

竦斯

sǒng
sī

北山经

又北三百二十里曰灌题之山。
其上多樗、柘，其下多流沙，
多砥。有兽焉，其状如牛而
白尾，其音如訆，名曰那父。
有鸟焉，其状如雌雉而人面，
见人则跃，名曰竦斯，其鸣
自呼也。匠韩之水出焉，而
西流注于泑泽，其中多磁石。

竦（**音耸**）斯是人面鸟，样子像雌雉，其鸣叫声像是叫自己的名字，见人作跳跃状。

竦斯是人面鸟。今见竦斯图有三形：

其一，人面鸟，如**图1、2**；

其二，人面鸟喙、鸟身鸟翼鸟足，如**图3**；

其三，非人面鸟，如**图4**，胡氏图说："灌题山有鸟，状如雌雉反面，见人乃跃。名曰竦斯，其鸣自呼。"图说中的"反面"显然是经文"人面"之误，画工据此画出了非人面的竦斯鸟。这种由于字误出现新的神话形象的现象，神话发生学称之为"语言疾病说"。这种现象在各种山海经图中多次出现，而以胡文焕图本为最突出。**图5、6**，吴任臣图本之图释说："竦斯状如雌雉而人面，见人则跃，出灌题山。"而其图却是非人面鸟；**图7**；

郭璞《图赞》："白鹇竦斯，厥状如雉。见人则跳，头文如绣。"

1. 明·蒋应镐绘图本

362

2. 清·四川成或因绘图本　3. 清·汪绂图本　4. 明·胡文焕图本，名踈斯

5. 日本《怪奇鸟兽图卷》图本，名𫠜斯　6. 清·吴任臣康熙图本　7. 上海锦章图本

长蛇

cháng
shé

北二百八十里曰大咸之山。无草木，其下多玉。是山也，四方不可以上。有蛇名曰长蛇，其毛如彘豪，其音如鼓柝。

　　长蛇生活在无草木、人兽不可上的大咸山，长百寻，其毛如野猪，叫声有如夜间人敲木柝（**音拓**）或振鼓的声音。胡文焕图说："大咸山，有蛇，名曰长蛇。锥手，身长百寻，其声如振鼓。"郭璞注：说者云长百寻，今蝮蛇似艾绶文，文间有毛如猪鬐，此其类也。传说豫章有大蛇，长千余丈，亦此类。

　　郭璞《图赞》："长蛇百寻，厥鬣如彘。飞群走类，靡不吞噬。极物之恶，尽毒之厉。"

1

1. 明·蒋应镐绘图本

366

2

3

4

2. 明·胡文焕图本　　3. 清·近文堂图本　　4. 清·四川成或因绘图本

5. 清·汪绂图本　　6. 清·《古今图书集成·禽虫典》　　7. 上海锦章图本

367

赤鲑

chì
guī

又北三百二十里曰敦薨之山。

其上多棕、枏，其下多茈草。

敦薨之水焉，而西流注于泑泽，出于昆仑之东北隅，实惟河原，其中多赤鲑。其兽多兕、旄牛，其鸟多鸤鸠。

赤鲑之鲑又名鲐、鯸鲐，即河豚，是一种有毒的鱼，其肝有毒，食之可杀人。

刘逵注《吴都赋》：鯸鲐鱼状如蝌斗，大者尺余，腹下白，背上青黑，有黄文，性有毒。虽小，獭及大鱼不敢啖之，蒸煮啖之肥美。李时珍说，今吴越最多，状如蝌斗，大者尺余，背色青白，有黄缕，又无鳞，无鳃，无胆，腹下白而不光。王充在《论衡·言毒》中说，"天下万物，含太阳火气而生者，皆有毒螫。毒蜇渥者，在虫则为蝮蛇蜂虿，在草则为巴豆冶葛，在鱼则为鲑与鲅鲥。故人食鲑肝而死，为鲅鲥螫有毒。"

1

2

1. 清·汪绂图本　　2. 清·《古今图书集成·禽虫典》，名河豚

窫窳
yà
yǔ

*畏兽

又北二百里曰少咸之山。无草木，多青碧。有兽焉，其状如牛而赤身，人面马足，名曰窫窳，其音如婴儿，是食人。敦水出焉，东流注于雁门之水。其中多䰽䰽之鱼，食之杀人。

1

窫窳（音亚宇）又作猰貐，是食人畏兽，集人、龙、虎、貙、蛇、牛、马众形于一身，多次出现于《山海经》与其他古籍，其形象也有若干变化。

其一，窫窳原是一个古天神，人面蛇身（见《海内西经》）；

其二，窫窳被贰负神杀死后，变成了人面牛身马足、音如婴儿的食人畏兽，如 **图**2、3、4、5；

其三，另有传说，窫窳并没有多大过失，被贰负神杀死后，天帝命开明东的群巫操不死之药，救活窫窳。复活了的窫窳以龙首的面目出现，以食人为生（见《海内南经》）。山海经图以图像的形式生动地再现了窫窳演变的全过程。

《淮南子》讲述了羿上射十日下杀猰貐的故事。在湖北随县曾侯乙战国墓衣箱的漆画羿射阳鸟杀猰貐图（**图**1）上，扶桑树下的射手是羿，中箭下坠的阳鸟与树上站着的人面兽猰貐，向我们讲述着远古那动人的故事。

郭璞《图赞》："窫窳诸怀，是则害人。"

1. 羿射阳鸟、杀窫窳之特写，衣箱漆画，湖北随县曾侯乙战国墓出土
2. 明·蒋应镐绘图本　　3. 清·四川成或因绘图本　　4. 清·汪绂图本
5. 清·《古今图书集成·禽虫典》，人面牛身窫窳

鰷鱼

zǎo
yú

又北二百里曰狱法之山。瀤泽之水出焉，而东北流注于泰泽。其中多鰷鱼，其状如鲤而鸡足，食之已疣。有兽焉，其状如犬而人面，善投，见人则笑，其名山㺌，其行如风，见则天下大风。

鰷（音藻）鱼是一种半鳞半鸟的怪鱼，样子像鲤鱼，却长着鸡脚；据说吃了它的肉可治赘疣。

郭璞《图赞》："鰷之为状，半鸟半鳞。形如鸡鲤，食之已疣。"另一说："鰷之为状，羊鳞黑文"。

373

1. 明·蒋应镐绘图本　2. 清·吴任臣康熙图本　3. 清·近文堂图本
4. 清·四川成或因绘图本　5. 清·汪绂图本　6. 上海锦章图本

山狏

shān
huī

又北二百里曰狱法之山。瀤泽之水出焉，而东北流注于泰泽。其中多鱲鱼，其状如鲤而鸡足，食之已疣。有兽焉，其状如犬而人面，善投，见人则笑，其名山狏，其行如风，见则天下大风。

风兽山狏（音晖）又名挥挥、枭羊，俗称山都、山丈，北方谓之土蝼。山狏属猿猴类，人面怪兽，犬身而人面，善投掷，见人欢谑，奔跑飞快，一如狂风，见则大风起。

郭璞《图赞》："山狏之兽，见人欢谑。厥性善投，行如矢激。是惟气精，出则风作。"

1.明·蒋应镐绘图本　　2.清·四川成或因绘图本

3

4

3. 明·胡文焕图本　　4. 清·汪绂图本

5

6

5. 清·毕沅图本　　6. 上海锦章图本

诸怀

zhū
huái

又北二百里曰北岳之山。多枳、棘、刚木。有兽焉，其状如牛而四角、人目彘耳，其名曰诸怀，其音如鸣雁，是食人。诸怀之水出焉，而西流注于嚣水。其中多鲐鱼，鱼身而犬首，其音如婴儿，食之已狂。

　　诸怀是四角牛，食人畏兽；集人、牛、猪、雁四形的特征于一身。它的样子像牛，却长着四只角、人的眼睛、猪的耳朵，叫声有如鸣雁。

　　郭璞《图赞》："窦窳诸怀，是则害人。"

　　诸怀图有二形：

　　其一，四角牛，如图1、2、3、4；

　　其二，二角牛，如图5。

1

1. 明·蒋应镐绘图本

380

2

4

2. 清·汪绂图本　　3. 清·四川成或因绘图本

3

5

4. 清·近文堂图本　　5. 清·《古今图书集成·禽虫典》

鮨鱼

yì
yú

又北二百里曰北岳之山。多枳、棘、刚木。有兽焉，其状如牛而四角、人目彘耳，其名曰诸怀，其音如鸣雁，是食人。诸怀之水出焉，而西流注于嚣水。其中多鮨鱼，鱼身而犬首，其音如婴儿，食之已狂。

鮨（音义）鱼即海狗，是一种非狗非鱼的怪鱼，鱼身鱼尾却长着狗头，叫声如婴儿，据说食了它的肉可治惊风癫狂病。郭璞注，今海中有虎鹿鱼及海狶，体皆如鱼，而头似虎鹿猪，此其类也。郝懿行说，登州海中有海狗，其状非狗非鱼，本草家谓之骨（腽）肭兽。本草云，腽肭兽疗惊狂痫疾，与此经合。腽肭即海狗。

1. 明·蒋应镐绘图本

2

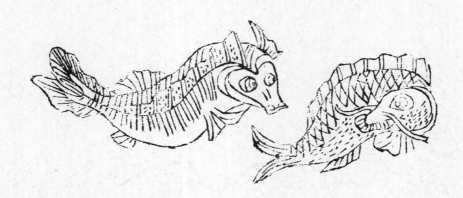

3

2. 清·四川成或因绘图本　　3. 清·汪绂图本

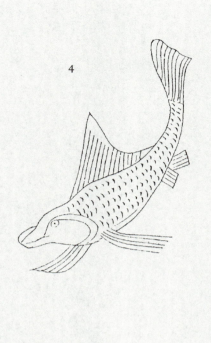

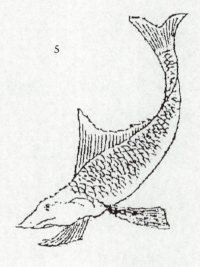

4. 清·近文堂图本　　5. 清·《古今图书集成·禽虫典》　　6. 上海锦章图本

肥遗

*蛇

féi
yí

又北百八十里曰浑夕之山。无草木，多铜、玉。嚣水出焉，而西北流注于海。有蛇一首两身，名曰肥遗，见则其国大旱。

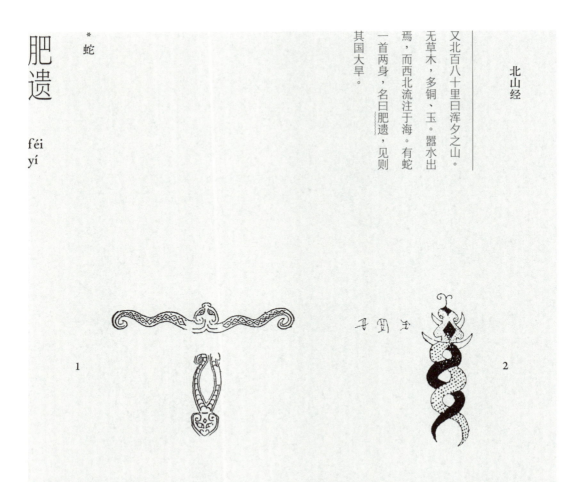

1

2

《山海经》所见肥遗蛇有二：一是《西山经》太华山的肥𧕦，六足四翼，见则天下大旱。二是《北山经》浑夕山彭毗山的肥遗，一首两身，见则其国大旱。

本经浑夕山的肥遗是一头双身蛇。《管子》说，涸水之精，名曰蚼，一头而两身，其状如蛇，长八尺，以其名呼之，可使取鱼龟，亦此类。《搜神记》所说，涸小水精生蚳，蚳者，一头而两身，其状若蛇，即管子之所记也。商周青铜器上的一头双身蛇状纹饰取名肥遗纹（图1），即来自《山海经》。长沙子弹库出土战国楚帛书十二月神图上，作为四月标识的神祇肥遗就是一首双身蛇（图2）。

一头双身的肥遗蛇图有四形：

其一，一头双身蛇，如 图3、4、5、6、7、8。《禽虫典》为太华山的肥𧕦与浑夕山的肥遗各作了一幅图，形象不同，都是双身蛇；

其二，鸟首双尾蛇，如 图9；

其三，蛇头双蛇尾、龙身龙足，如 图10。该图本把太华山的肥𧕦与浑夕山的肥遗二形合于一身，名𧕦𧕦。胡氏图说："阳山，有神蛇，名曰𧕦𧕦，一首两身，六足四翼，见则其国大旱，汤时见出"；

其四，鸟首蛇身、双尾六足四翼，如 图11。该图本把胡文焕图本的两种肥遗蛇与《西山经》英山的肥遗鸟三者合而为一，名𧕦𧕦。这一新的形象，在《山海经》以及各种已见的山海经图本中，都没有见过。

郭璞《图赞》："肥𧕦之蛇，一头两身。"

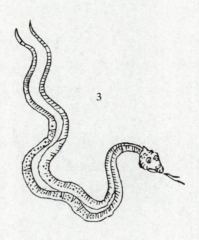

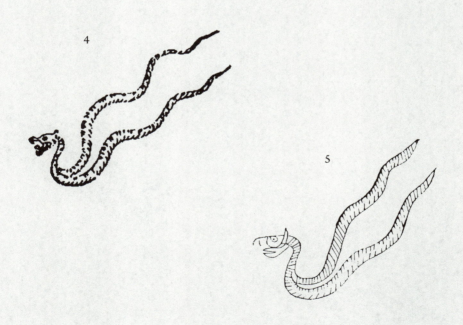

1. 商周青铜器上的一首双身龙蛇纹 　2. 余取女，楚帛书十二月神图，湖南长沙子弹库出土
3. 明·蒋应镐绘图本 　4. 清·吴任臣康熙图本 　5. 清·近文堂图本

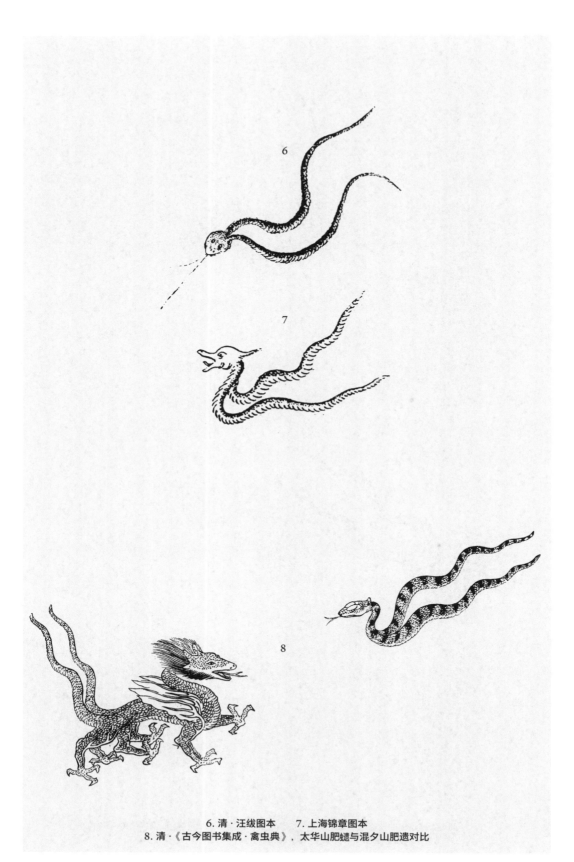

6. 清·汪绂图本　　7. 上海锦章图本
8. 清·《古今图书集成·禽虫典》，太华山肥蟥与混夕山肥遗对比

9

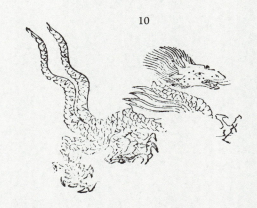

10

11

9. 清·四川成或因绘图本　　10. 明·胡文焕图本，名蜚蠊
11. 日本《怪奇鸟兽图卷》图本，名蜚蠊

狕

yāo

北山经

又北百七十里曰隄山，多马。有兽焉，其状如豹而文首，名曰狕。隄水出焉，而东流注于泰泽，其中多龙龟。

狕（**音幺**）的样子像豹，头上有斑纹。《玉篇》名之为狕兽。《事物绀珠》记，狕如豹而文首。郭璞《图赞》:“有兽如豹，厥文惟缛。”

1. 明·蒋应镐绘图本　　2. 清·四川成或因绘图本　　3. 清·汪绂图本　　4. 清·《古今图书集成·禽虫典》

龙龟

lóng
guī

北山经

又北百七十里曰隄山，多马。有兽焉，其状如豹而文首，名曰狕。隄水出焉，而东流注于泰泽，其中多龙龟。

龙龟即吉吊。《太平广记》卷四七二引《北梦琐言》云，海上人说，龙生三卵，一为吉吊，故称龙龟。裴渊《广州记》云，吉吊生岭南，蛇头龟身，水宿木栖。

1

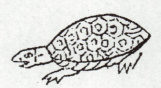

2

3

1. 明·蒋应镐绘图本　　2. 清·四川成或因绘图本　　3. 清·汪绂图本

人面蛇身神

rén
miàn
shé
shēn
shén

凡北山经之首自单狐之山至于隄山，凡二十五山，五千四百九十里。其神皆人面蛇身。其祠之：毛用一雄鸡、彘，瘞，吉玉用一珪，瘞，而不糈。其山北人，皆生食而不火之物。

　　自单狐山至隄山共二十五座山，其山神都是人面蛇身神。据汪绂注，这一段山岭大约在宁夏以北之山，自单狐至敦薨十七山，并西山而西，自少咸至隄山八山，则并北而东者之山。居住在山北这一带的人，还不知道用火，不知道熟食，处于社会发展的较低级阶段。

395

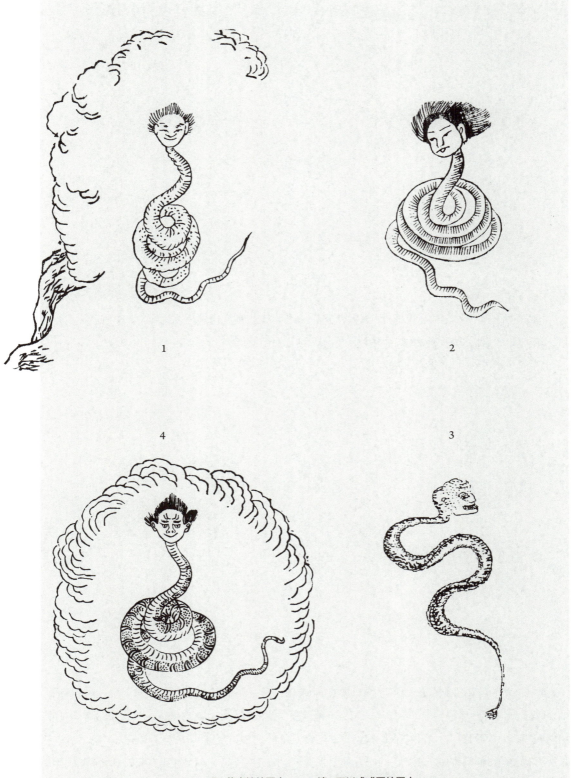

1

2

4

3

1.明·蒋应镐绘图本　2.清·四川成或因绘图本
3.清·汪绂图本，名北山神　4.清·《古今图书集成·神异典》

闾

lú

又北五十里曰县雍之山。其上多玉，其下多铜。其兽多闾、麋，其鸟多白翟、白鹬。晋水出焉，而东南流注于汾水。其中多鳖鱼，其状如儵而赤鳞，其音如叱，食之不骄。

闾又名羭、山驴、驴羊，似驴而岐蹄、马尾，角如羚羊。民间用其角以代羚羊。李时珍《本草纲目》说，山驴，驴之身而羚之角，但稍大。《南史》记：滑国出野驴，有角。

郭璞《图赞》："闾善跃嶮。"

驳马

bó
mǎ

又北三百五十里曰敦头之山。其上多金、玉，无草木。旄水出焉，而东流注于印泽。其中多驳马，牛尾而白身，一角，其音如呼。

驳（音勃）马又名驒，是一种非牛非马的独角神兽，马身而牛尾，色白。《骈雅》记，白而一角，谓之驳马。《尔雅·释兽》说，驳如马一角，不角者骐。晋元康八年九真郡猎得一兽，大如马，一角，角如鹿茸，此即驳也。今深山中人时或见之。亦有无角者。《初学记》八卷引《南越志》说，平定县东巨海有驳马，似马牛尾一角。又二十九卷引张骏《山海经图画赞》说，敦山有兽，其名为驳（**中华书局 1962 年点校本 704 页作穀**），麟形一角，即此也。

郭璞《图赞》："驳马一角。"

1. 清·汪绂图本，名闾麋

1

1

1. 明·蒋应镐绘图本

2

3

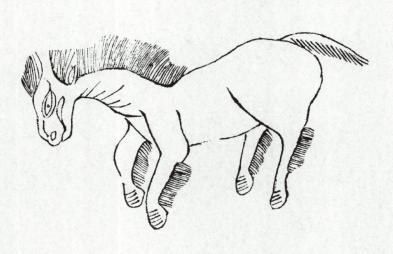

2. 清·吴任臣康熙图本　　3. 清·四川成或因绘图本

4

5

4.清·汪绂图本　　5.清·《古今图书集成·禽虫典》

狍鸮

páo
xiāo

又北三百五十里曰钩吾之山。其上多玉，其下多铜。有兽焉，其状如羊身人面，其目在腋下，虎齿人爪，其音如婴儿，名曰狍鸮，是食人。

　　狍鸮即饕餮（**音涛贴**），是一种食人畏兽，集人、虎、羊三形特征于一身。它的样子人面羊身，虎齿人爪，眼睛长在腋下，声音有如婴儿啼哭。《骈雅》记，羊身人面腋目，曰狍鸮。《尔雅翼》记载了这一食人畏兽的形貌和故事，说饕餮羊身而人面，其目在腋下，虎齿人爪，音如婴儿，食人如物。钩吾之山有之，《山海经》谓之狍鸮。郭璞说此兽贪婪，食人未尽，遂害自身，像在夏后鼎。金石学家常把商周青铜器上神怪形的兽面称为饕餮纹，具有驱邪禳灾的象征和功能。

　　郭璞《图赞》："狍鸮贪惏，其目在腋。食人未尽，还自龈割。图形妙鼎，是谓不若。"

1. 明·蒋应镐绘图本

2.清·近文堂图本　　3.清·四川成或因绘图本　　4.清·汪绂图本

5

6

5.清·郝懿行图本　　6.清·《古今图书集成·禽虫典》

独狢

dú
gǔ

又北三百里曰北嚣之山，无石，其阳多碧，其阴多玉。有兽焉，其状如虎而白身犬首，马尾彘鬣，名曰独狢。有鸟焉，其状如乌，人面，名曰𪇱䳜，宵飞而昼伏，食之已暍。涔水出焉，而东流注于邛泽。

独狢（**音谷**）是一种集虎、狗、马、猪四兽于一身的怪兽，样子像虎，色白，却长着狗头，马尾，身披猪鬣。《说文》说：北嚣山有独狢兽，如虎白身豕鬣，尾如马。《骈雅》记，独狢如虎而马尾，猲褢如人而彘鬣。

郭璞《图赞》："虎状马尾，号曰独狢。"

405

1. 明·蒋应镐绘图本　　2. 清·汪绂图本
3. 清·四川成或因绘图本　　4. 清·《古今图书集成·禽虫典》

鹙鹠

 bān
mào

北山经　北次二经

又北三百里曰北嚣之山，无石，其阳多碧，其阴多玉。

有兽焉，其状如虎而白身犬首，马尾彘鬣，名曰独㺊。

有鸟焉，其状如乌，人面，名曰鹙鹠，宵飞而昼伏，食之已暍。涔水出焉，而东流注于邛泽。

鹙鹠（音般冒）是人面鸟，白天休息而夜间飞翔，据说吃了它的肉可治热病和头风。鹙鹠属鸺鹠类，个头较大，今人谓之训狐，又名隻胡。据说鹙鹠的眼睛能夜察蚊虻，而白天却不见邱山，故宵飞昼伏。

鹙鹠图有三种形状：

其一，人面鸟，如图1、2；

其二，人面鸟喙、鸟身鸟足，如图3、4、5；

其三，非人面鸟，如图6。

郭璞《图赞》："御暍（音噎）之鸟，厥名鹙鹠。昏明是互，昼隐夜觌（音迪）。物贵应用，安事鸾鹄。"

1. 明·蒋应镐绘图本　　2. 清·四川成或因绘图本　　3. 清·吴任臣康熙图本
4. 清·近文堂图本　　5. 上海锦章图本　　6. 清·汪绂图本

居暨

jū jì

又北三百五十里曰梁渠之山，无草木，多金、玉。脩水出焉，而东流注于雁门。其兽多居暨，其状如彙而赤毛，其音如豚。有鸟焉，其状如夸父，四翼一目犬尾，名曰嚣，其音如鹊，食之已腹痛，可以止衕。

居暨又名彙（音渭），是一种鼠形小兽，毛如刺猬，其色红赤，其音如豚。汪绂注：彙，似鼠，短喙、短足，其毛如刺，卷伏则如栗毬。

郭璞《图赞》："局暨豚鸣，如彙赤毛。"

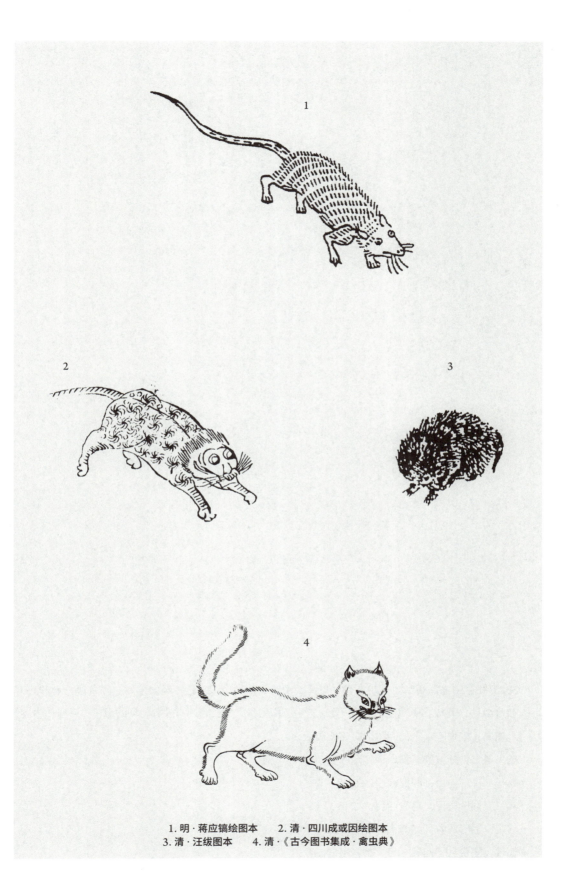

1. 明·蒋应镐绘图本　2. 清·四川成或因绘图本
3. 清·汪绂图本　4. 清·《古今图书集成·禽虫典》

鸮

又北三百五十里曰梁渠之山，无草木，多金、玉。脩水出焉，而东流注于雁门。其兽多居暨，其状如彙而赤毛，其音如豚。有鸟焉，其状如夸父，四翼一目犬尾，名曰嚣，其音如鹊，食之已腹痛，可以止衕。

*鸟

xiāo

《山海经》中之嚣有二：一是嚣兽，见《西山经》㮹次山；二是本经之嚣鸟。嚣鸟是一种非兽非鸟的独目奇鸟，集鸟、猴、狗三牲于一身。它样子像猿猴，却长着两对翅膀，狗的尾巴，一目在中央，其鸣声如鹊，据说吃了它的肉可治腹痛和腹泄病。

嚣鸟是鸟，却似猴、狗尾，其图画有三形：

其一，鸟形一目、四翼犬尾，如图1、2。

其二，猴形一目、鸟身四翼，如图3、4、5。

其三，猴形四翼，如图6。

郭璞《图赞》："四翼一目，其名曰嚣。"

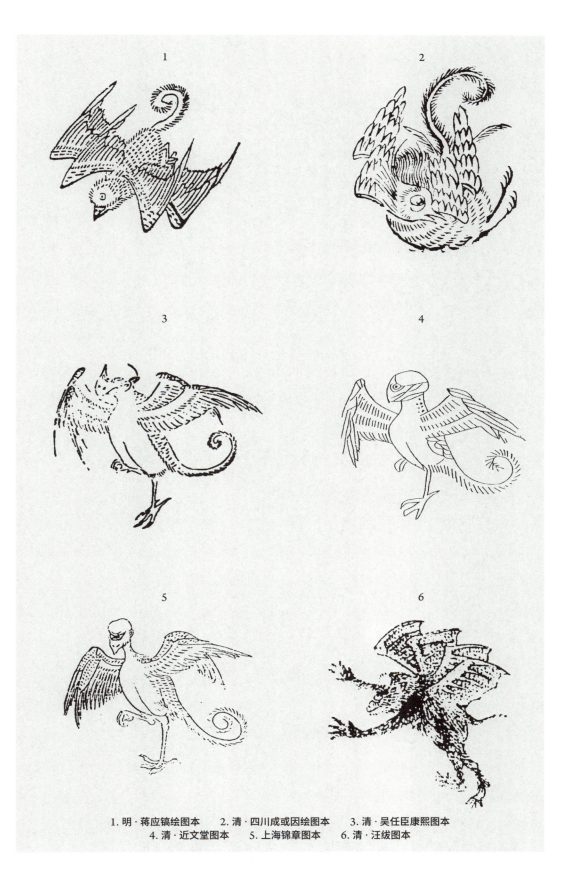

1. 明·蒋应镐绘图本　　2. 清·四川成或因绘图本　　3. 清·吴任臣康熙图本
4. 清·近文堂图本　　5. 上海锦章图本　　6. 清·汪绂图本

蛇身人面神

shé
shēn
rén
miàn
shén

凡北次二经之首，自管涔之山至于敦题之山，凡十七山，五千六百九十里。其神皆蛇身人面。其祠：毛用一雄鸡、彘，瘗，用一璧一珪，投而不糈。

自管涔山至敦题山共十七山（**郝懿行注：今才十六山**），这些山的山神都是蛇身人面神。

1

2

1.清·汪绂图本，名北山神　2.清·《古今图书集成·神异典》

驿

huī

北次三经之首曰太行之山，
其首曰归山。其上有金、玉，
其下有碧。有兽焉，其状如
麢羊而四角，马尾而有距，
其名曰驿，善还，其名自诩。
有鸟焉，其状如鹊，白身、
赤尾六足，其名曰䳔，是善
惊，其鸣自詨。

　　驿（音灰）属山驴类，是一种四角怪兽，样子像羚羊，却长着四只角，马的尾巴，其足有距，喜欢盘旋而舞，其叫声就是自己的名字。李时珍《本草纲目》说：“《北山经》云，太行之山有兽名驿，状如麢羊而四角，马尾、有距、善旋，其名自叫，此亦山驴之类也。”

　　据今见之古图，驿有三形：

　　其一，似麢而四角马尾，如图1、2；

　　其二，似麢而四角、独目马尾，如图3；

　　其三，四角马，马尾马蹄、羊耳羊目，嘴作鹰鸟状，如图4、5。胡文焕图说：“归山有兽，状如鹰（音麦）而四角”。据台北版《中文大辞典》引《字汇补》：“鹰见胡文焕山海经图。”又引《康熙字典》：“鹰，经作麢，疑传写之伪。”由于字误，画工望“字”生义，把驿画成带鹰嘴的马，出现了一个与经文以及其他山海经图不同的新的神话形象，成为神话多歧义的一例。这类鹰喙兽身、鸟兽合体的造型，带有明显的北方草原地区古文化的特征。

　　郭璞《图赞》：“驿兽四角，马尾有距。涉历归山，腾险跃阻（一作岨）。厥貌惟奇，如是旋舞。”

1. 明·蒋应镐绘图本

416

2.清·汪绂图本　3.清·四川成或因绘图本

4

5

4.明·胡文焕图本　5.清·郝懿行图本

鵹

bēn

北次三经之首曰太行之山，其首曰归山。其上有金、玉，其下有碧。有兽焉，其状如麢羊而四角，马尾而有距，其名曰䮝，善还，其名自讯。有鸟焉，其状如鹊，白身，赤尾六足，其名曰鵹，是善惊，其鸣自诮。

鵹（音奔）是六足怪鸟，样子像鹊，身白尾红，六足。此鸟善惊，其叫声有如呼唤自己的名字。

郭璞《图赞》："有鸟善惊，名曰鵹鵹。"

鵹鸟图有二形：

其一，六足鸟，如 **图**1、2、3、5；

其二，六尾二足鸟，如 **图**4。

419

1. 明·蒋应镐绘图本　　2. 清·吴任臣康熙图本　　3. 清·近文堂图本
4. 清·四川成或因绘图本　　5. 上海锦章图本

420

天马

tiān
mǎ

北山经　北次三经

又东北二百里曰马成之山。

其上多文石，其阴多金、玉。

有兽焉，其状如白犬而黑头，见人则飞，其名曰天马，其鸣自訆。有鸟焉，其状如乌，首白而身青、足黄，是名曰䴗鹕，其鸣自詨，食之不饥，可以已寓。

天马是会飞的神兽，吉祥之兽，丰穰的象征。它的样子像狗，身白而头黑，背上长有肉翅，见人便飞，其叫声有如呼唤自己的名字。胡文焕图说："见则丰穰。"《韵宝》称天马为飞虞，说是天上的神兽，鹿头龙身，在天为勾陈，在地为天马。文人用天马行空之语，指的就是这种神兽。天马又是骏马之名，《史记·大宛列传》记："（汉武帝）得乌孙马好，名曰'天马'。及得大宛汗血马，益壮，更名乌孙马曰'西极'，名大宛马曰'天马'。"

郭璞《图赞》："龙凭（一作冯）云游，腾蛇假（一作似）雾。犬（一作未）若天马，自然凌翥。有理悬运，天机潜御。"

1

2

1. 明·蒋应镐绘图本　　2. 清·四川成或因绘图本

3

4

3. 明·胡文焕图本　　4. 清·近文堂图本

5

6

5. 日本《怪奇鸟兽图卷》图本　　6. 清·汪绂图本

鸬鸲

qū jū

北山经　北次三经

又东北二百里曰马成之山。

其上多文石，其阴多金、玉。

有兽焉，其状如白犬而黑头，见人则飞，其名曰天马，其鸣自讣。有鸟焉，其状如乌，首白而身青、足黄，是名曰鸬鸲，其鸣自詨，食之不饥，可以已寓。

鸬鸲（**音屈居**）即鸬鸠，是一种辟谷奇鸟，头白足黄，身披青黑色羽毛，其鸣叫声有如呼唤自己的名字，据说吃了它的肉可以不饿，还可以治疣病。

郭璞《图赞》："鸬鸲如鸟，青身黄足。食之不饥，可以辟谷。厥肉惟珍，配彼丹木。"

1

2

3

1. 明·蒋应镐绘图本　　2. 清·汪绂图本　　3. 清·《古今图书集成·禽虫典》

飞鼠

feī
shǔ

又东北二百里曰天池之山。其上无草木，多文石。有兽焉，其状如兔而鼠首，以其背飞，其名曰飞鼠。渑水出焉，潜于其下，其中多黄垩。

《山海经》中能飞之鼠有二：其一，以其尾或髯飞之耳鼠（《北山经》丹熏之山）；其二，以其背飞之飞鼠。飞鼠如兔而鼠首，以其背飞。郭璞解释所谓以其背飞，说的是用其背上的毛来飞，飞则仰也。

《谈荟》说，飞者以翼，而天池之山飞鼠以背。据《方言》记载，天启三年十月，凤县有大鼠，肉翅无足，毛黄黑，丰尾若貂，首若兔，飞食黍粟，疑即这类飞鼠。杨慎在《补注》中说，此即《文选》所谓飞蠝，云南姚安、蒙化有之，余所亲见也。其肉可食，其皮治难产。

飞鼠图有二形：

其一，兔状兽，以其背飞，如图1、2、3；

其二，鼠状兽，如图4、5、6、7。胡氏图说："以其背毛飞，飞即伸。"

郭璞《图赞》："或以尾翔，或以髯凌。飞鼠鼓翰，儵然背（一作皆）腾。用无常所，惟神是冯。"

1

2

1.明·蒋应镐绘图本　2.清·四川成或因绘图本

3

4

3.清·汪绂图本　4.明·胡文焕图本

5

6

7

5.日本《怪奇鸟兽图卷》图本　　6.清·近文堂图本　　7.上海锦章图本

领胡

lǐng
hú

又东三百里曰阳山。其上多玉，其下多金、铜。有兽焉，其状如牛而赤尾，其颈䯂，其状如句瞿，其名曰领胡，其鸣自詨，食之已狂。有鸟焉，其状如雌雉而五采以文，是自为牝牡，名曰象蛇，其鸣自詨。留水出焉，而南流注于河。其中有鲐父之鱼，其状如鲋鱼，鱼首而彘身，食之已呕。

　　领胡又称犦牛，是一种奇兽，样子像牛，尾巴却是红色的，颈上有肉团高起如斗，其叫声有如呼唤自己的名字，据说吃了它的肉可治癫狂病。《说文》记，领，项也；胡，牛顄（音汉）垂也。此牛颈肉垂如斗，因名之领胡。据《元和郡县志》记载，海康县（今雷州）多牛，项上有骨，大如覆斗，日行三百里，即《尔雅》所谓犦牛。

1.明·蒋应镐绘图本　　2.清·汪绂图本　　3.清·《古今图书集成·禽虫典》

432

又东三百里曰阳山。其上多玉，其下多金、铜。有兽焉，其状如牛而赤尾，其颈髯，其状如句瞿，其名曰领胡，其鸣自詨，食之已狂。有鸟焉，其状如雌雉而五采以文，是自为牝牡，名曰象蛇，其鸣自詨。留水出焉，而南流注于河。其中有鲑父之鱼，其状如鲋鱼，鱼首而彘身，食之已呕。

象蛇

xiàng
shé

象蛇非蛇，是一种自为雌雄的奇鸟，样子像雌雉，身披五彩羽毛，并带有斑纹，其鸣叫声有如呼唤自己的名字。

郭璞《图赞》："象蛇似雉，自生子孙。"

1.明·蒋应镐绘图本　2.清·四川成或因绘图本　3.清·汪绂图本　4.清·《古今图书集成·禽虫典》

鮯父鱼

xiàn
fù
yú

又东三百里曰阳山。其上多玉，其下多金、铜。有兽焉，其状如牛而赤尾，其颈臂，其状如句瞿，其名曰领胡，其鸣自详，食之已狂。有鸟焉，其状如雌雉而五采以文，是自为牝牡，名曰象蛇，其鸣自詨。留水出焉，而南流注于河。其中有鮯父之鱼，其状如鲋鱼，鱼首而彘身，食之已呕。

鮯（音陷）父鱼是一种非鱼非猪的怪鱼，样子像鲋鱼，鱼的脑袋，却长着猪的身子，据说吃了它的肉可治呕吐。

观其古图画，鮯父鱼的形象有二：

其一，鱼首彘身，如图1、2；

其二，鱼首鱼身猪尾，如图3、4。

郭璞《图赞》："鮯父鱼首，厥体如豚。"

1

2

3

4

1.明·蒋应镐绘图本　2.清·四川成或因绘图本
3.清·汪绂图本　4.清·《古今图书集成·禽虫典》

酸与

suān
yǔ

北山经　北次三经

又南三百里曰景山，南望盐
贩之泽，北望少泽。其上多
草薯蓣，其草多秦椒。其阴
多赭，其阳多玉。有鸟焉，
其状如蛇，而四翼六目三足，
名曰酸与，其鸣自诒，见则
其邑有恐。

　　酸与是一种非鸟非蛇的三足怪鸟，是凶鸟。它的样子像蛇，却长着两对翅膀，六只眼睛。据说它出现的地方，人便会惊恐慌乱；又说吃了它的肉可令人不醉。《事物绀珠》说，酸与如蛇，四翼六目三足。

　　酸与图的形象有三：

　　其一，四翼六目二足鸟，如 图1；

　　其二，四翼六目三足鸟、鸟身蛇尾，如 图2、3、4；

　　其三，四翼六目四足鸟，如 图5。

　　郭璞《图赞》："景山有鸟，禀形殊类。厥状如蛇，脚三翼四。见则邑恐，食之不醉。"

1

1. 明·蒋应镐绘图本

2

3

2. 清·吴任臣康熙图本　　3. 清·近文堂图本

4

5

4. 清·汪绂图本　5. 清·四川成或因绘图本

鸹鸭

gū
xí

北山经　北次三经

又东百八十里曰小侯之山。明漳之水出焉，南流注于黄泽。有鸟焉，其状如乌而白文，名曰鸹鸭，食之不灂。

鸹鸭（音习）属鸟类，样子像乌鸦，有白色斑纹，据说吃了它的肉可不得眼病。

郭璞《图赞》："鸹鸭之鸟，食之不瞧（一作醮）。"

1

1.清·《古今图书集成·禽虫典》

黄鸟

huáng
niǎo

*疗妒之鸟

又东北三百里曰轩辕之山。其上多铜，其下多竹。有鸟焉，其状如枭而白首，其名曰黄鸟，其鸣自诙，食之不妒。

　　黄鸟多次出现于《山海经》，其形状和品性各不相同，归纳起来可分三类：

　　其一，《北次三经》轩辕山之黄鸟是可以疗妒之鸟，样子像枭，鸟头色白，其鸣声有如呼唤自己的名字，据说吃了它的肉可疗妒。汪绂在注中说，经中所称黄鸟，鹂也，一名仓庚，今谓之黄莺。医者言，食之可以疗妒。然此鸟不似枭，亦不白首，鸣亦非自诙。郝懿行在注中说：俗人皆言黄莺治妒，而梁武帝以仓庚作膳为郗氏疗忌（妒），又本此经。

　　其二，《大荒南经》巫山之黄鸟是为天帝镇守神药的神鸟。此黄鸟即皇鸟，凤凰属。

　　其三，《海外西经》鹴鸰鸟和《大荒西经》五色鸟所指的黄鸟是祸鸟，是亡国的征兆。《海外西经》的鸾鸟、鹴鸟，"此应祸之鸟，即今枭、鸺鹠之类。"这里的青鸟、黄鸟，就是"其色青黄"的祸鸟、人面鸟、鸾鸟和鹴鸟，是亡国的征兆。郭璞《图赞》："爰有黄鸟，其鸣自叫。妇人是服，矫情易操。"

白蛇

bái
shé

又北三百里曰神囷之山。其上有文石，其下有白蛇，有飞虫。黄水出焉，而东流注于洹。滏水出焉，而东流注于欧水。

　　白蛇又见于《中次十二经》："柴桑之山，其上多银，其下多碧，多泠石、赭。其木多柳、芑、楮、桑。其兽多麋、鹿，多白蛇、飞蛇。"

1. 清·汪绂图本

1

1

1. 清·汪绂图本

444

精卫

jīng
wèi

北山经　北次三经

又北二百里曰发鸠之山，其上多柘木。有鸟焉，其状如乌，文首白喙赤足，名曰精卫，其鸣自詨。是炎帝之少女，名曰女娃。女娃游于东海，溺而不返，故为精卫，常衔西山之木石，以堙于东海。漳水出焉，东流注于河。

　　精卫是炎帝女所化之鸟。传说炎帝的女儿女娃在东海游玩，不幸淹死了。她的灵魂变成了一只鸟，名叫精卫，样子像乌鸦，白嘴喙，赤足爪，花脑袋，整天叫唤着自己的名字。她悲愤自己年轻的生命被葬送海底，因此常常衔了西山的树枝石子，投到东海里去，想把大海填平。《述异记》所记的是精卫故事在民间的传闻，说从前炎帝的女儿溺死东海中，化为精卫，常衔着西山的木石，要填东海。遇上海燕怀孕生子，生下雌鸟状如精卫，生下雄鸟状如海燕。传说在如今东海精卫溺水的地方，精卫誓不饮其水。故精卫一名誓鸟，一名冤禽，又名志鸟，俗呼帝女雀，是一种有志气的禽鸟。故《五侯鲭字海》说：精卫无雄，偶海燕而生。王崇庆《山海经释义》说，炎帝少女化精卫，犹蜀帝化杜鹃也。

　　精卫填海这悲壮的故事曾给历代诗人以无穷的激励。晋陶潜《读山海经》诗说："精卫衔微石，将以填沧海。刑天舞干戚，猛志固长在。同物既无虑，化去不复悔。徒设在昔心，良辰讵可待。"明卢昭有《精卫词》说："有鸟志埋海，衔石到海返。石转心不移，但硠尔喙短，日复夕海复。远石可竭海可满，精卫之恨何时断。"此外还有唐岑参的《精卫》，韩愈的《精卫衔石填海》，王建的《精卫词》等，都是流传极广的诗篇。

　　郭璞《图赞》："炎帝之女，化为精卫。沉形（一作所）东海，灵爽西迈。乃衔木石，以填攸（一作波）害。"

1. 明·蒋应镐绘图本　　2. 明·胡文焕图本　　3. 日本《怪奇鸟兽图卷》图本
4. 清·四川成或因绘图本　　5. 清·汪绂图本

鳠

hù

北山经　北次三经

又北百里曰绣山，其上有玉、青碧。其木多枸，其草多芍药、芎劳。洧水出焉，而东流注于河。其中有鳠、黾。

鳠（**音护**）似鲇而大，白色。《初学记》卷三十记："鳠似鲇而大，色白。或鮠之大者曰鳠。"《尔雅·释鱼》：鮛，大鳠。

黾

měng

北山经　北次三经

又北百里曰绣山，其上有玉、青碧。其木多枸，其草多芍药、芎劳。洧水出焉，而东流注于河。其中有鳠、黾。

黾（**音猛**）是蛙的一种。郭璞注，鼇黾似虾蟆，小而青。又说，耿黾也，似青蛙大腹，一名土鸭。《尔雅·释鱼》：在水者黾。

1. 清·汪绂图本

1

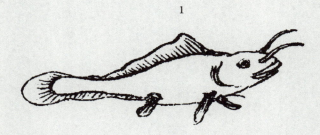

1

1. 清·汪绂图本

辣辣

dōng
dōng

又北三百里曰泰戏之山。无草木，多金、玉。有兽焉，其状如羊，一角一目，目在耳后，其名曰辣辣，其鸣自训。虖沱之水出焉，而东流注于溇水。液女之水出于其阳，南流注于沁水。

　　辣辣（音东）是独角独目奇兽，又是兆岁丰的吉祥之兽。它的样子像羊，一角一目，目在耳后，其叫声有如呼唤自己的名字。《山海经》有异形兽：辣辣一目，从从六足；一角之兽有猙、䮝、䑏疏、辣辣。杨慎《奇字韵》记：辣辣，今产于代州雁门谷口，俗呼为耩子，见则岁丰。《晋志》曹学佺《名胜志》说：代州谷中常产兽，其名曰辣。状如羊，一目一角，目生耳后，鸣则自呼。经文中说，辣辣是吉兽，但也有凶兆之说。胡文焕图说："此兽现时，主国内祸起，宫中大不祥也。"

　　郭璞《图赞》："辣辣似羊，眼在耳后。"

1. 明·蒋应镐绘图本

449

450

2. 明·胡文焕图本　　3. 日本《怪奇鸟兽图卷》图本

4. 清·四川成或因绘图本　　5. 清·汪绂图本　　6. 清·毕沅图本

源

yuán

又北四百里曰乾山，无草木，其阳有金、玉，其阴有铁而无水。有兽焉，其状如牛而三足，其名曰源，其鸣自詨。

　　乾山的源（**音原**）是三足怪兽，样子像牛，其叫声如同呼唤自己的名字。三足是此兽的主要特征。《西次三经》翼望山也有一种名叫讙（**又称源**）的怪兽，其状如狸，一目三尾，可以御凶，三尾是其主要特征。两种源兽从外形、特征到功能都完全不同。

1. 明·蒋应镐绘图本　　2. 清·四川成或因绘图本
3. 清·汪绂图本　　4. 清·《古今图书集成·禽虫典》

罴

pí

罴九

又北五百里曰伦山。伦水出焉，而东流注于河。有兽焉，其状如麋，其川在尾上，其名曰罴。

　　罴又作罴九，样子像麋鹿，后窍（**屁股眼**）长在尾巴上，和我们通常所说熊罴之罴不同。《尔雅·释兽》记：罴如熊，黄白文。似熊而长头高脚，猛憨多力，能拔树木。关西呼曰猳熊。故《谈荟》说：罴有二种，如麋与如熊者，二者有别。

　　郭璞《图赞》："窍生尾上，号曰罴九。"

1.明·蒋应镐绘图本　　2.清·郝懿行图本
3.清·汪绂图本　　4.清·《古今图书集成·禽虫典》

456

大蛇

dà
shé

又北五百里曰锌于母逢之山。

北望鸡号之山，其风如飚。

西望幽都之山，浴水出焉。

是有大蛇，赤首白身，其音
如牛，见则其邑大旱。

幽都山上，一条红头白身的大蛇，发出牛鸣般呼呼的叫声。大蛇是旱灾的征兆。大蛇又见于《南
次三经》禹稿山，《东次二经》耿山、碧山，《东次三经》跂踵山。

郭璞《图赞》："幽都之山，大蛇牛呴（同吼）。"

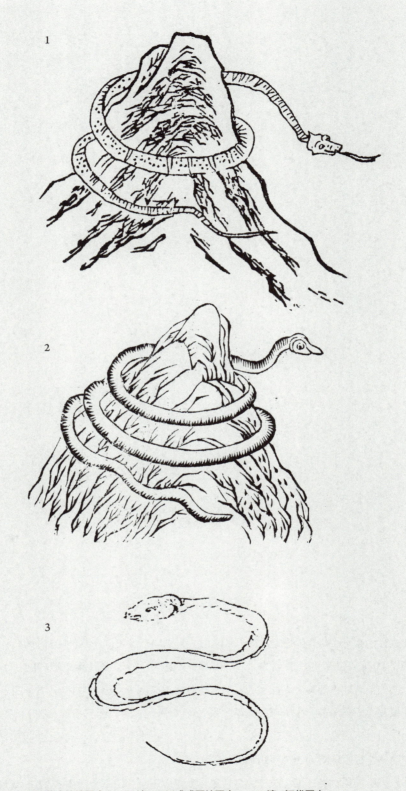

1.明·蒋应镐绘图本　　2.清·四川成或因绘图本　　3.清·汪绂图本

马身人面神

mǎ
shēn
rén
miàn
shén

*廿神

北山经　北次三经

凡北次三经之首，自太行山以至于母逢之山，凡四十六山，万二千三百五十里。其神状皆马身而人面者廿神，其祠之：皆用一藻、茝，瘗之。其十四神状皆彘身而载玉，其祠之：皆玉，不瘗。其十神状皆彘身而八足蛇尾，其祠之：皆用一璧，瘗之。大凡四十四神，皆用稌糈米祠之，此皆不火食。

　　自太行山至无（即毋）逢山共四十六座山，分别由三类不同形状的山神管辖，山神的名字由他们所主事的山的数目来定。取名为：廿神（**马身人面神**）、十四神（**彘身载玉神**）、十神（**彘身八足神**）。四十六座山只有四十四神。为什么呢？郝懿行解释说："四十六山，其神止（只）四十四，盖有摄山者。"

　　汪绂在《山海经存》中，用民族学的眼光解释说，在太行山至无逢山这四十六座山的山神中，有四十四位山神不火食，也就是生食不火之物；只有太行山系的恒山、高是山两位山神用火食，也就是熟食。这两位喜爱熟食的山神不知形貌。

　　第一类山神是廿神，据汪绂注，廿神是"太行以下至少山二十二山主"（**自太行至少山的确二十二山，与他的神名二十不符**），其状为马身人面神。

1. 明·蒋应镐绘图本　　2. 清·四川成或因绘图本
3. 清·汪绂图本，名北山廿神　　4. 清·《古今图书集成·神异典》，名二十神

彘身载玉神

zhì
shēn
zài
yù
shén

* 十四神

凡北次三经之首，自太行山以至于母逢之山，凡四十六山，万二千三百五十里。其神状皆马身而人面者廿神，其祠之：皆用一藻、茝，瘗之。其十四神状皆彘身而载玉，其祠之：皆玉，不瘗。其十神状皆彘身而八足蛇尾，其祠之：皆用一璧，瘗之。大凡四十四神，皆用稌糈米祠之，此皆不火食。

　　彘身载玉神是自锡山至高是山十四座山的山主，其形状是猪身佩玉。今见蒋绘本的十四山神作人形神状，猪头猪身，经文中说此神佩玉饰，此图未见。十四神猪尾猪蹄，前蹄作人手状，交叉于胸前，后腿作人足直立状。蒋氏画笔下的兽形山神身戴披肩，下身披甲，甲下露出猪尾，背后亦有祥云。

461

1．明・蒋应镐绘图本　　2．清・汪绂图本，名北山十四神
3．清・《古今图书集成・神异典》，名十四神

462

彘身八足神

zhì
shēn
bā
zú
shén

* 十神

北山经 北次三经

凡北次三经之首，自太行山以至于毋逢之山，凡四十六山，万二千三百五十里。其神状皆马身而人面者廿神，其祠之：皆用一藻、茝，瘗之。其十四神状皆彘身而载玉，其祠之：皆玉，不瘗。其十神状皆彘身而八足蛇尾，其祠之：皆用一璧，瘗之。大凡四十四神，皆用稌糈米祠之，此皆不火食。

十神彘身八足神是自陆山至毋逢山十座山的山主，其神形为彘身、八足、蛇尾。今见蒋绘本之十神也是兽形山神，作人形神状，猪首猪身，八条猪腿。其中二足如人手上举，二足如人手作拱状，四足如人足作直立状。十神有披肩围腰，身缠腰带，身后露出长长的蛇尾。上述三位山神高踞于山海之上方，背后均有祥云环绕，以显示其地位之重要。

1. 明·蒋应镐绘图本　　2. 清·汪绂图本，名北山十神
3. 清·《古今图书集成·神异典》，名十神

第四卷

东山经

鳙鳙鱼

yōng
yōng
yú

东山经之首樕䗾之山，北临乾昧。食水出焉，而东北流注于海。其中多鳙鳙之鱼，其状如犁牛，其音如彘鸣。

　　鳙（音庸）鳙是一种非鱼非牛的怪鱼，牛头鱼身，似杂色牛，身有黄地黑文，很像虎纹的毛，故又称牛鱼，其声音有如猪叫。传说牛鱼的皮可测知潮水涨落，据《博物志》记，东海有牛体鱼，其形如牛，剥其皮悬之，潮水至则毛起，潮去则伏。《初学记》卷三十记：牛鱼，目似牛，形如犊子。

　　《太平御览》卷九三九引《临海异物志》，牛鱼，形如犊子，毛色青黄，好眠卧，人临上（之），及觉，声如大牛，闻一里。

　　郭璞《图赞》："鱼号鳙鳙，如牛虎驳。"

1

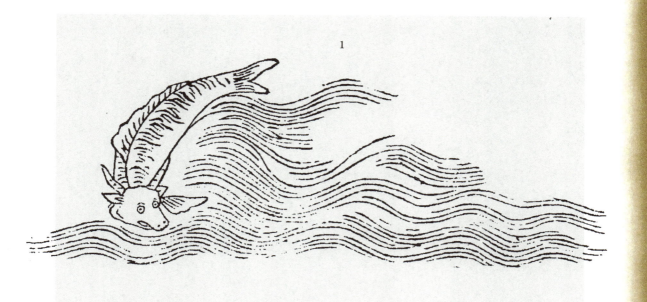

2

3

4

1. 明·蒋应镐绘图本　　2. 清·四川成或因绘图本
3. 清·汪绂图本　　4. 清·《古今图书集成·禽虫典》

从从

cóng
cóng

又南三百里曰栒状之山。其上多金、玉，其下多青碧石。有兽焉，其状如犬六足，其名曰从从，其鸣自詨。有鸟焉，其状如鸡而鼠毛，其名曰蚩鼠，见则其邑大旱。沢水出焉，而北流注于湖水。其中多箴鱼，其状如儵，其喙如箴，食之无疫疾。

　　从从是六足吉兽，样子像狗，其叫声有如呼唤自己的名字。故《宋书》记，六足兽，王者谋及众庶，则至。《事物绀珠》说，从从如犬，六足，尾长丈余。"长尾"一说未见于经文。今见诸图之从从，大都长尾，想是画工参考了《事物绀珠》的记载。

　　郭璞《图赞》："猣猣（**即从从**）之状，似狗六脚。"

1

2

1. 明·蒋应镐绘图本　2. 清·四川成或因绘图本

470

3

4

3. 清·吴任臣康熙图本　　4. 清·汪绂图本

5

6

5. 清·《古今图书集成·禽虫典》　　6. 上海锦章图本

472

茈鼠

zī
shǔ

东山经

又南三百里曰枸状之山。其上多金、玉，其下多青碧石。有兽焉，其状如犬六足，其名曰从从，其鸣自詨。有鸟焉，其状如鸡而鼠毛，其名曰茈鼠，见则其邑大旱。汜水出焉，而北流注于湖水。其中多箴鱼，其状如儵，其喙如箴，食之无疫疾。

茈（音咨）鼠非鼠，是一种怪鸟，又是大旱的征兆。它的样子像鸡，却身披鼠毛，一说它长着鼠尾（《说文》）；袁珂注：今图正作鼠尾。

郭璞《图赞》："茈鼠如鸡，见则旱涸。"

1.明·蒋应镐绘图本　　2.明·胡文焕图本　　3.日本《怪奇鸟兽图卷》图本
4.清·近文堂图本　　5.清·毕沅图本　　6.清·汪绂图本

474

又南三百里曰枸状之山。其上多金、玉，其下多青碧石。有兽焉，其状如犬六足，其名曰从从，其鸣自詨。有鸟焉，其状如鸡而鼠毛，其名曰蚩鼠，见则其邑大旱。沢水出焉，而北流注于湖水。其中多箴鱼，其状如儵，其喙如箴，食之无疫疾。

箴鱼

zhēn yú

箴（音真）鱼的样子像儵鱼，喙尖有一细黑骨如针，据说吃了它的肉可不染疫疾。李时珍《本草纲目》说，此鱼嘴巴有一针，故有针鱼、姜公鱼、铜哾（音月）鱼诸名。汪绂注，今江东滨海有此鱼，名针工鱼。郝懿行注，今登莱海中有箴梁鱼，碧色而长，其骨亦碧，其喙如箴，以此得名。

《雅俗稽言》记，针口鱼，鱼口似针，头有红点，两旁自头至尾有白路如银色，身细尾岐，长三四寸，二月间出海中。

又南三百里曰番条之山。无草木，多沙。减水出焉，北流注于海，其中多鱫鱼。

鱫鱼

gǎn yú

鱫（音感）鱼一名黄颊。《说文》记，鱫，哆口鱼。黄颊鱼似燕头鱼身，形厚而长大，颊骨正黄，鱼之大而有力解飞者，徐州人谓之杨黄颊，今江东呼黄鱫鱼，亦名黄颊鱼，尾微黄，大者长尺七八寸许。

1.清·《古今图书集成·禽虫典》

1

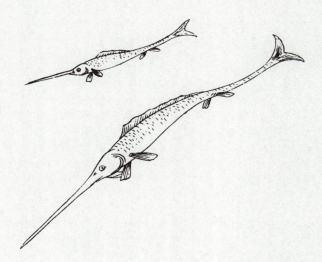

1

1.清·汪绂图本

鯈鱅

tiáo
yōng

又南三百里曰独山。其上多金、玉，其下多美石。末涂之水出焉，而东南流注于沔。其中多鯈鱅，其状如黄蛇，鱼翼，出入有光，见则其邑大旱。

　　鯈鱅（音条庸）是一种非鱼非蛇的凶蛇，样子像黄蛇，却长着鱼翼。《骈雅》称之为毒虫，传说鯈鱅出入有光，是大旱和火灾的征兆。

　　郭璞《图赞》："鯈鱅蛇状，振翼洒光。凭波腾逝（**一作游**），出入江湘。见则岁旱，是维火祥。"

1. 明·蒋应镐绘图本

2

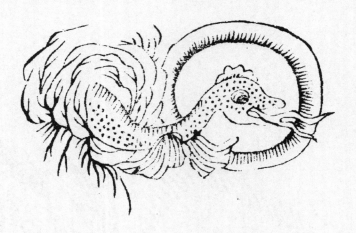

3

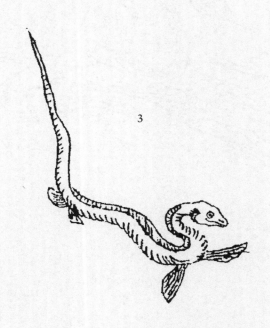

2. 清·四川成或因绘图本   3. 清·郝懿行图本

4

5

4. 清·汪绂图本　5. 清·《古今图书集成·禽虫典》

狪狪

tóng
tóng

又南三百里曰泰山。其上多玉，其下多金。有兽焉，其状如豚而有珠，名曰狪狪，其鸣自訆。环水出焉，东流注于江，其中多水玉。

　　狪狪又称珠豚，是一种奇兽，样子像猪，却以兽而孕珠，其叫声一如呼叫自己的名字。一般只知道蚌类可孕珠，狪狪是兽，兽可孕珠是狪狪的奇特之处。

　　郭璞《图赞》："蚌则含珠，兽何（一作胡）不可。狪狪如豚，被褐怀祸。患难无由，招之自我。"

1

2

3

1. 明·蒋应镐绘图本　　2. 清·汪绂图本　　3. 清·《古今图书集成·禽虫典》

人身龙首神

rén
shēn
lóng
shǒu
shén

东山经

凡东山经之首自樕蠫之山以至于竹山，凡十二山，三千六百里。其神状皆人身龙首，祠：毛用一犬，祈聊用鱼。

　　自樕蠫山至竹山共十二山的山神，都是人身龙首神。此神龙首龙角龙须，双目耳朵似人，人的身躯，人的手足，一副明代武士打扮，正举头扬须，拱手施礼，样子得意，其身后祥云环绕，以表示其神性身份。

　　祭祀这一山系的人身龙首神毛物用一狗取血涂祭，聊（音耳）祭用鱼。郭璞注："以血涂祭为聊也。"所谓以血涂祭指的是祭祀时，不必杀牲，只须用祭牲的血涂抹在祭祀对象或祭器上，便达到祭祀的目的。

　　《山海经》中所记载的"聊"这种以血涂祭的祭祀方式十分重要，从杀牲血祭到以血涂祭标志着人与神关系的一种质的变化。类似的在神的嘴边抹血的祭祀习俗，在我国以及世界许多民族目前还有遗留。祭祀这一山系的山神，祭牲用鱼也很值得注意，《南山经》祭祀山神的毛物多用狗；《西山经》多用雄鸡、羊；《北山经》多用雄鸡；而《东山经》多用鱼、犬和羊，有着鲜明的地域色彩。

1

1. 明·蒋应镐绘图本

2

3

2.清·四川成或因绘图本　　3.清·汪绂图本，名东山神

4

4. 清·《古今图书集成·神异典》

轸轸

líng líng

东次二经之首曰空桑之山，北临食水，东望沮吴，南望沙陵，西望湣泽。有兽焉，其状如牛而虎文，其音如钦，其名曰轸轸，其鸣自叫，见则天下大水。

　　轸轸（音灵）是非牛非虎的水兽，是水灾的征兆。它的样子像牛，却身披虎纹，其声音有如人在呻吟，又像呼叫自己的名字。任臣按："《骈雅》曰，牛而虎文曰轸轸。《谈荟》云，水兽，兆水。轸轸之兽，见则天下大水也。"

　　郭璞《图赞》曰："堪予轸轸，殊气同占。见则洪水，天下昏垫。岂伊妄降，亦应图（一作牒）谶。"

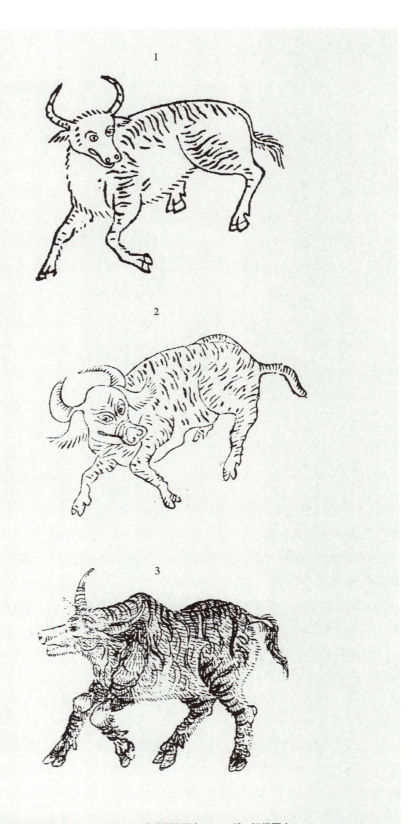

1. 明·蒋应镐绘图本　2. 清·四川成或因绘图本　3. 清·汪绂图本

珠鳖鱼

zhū
biē
yú

东山经　东次二经

又南三百八十里曰葛山之首，无草木。澧水出焉，东流注于余泽。其中多珠鳖鱼，其状如肺而有目，六足有珠，其味酸甘，食之无疠。

　　珠鳖（音憋）鱼又作珠鳖、珠鳖，是一种奇鱼，样子像浮肺，有目六足，能吐珠，其味酸甘；据说吃了它的肉可不得时气病。《吕氏春秋》说：澧水之鱼，名曰朱鳖，六足有珠，鱼之美也。

　　关于珠鳖鱼的眼睛，典籍有不同记载，历代注家也有不同说法。有趣的是，不同版本的珠鳖鱼图也有不同的形态，有二目、四目、六目三种。

　　二目说。经中所记，"其状如肺而有目"，人和动物通常都是二目，这里的"有目"当指二目。《初学记》卷三十说的是："珠鳖，如肺而有目，六足。"今见 **图**1、2、3 所绘正是二目。

　　四目说。郝懿行在注中说，此物图作四目；《初学记》八卷引《南越志》记：海中多珠鳖，状如肺，有四眼六足而吐珠，正与图合，疑此经有目当作四目，字之伪也。袁珂在《中国神话大词典》珠鳖鱼条中，亦从王念孙、郝懿行校，把"有目"改作"四目"。今见 **图**4、5、6 所绘正是四目，其释名亦作四目。

　　六目说。《禽虫典》所引经文说："其状如肺，而六目六足有珠"。胡文焕图说："六目六足，腹内有珠。其味甘酸，食之可辟时气病。"其图正是六目（**图**7、8）。上述有趣的现象正好说明神话形象的变异性与丰富性。

　　郭璞《图赞》："澧水之鲜（**一作鳞**），形（**一作状**）如浮肺。体兼三才，以货贾害。厥用既多，何以自卫。"

1. 明·蒋应镐绘图本　　2. 清·四川成或因绘图本

3

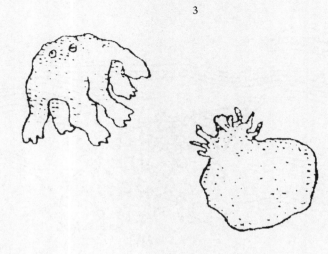

4

5

3.清·汪绂图本　　4.清·吴任臣康熙图本　　5.清·郝懿行图本

6

7

8

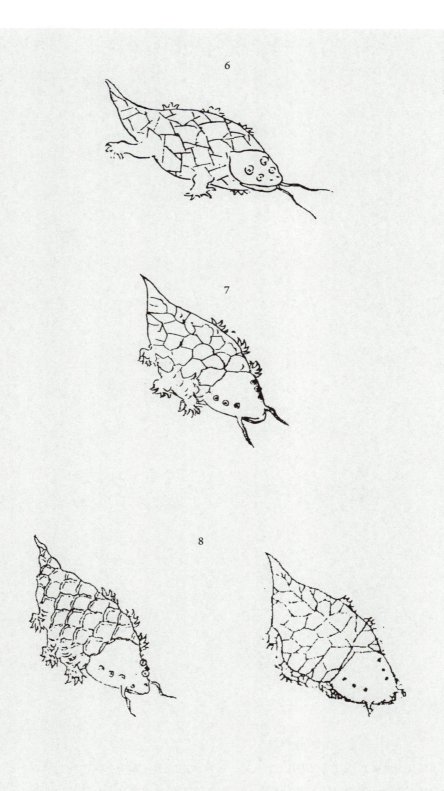

6. 上海锦章图本　　7. 明·胡文焕图本
8. 清·《古今图书集成·禽虫典》

犰狳

qiú
yú

又南三百八十里曰馀峨之山。其上多梓、楠，其下多荆、芑。杂余之水出焉，东流注于黄水。有兽焉，其状如菟而鸟喙鸱目蛇尾，见人则眠，名曰犰狳，其鸣自訆，见则蠚蝗为败。

犰狳（**音求余**），又作犰（**音几**）狳，是一种兆凶之灾兽，集兔、鸱、蛇三牲于一身；样子像兔，却长着鸟的嘴喙，鸱的双目，蛇的尾巴，其叫声有如呼唤自己的名字，见了人便装死；它出现的地方虫蝗遍野、田园荒芜。

郭璞《图赞》："犰狳之兽，见人佯眠。与灾协气，出则无年。此岂能为，归之于天。"

1.明·蒋应镐绘图本　　2.清·四川成或因绘图本
3.清·《古今图书集成·禽虫典》　　4.清·汪绂图本

朱獳

zhū
rú

東山經　東次二經

又南三百里曰耿山。无草木，多水碧，多大蛇。有兽焉，其状如狐而鱼翼，其名曰朱獳，其鸣自讪，见则其国有恐。

朱獳是一种非狐非鱼的怪兽，又是兆凶之兽；样子像狐狸，却长着鱼翼，其叫声如同呼唤自己的名字。它出现的地方，人便会惊恐慌乱。胡文焕图说："耿山，有兽，如狐而鱼鬓，名曰朱獳。其鸣自呼。见则国有大恐。"

郭璞《图赞》："朱獳无奇，见则邑骇。通感靡诚，维数所在。因事而作，未始无待。"

朱獳图有二形：

其一，狐状兽，如图1、2、3、4、5；

其二，虎状兽，如图6。

1

2

1. 明·蒋应镐绘图本　　2. 清·四川成或因绘图本

496

3

4

3. 明·胡文焕图本　　4. 清·近文堂图本

5

6

5. 清·汪绂图本　　6. 日本《怪奇鸟兽图卷》图本

498

鵹鹕

lí
hú

东山经　东次二经

又南三百里曰卢其之山。无草木，多沙石。沙水出焉，南流注于涔水。其中多鵹鹕，其状如鸳鸯而人足，其鸣自讪，见则其国多土功。

鵹（音黎）鹕又称鹈鹕，样子像鸳鸯，却长着一双人脚，其鸣叫的声音有如呼唤自己的名字；据说它出现的地方，那里正在大兴土木。汪绂注：鹈鹕之足颇似人足，然其状似雁而不似鸳鸯。

郭璞《图赞》："狸力鵹鹕，或飞或伏。是惟土祥，出兴功筑。长城之役，同集秦域。"

499

1.明·蒋应镐绘图本　2.清·四川成或因绘图本
3.清·汪绂图本　4.清·《古今图书集成·禽虫典》，名鹅

獙獙

bì
bì

东山经　东次二经

又南三百里曰姑逢之山。无草木，多金、玉。有兽焉，其状如狐而有翼，其音如鸿雁，其名曰獙獙，见则天下大旱。

獙獙（音毙）又名獘，是一种非兽非鸟的怪兽，又是兆旱之凶兽；样子像狐，背生双翼，却不能飞翔，其叫声有如鸿雁。

郭璞《图赞》：“獙獙如狐，有翼不飞。”

1

2

1. 明·蒋应镐绘图本　　2. 清·四川成或因绘图本

3

4

3. 明·胡文焕图本，名　　4. 清·近文堂图本

5

6

5. 清·汪绂图本　　6. 清·《古今图书集成·禽虫典》

龙蛭

lóng
zhì

又南五百里曰凫丽之山。其
上多金、玉，其下多箴石。
有兽焉，其状如狐而九尾九
首，虎爪，名曰龙蛭，其音
如婴儿，是食人。

　　龙（音龙）蛭是一种非狐非虎的食人畏兽，样子像狐，九尾九首，虎的足爪，其叫声有如婴儿啼哭。《唐韵》记，龙蛭如狐，九尾虎爪，呼如小儿，食人，一名䗩蛭。《广博物志》又作"龚姪"，九首者别有开明兽九首。

　　郭璞《图赞》："九尾虎爪，号曰龙蛭。"

1. 明·蒋应镐绘图本

2. 明·胡文焕图本　　3. 日本《怪奇鸟兽图卷》图本　　4. 清·近文堂图本

5. 清·四川成或因绘图本　　6. 清·汪绂图本　　7. 清·《古今图书集成·禽虫典》

508

峳峳

yōu
yōu

又南五百里曰碙山。南临碙水，东望湖泽。有兽焉，其状如马而羊目，四角牛尾，其音如獋狗，其名曰峳峳，见则其国多狡客。有鸟焉，其状如凫而鼠尾，善登木，其名曰絜钩，见则其国多疫。

　　峳峳（音攸）是四角怪兽，集马、羊、牛、狗四牲特征于一身；样子像马，却长着羊的眼睛（郝懿行注：《藏经》本目作首，今见诸本各图似为羊首），牛的尾巴，其叫声有如獋狗，它出现在哪里，哪里便奸人云集，不得安宁。

　　郭璞《图赞》："治在（一作则）得贤，亡由失人。峳峳之来，乃至狡宾。归之冥应，谁见其津。"

1

1. 明·蒋应镐绘图本

2

3

2. 清·四川成或因绘图本　　3. 清·毕沅图本

4. 清·汪绂图本　　5. 清·《古今图书集成·禽虫典》　　6. 上海锦章图本

512

絜钩

xié
gōu

又南五百里曰碙山。南临碙
水，东望湖泽。有兽焉，其
状如马而羊目，四角牛尾，
其音如獆狗，其名曰峳峳，
见则其国多狡客。有鸟焉，
其状如凫而鼠尾，善登木，
其名曰絜钩，见则其国多疫。

絜（音携）钩是一种疫鸟，样子像凫鸟，却长着老鼠的尾巴，善攀登树木；它出现在哪里，哪里便灾疫连绵，万民悲戚。

郭璞《图赞》："絜钩似凫，见则民悲。"

1

1. 明·蒋应镐绘图本

514

2. 明·胡文焕图本　　3. 日本《怪奇鸟兽图卷》图本　　4. 清·四川成或因绘图本

5

6

5. 清·汪绂图本　　6. 清·《古今图书集成·禽虫典》

兽身人面神

shòu
shēn
rén
miàn
shén

东山经　东次二经

凡东次二经之首自空桑之山至于硬山，凡十七山，六千六百四十里。其神状皆兽身人面载觡。其祠：毛用一鸡祈，婴用一璧瘗。

　　自空桑山至硬山共十七座山，其山神都是人面兽身神，头戴麋鹿角。此山神头戴麋鹿角，表明对麋鹿的崇拜。祭祀这一山系的山神，毛物要用一只鸡取血涂祭，还要将一块璧埋进地里。

　　今见蒋绘本这位兽身人面神，人面兽耳，头顶鹿角，兽身裸体，披毛有尾，上肢如人手平伸，下肢作人直立之状。蒋绘本的山神图像中，全裸体的兽身神仅此一例。

1

1. 明·蒋应镐绘图本

518

2. 清·四川成或因绘图本　　3. 清·汪绂图本，名东山神

4

4. 清·《古今图书集成·神异典》

媛胡

wǎn
hú

又东次三经之首曰尸胡之山，北望㟃山。其上多金、玉，其下多棘。有兽焉，其状如麋而鱼目，名曰媛胡，其鸣自讠川。

　　媛（音婉）胡是一种非鱼非兽的怪兽，样子像麋鹿，却长着鱼眼，其叫声有如呼唤自己的名字。郝懿行说过一个他亲身经历的故事，十分有趣：嘉庆五年，册使封琉球，归舟泊马齿山，下人进二鹿，毛浅而小眼似鱼眼，使者著记谓是海鱼所化，余以经证之，知是媛胡也。沙鱼化麋，海人常见之，非此。

　　郭璞《图赞》："媛胡之状，似麋鱼眼。"

521

1.明·蒋应镐绘图本　　2.清·四川成或因绘图本
3.清·汪绂图本　　4.清·《古今图书集成·禽虫典》

鳣

zhān

又南水行七百里曰孟子之山。

其木多梓、桐，多桃、李，

其草多菌、蒲，其兽多麋鹿。

是山也，广员百里。其上有

水出焉，名曰碧阳，其中多

鳣、鲔。

东山经　东次三经

　　鲤之大者曰鳣（音沾）。《尔雅·释鱼》：鳣，大鱼似鳟（同鲟）而短鼻，口在颔下，体有邪行，甲无鳞，肉黄，大者长二三丈，江东呼为黄鱼。李时珍《本草纲目》记：鳣出江淮黄河辽海深水处，无鳞大鱼也。其状似鲟，其色灰白，其背有骨甲三行，其鼻长有须，其口近颔下，其尾岐。其出也以三月逆水而上，而居也在矶石湍流之间，其食也张口接物，听其自入，食而不饮，蟹鱼多误入之。

鲔

wěi

又南水行七百里曰孟子之山。

其木多梓、桐，多桃、李，

其草多菌、蒲，其兽多麋鹿。

是山也，广员百里。其上有

水出焉，名曰碧阳，其中多

鳣、鲔。

东山经　东次三经

　　郭璞注：鲔（音委）即鲟，似鳣而长鼻，体无鳞甲，一名鳠。《尔雅·释鱼》注："鲔，鳣属也，大者名王鲔。"古人以鲔献祭，《夏小正》称：鲔者，鱼之先至者也。传说鲔鱼三月溯河而上，能渡龙门之浪，则得为龙。

1. 清·汪绂图本　　2. 清·《古今图书集成·禽虫典》

蠵龟

xī
guī

又南水行五百里曰流沙，行五百里，有山焉，曰跂踵之山。广员二百里，无草木，有大蛇，其上多玉。有水焉，广员四十里皆涌，其名曰深泽，其中多蠵龟。有鱼焉，其状如鲤而六足鸟尾，名曰鲐鲐之鱼，其鸣自叫。

蠵（音希）龟即觜蠵，大龟也，甲有文彩，似瑇瑁而薄。《尔雅·释鱼》记，龟有十种，因其功能有异，或因其于山泽水火生地之不同而名之，称为神龟、灵龟、摄龟、宝龟、文龟、筮龟、山龟、泽龟、水龟、火龟。《山海经》跂踵山之蠵龟即灵龟。《尔雅》说：涪陵郡出大龟，甲可以卜，缘中文似瑇瑁，俗呼为灵龟，即今觜蠵龟，一名灵蠵，能鸣。胡文焕图说："甲可以卜，缘中似玳瑁，有文彩，一名灵蠵。"汪绂注：蠵，觜蠵也，似龟而大，六足，其甲薄而有文，可以饰器。今广中亦有之。或曰：雄曰蠵瑁，雌曰觜蠵。

郭璞《图赞》："水圆四十（一作三方），潜源溢沸。灵龟爰处，掉尾养气。庄生是感，挥竿傲贵。"

1

2

3

1.明·胡文焕图本　　2.清·汪绂图本　　3.清·《古今图书集成·禽虫典》

鮯鮯鱼

gé
gé
yú

又南水行五百里曰流沙，行五百里，有山焉，曰跂踵之山。广员二百里，无草木，有大蛇，其上多玉。有水焉，广员四十里皆涌，其名曰深泽，其中多蠵龟。有鱼焉，其状如鲤而六足鸟尾，名曰鮯鮯之鱼，其鸣自叫。

　　鮯鮯（音格）鱼是非鱼非鸟的六足怪鱼，样子像鲤鱼，却长着鸟的尾巴，其鸣叫声有如呼唤自己的名字。《广雅》记，东方有鱼焉，如鲤六足鸟尾，其名曰鮯。《事物绀珠》记，鮯如鲤，六足鸟尾，出东方深泽中。杨慎《异鱼赞》说，鮯鱼是胎生的奇鱼：东方有鱼，其形如鲤，其名为鮯，六足鸟尾，鱐（音肃）为之母，胎育厥子。

　　郭璞《图赞》："鮯鮯所潜，厥深（一作身）无限。"

1

2

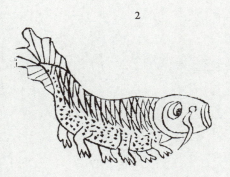

1. 明·蒋应镐绘图本　　2. 清·四川成或因绘图本

3

4

2. 明·胡文焕图本　　4. 清·毕沅图本

5

6

5. 清·汪绂图本　　6. 清·《古今图书集成·禽虫典》

精精

jīng jīng

东山经　东次三经

又南水行九百里曰踇隅之山。其上多草木，多金、玉，多赭。有兽焉，其状如牛而马尾，名曰精精，其鸣自叫。

精精是一种非牛非马的辟邪奇兽，样子像牛，却长着马尾，其叫声有如呼唤自己的名字。

《骈雅》记，兽似牛而马尾，曰精精。万历二十五年，括苍得异兽，其角双，身作鹿文，马尾牛蹄。董斯张《吹景集》引此为证，或又云乃辟邪也。

郭璞《图赞》："精精如牛，以尾自辨。"

1

1. 明·蒋应镐绘图本

2

2. 清·四川成或因绘图本

3

4

3. 清·汪绂图本　　4. 清·《古今图书集成·禽虫典》

534

人身羊角神

rén
shēn
yáng
jiǎo
shén

东山经　东次三经

凡东次三经之首自尸胡之山至于无皋之山，凡九山，六千九百里。其神状皆人身而羊角。其祠：用一牡羊，米用黍。是神也，见则风，雨水为败。

自尸胡山至无皋山共九座山，其山神都是半人半羊之状：人身羊角神。这是一位凶兆的山神，据说凡是它出现的地方，那里便风不调雨不顺，田禾荒芜。

1

1. 明·蒋应镐绘图本

536

2

3

2. 清·四川成或因绘图本　3. 清·汪绂图本，名东山神

4

4. 清·《古今图书集成·神异典》

獦
狙

xiē
jū

又东次四经之首曰北号之山，临于北海。有木焉，其状如杨，赤华，其实如枣而无核，其味酸甘，食之不疟。食水出焉，而东北流注于海。有兽焉，其状如狼，赤首鼠目，其音如豚，名曰獦狙，是食人。有鸟焉，其状如鸡而白首，鼠足而虎爪，其名曰蚳雀，亦食人。

　　獦（音些）狙是食人畏兽，集狼、鼠、猪三兽特征于一身，样子像狼，红脑袋，却长着一双鼠眼，其声音有如猪叫。

　　郭璞《图赞》："獦狙狡兽，蚳雀恶鸟。或狼其体，或虎其爪。安用甲兵，扰之以道。"

1.明·蒋应镐绘图本　　2.清·四川成或因绘图本
3.清·汪绂图本　　4.清·《古今图书集成·禽虫典》

魊雀

qí
què

又东次四经之首曰北号之山，临于北海。有木焉，其状如杨，赤华，其实如枣而无核，其味酸甘，食之不疟。食水出焉，而东北流注于海。有兽焉，其状如狼，赤首鼠目，其音如豚，名曰獦狙，是食人。有鸟焉，其状如鸡而白首，鼠足而虎爪，其名曰魊雀，亦食人。

　　魊（音齐）雀是食人怪鸟，集鸡、鼠、虎三牲特征于一身；样子像鸡，白脑袋，却长着鼠足虎爪。《楚辞·天问》有"魊堆焉处"的诗句，魊堆即魊雀。据李给谏《笔记》记载，崇祯甲戌，凤阳出恶鸟数万，兔头鸡身鼠足，味甚美，犯其骨立死，稽其形状，疑即此鸟。

　　郭璞《图赞》："獦狙狡兽，魊雀恶鸟。或狼其体，或虎其爪。安用甲兵，扰之以道。"

1. 明·蒋应镐绘图本　　2. 清·四川成或因绘图本
3. 清·《古今图书集成·禽虫典》　　4. 清·汪绂图本

鳛鱼

qiū
yú

又南三百里曰旄山。无草木。苍体之水出焉，而西流注于展水。其中多鳛鱼，其状如鲤而大首，食者不疣。

鳛（**音秋**）即鳅，俗称泥鳅，样子像鲤鱼，头大，据说吃了它的肉可不长赘疣（**俗称瘊子**）。

茈鱼

zǐ
yú

又南三百二十里曰东始之山，上多苍玉。有木焉，其状如杨而赤理，其汁如血，不实，其名曰芑，可以服马。泚水出焉，而东北流注于海，其中多美贝。多茈鱼，其状如鲋，一首而十身，其臭如麋芜，食之不糠。

茈（**音子**）鱼是一种奇鱼，样子像鲋鱼，一首十身，能发出麋芜般的臭味；据说吃了它的肉可调和体魄，气不下溜。《北山经》谯明山的何罗鱼也一首十身，吃了可治痈肿病。

郭璞《图赞》："有鱼十身，麋芜其臭。食之和体，气不下溜。"

1. 明·蒋应镐绘图本　　2. 清·四川成或因绘图本　　3. 清·汪绂图本

1

1. 清·汪绂图本

薄鱼

báo
yú

东山经　东次四经

又东南三百里曰女烝之山，其上无草木。石膏水出焉，而西注于鬲水。其中多薄鱼，其状如鳣鱼而一目，其音如欧，见则天下大旱。

　　薄鱼是兆灾的独目怪鱼，样子像鳣鱼，其声有如人之呕吐声；此鱼是大旱之兆，又说是大水之兆，还有说是天下谋反之兆。《物异志》记，见则天下大水。《初学记》卷三十：薄鱼，其状如鳣而一目，其音如欧，见则天下反。

　　郭璞《图赞》："薄之跃渊，是为（一作维）灾候。"

1. 明 · 蒋应镐绘图本　　2. 清 · 近文堂图本　　3. 清 · 四川成或因绘图本
4. 清 · 汪绂图本　　5. 上海锦章图本　　6. 清 · 《古今图书集成 · 禽虫典》

当康

dāng
kāng

又东南二百里曰钦山，多金、玉而无石。师水出焉，而北流注于皋泽。其中多鱃鱼，多文贝。有兽焉，其状如豚而有牙，其名曰当康，其鸣自叫，见则天下大穰。

　　当康又称牙豚，是一种兆丰穰之瑞兽，样子像猪而有牙，其叫声有如呼唤自己的名字。胡文焕图说："钦山中有兽，状如豚，名当庚。其鸣自呼。见则天下大穰。韩子曰：穰，岁之稔也。"传说岁将丰稔，此兽先出以鸣瑞。《神异经》说，南方有兽，似鹿而豕首有牙，善依人求五谷，名无损之兽。所说形状与此兽近。

　　郭璞《图赞》："当康如豚，见则岁穰。"

　　当康图有二形：

　　其一，猪形，如图1，图2（形象不似猪），图3、4、5；

　　其二，人面兽，如图6。

1

1. 明·蒋应镐绘图本

548

2

3

4

2. 明·胡文焕图本，名当庚　　3. 清·四川成或因绘图本　　4. 清·汪绂图本

5

6

5. 清·《古今图书集成·禽虫典》　　6. 日本《怪奇鸟兽图卷》图本，名当庚

鳛鱼

huá
yú

又东南二百里曰子桐之山。子桐之水也焉，而西流注于馀如之泽。其中多鳛鱼，其状如鱼而鸟翼，也入有光，其音如鸳鸯，见则天下大旱。

＊有翅

　　鳛鱼已见《西次三经》之桃水，其状如蛇而四足，食鱼。本经子桐水之鳛鱼与之同名，但二者形状与性能都不同。子桐水之鳛（音滑）鱼是一种亦鱼亦鸟之怪鱼。它的形状像鱼，却长着鸟的翅膀，出入有光，其声有如鸳鸯的啼叫。它的出现，将带来大旱，因而被看作是旱灾的征兆。

　　郭璞《图赞》："当康如豚，见则岁穰。鳛鱼鸟翼，飞乃流光。同（一作以）出殊应，或灾或祥。"

1

1. 明·蒋应镐绘图本

2

3

2. 明·胡文焕图本　　3. 清·四川成或因绘图本

4

5

6

4. 清·毕沅图本　　5. 清·汪绂图本　　6. 清·《古今图书集成·禽虫典》

合㲉

hé
yǔ

又东北二百里曰剡山。多金、玉。有兽焉，其状如彘而人面。黄身而赤尾，其名曰合㲉，其音如婴儿。是兽也食人，亦食虫蛇，见则天下大水。

　　合㲉（音宇）是人面食人兽，又是灾兽。样子像猪，却长着人的脑袋，全身黄色，尾巴红赤，其声音有如婴儿啼哭。合㲉既食人，也食虫蛇，它出现的地方，哪里便洪水泛滥。《事物绀珠》说，合㲉如猪，人面血食。

　　郭璞《图赞》："猪身人面，号曰合㲉。厥性贪残，物为（一作无）不咀。至阴之精，见则水雨。"

1. 明·蒋应镐绘图本　2. 清·四川成或因绘图本
3. 清·汪绂图本　4. 清·《古今图书集成·禽虫典》

蚩

fěi

又东二百里曰太山，上多金、玉、桢木。有兽焉，其状如牛而白首，一目而蛇尾，其名曰蜚，行水则竭，行草则死，见则天下大疫。钩水出焉，而北流注于劳水，其中多鳠鱼。

蜚是独目畏兽，又是灾兽。形状像牛，白脑袋，一目在正中，还有蛇的尾巴。蜚是灾难之源，所到之处，遇水则竭，遇草则枯，瘟疫流行，哀鸿遍野。郭璞注："言其体含灾气也。其铭曰：蜚之为名，体似无害。所经枯竭，甚于鸩厉。万物斯惧，思尔遐逝。"吴任臣在按语中说，春秋庄二十五年秋，有蜚。刘侍读《春秋解》引此，谓蜚状若牛，一目蛇尾。江休复杂志亦云，唐彦猷有旧本《山海经》，说蜚处渊则涸，行木则枯，春秋所书似即此物。又《字汇》：犪，似牛白首一目，疑为此兽。

郭璞《图赞》："蜚则灾兽，跂踵厉深。会所经涉，竭水槁林。禀气自然，体此殃淫。"

557

1

1. 明·蒋应镐绘图本

558

2. 清·近文堂图本　3. 清·四川成或因绘图本　4. 清·毕沅图本

559

5. 清·汪绂图本　　6. 清·《古今图书集成·禽虫典》　　7. 上海锦章图本

第五卷

中山经

貒

nuó

中山经薄山之首曰甘枣之山。

共水出焉，而西流注于河。

其上多枏木。其下有草焉，

葵本而杏叶，黄华而荚实，

名曰蓍，可以已曹。有兽焉，

其状如默鼠而文题，其名曰

貒，食之已瘿。

貒（音挪）属鼠状兽，又称马来熊。样子像默（音独）鼠，色紫绀，浅毛，额上有斑纹，食之可治大脖子病。

563

1

2

3

1. 明·蒋应镐绘图本　2. 清·汪绂图本　3. 清·《古今图书集成·禽虫典》

豪鱼

háo
yú

又东十五里曰渠猪之山，其上多竹。渠猪之水出焉，而南流注于河。其中是多豪鱼，状如鲔，赤喙尾，赤羽，可以已白癣。

　　豪鱼是一种怪鱼，样子像鲔鱼，嘴喙、尾巴、羽毛都是红色的。据说豪鱼可治白癣，除癣功能在于它的鳞。

　　郭璞《图赞》："豪鳞除癣，天婴已痤。"

565

1. 明 · 蒋应镐绘图本　　2. 清 · 四川成或因绘图本
3. 清 · 汪绂图本　　4. 清 · 《古今图书集成 · 禽虫典》

飞鱼

*如鲋

feī
yú

又北三十里曰牛首之山。有草焉，名曰鬼草，其叶如葵而赤茎，其秀如禾，服之不忧。劳水出焉，而西流注于潏水。是多飞鱼，其状如鲋鱼，食之已痔衕。

《中山经》的飞鱼有二，形状和性能都不同：一是《中山经》牛首山劳水中像鲋鱼的飞鱼，食了可治痔疮止腹泄；二是《中次三经》騩山正回水像豚的飞鱼，状如豚，服之不畏雷。《太平御览》卷九三九鳞介部十一载，张骏《山海经飞鱼赞》曰：飞鱼如鲋，登云游波。

郭璞《图赞》："飞鱼如豚，亦文无羽。食之辟兵，不畏雷鼓。"

1

2

3

1.明·蒋应镐绘图本　　2.清·四川成或因绘图本　　3.清·汪绂图本

胐胐

fěi
fěi

中山经

又北四十里曰霍山，其木多榖。有兽焉，其状如狸而白尾有鬣，名曰胐胐，养之可以已忧。

　　胐胐（**音匪**）是狸状兽，样子像狸，身披鬣毛，有一条白色的长尾巴；畜养之可以使人解忧。陈藏器《本草拾遗》说，风狸似兔而短，人取笼养之，即此也。吴任臣引《麟书》曰："安得胐胐与之游，而释我之忧。"可知古人也有养宠物解忧之俗。

　　郭璞《图赞》："胐胐之皮，终年行歌。"

1. 明·蒋应镐绘图本　　2. 清·四川成或因绘图本
3. 清·汪绂图本　　4. 清·《古今图书集成·禽虫典》

鹖

hé

中次二经济山之首曰辉诸之山，其上多桑。其兽多闾麋，其鸟多鹖。

鹖（音合）是一种勇猛之鸟。《玉篇》说，鹖鸟似雉而大，青色，有毛角，斗死而止。《尔雅翼》记：鹖似黑雉，尤相党其同类，有被侵者，辄往赴救之，其斗大抵一死乃止。曹植《鹖赋》云："鹖之为禽，猛气共斗，终无胜负，期于必死，遂赋之焉。"相传黄帝与炎帝战于阪泉之野，以雕鹖鹰鸢为旗帜，其后有鹖冠之说，楚人有名鹖冠子者，都是勇猛的象征。

郭璞《图赞》："鹖之为鸟，同群相为。畴类被侵，虽死不避。毛饰武士，兼厉以义。"

鸣蛇

míng shé

又西三百里曰鲜山，多金、玉，无草木。鲜水出焉，而北流注于伊水。其中多鸣蛇，其状如蛇而四翼，其音如磬，见则其邑大旱。

鸣蛇是灾蛇，是大旱的征兆。它的样子像蛇，却长着两对翅膀，其鸣声有如钟磬般响亮。

张衡《南都赋》有记载：其水虫则有蠑龟鸣蛇。

郭璞《图赞》："鸣化二蛇，同类异状。拂翼俱游，腾波漂浪。见则并灾，或淫或亢。"

1. 清 · 汪绂图本　　2. 清 ·《古今图书集成 · 禽虫典》

1

2

1

1. 明 · 蒋应镐绘图本

2. 清·吴任臣康熙图本　　3. 清·四川成或因绘图本

4

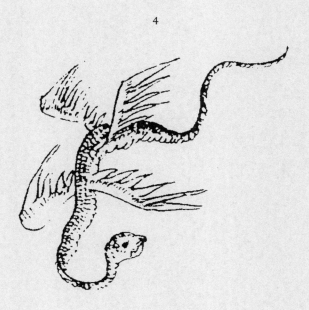

5

4. 清·汪绂图本　　5. 清·《古今图书集成·禽虫典》

化蛇

huà
shé

又西三百里曰阳山，多石，无草木。阳水出焉，而北流注于伊水。其中多化蛇，其状如人面而豺身，鸟翼而蛇行，其音如叱呼，见则其邑大水。

　　化蛇是人面蛇、灾蛇；集人、豺、鸟、蛇四形特征于一身，是大水的征兆。化蛇上身如豺狼，下身是蛇，长着人的脑袋，鸟的翅膀，行走如蛇，叫起来有如人叱呼的声音。《广雅》记：中央有蛇焉，人面豺身，鸟翼蛇行，名曰化蛇。

　　郭璞《图赞》："鸣化二蛇，同类异状。拂翼俱游，腾波漂浪。见则并灾，或淫或亢。"

　　化蛇图有二形：

　　其一，兽状，人面豺身四足、蛇尾鸟翼，如图1、2、3；

　　其二，蛇状，人面蛇身、鸟翼无足，作蛇飞行状，如图4、5、6。

1

1. 明·蒋应镐绘图本

2

3

2. 清·四川成或因绘图本　　3. 清·汪绂图本

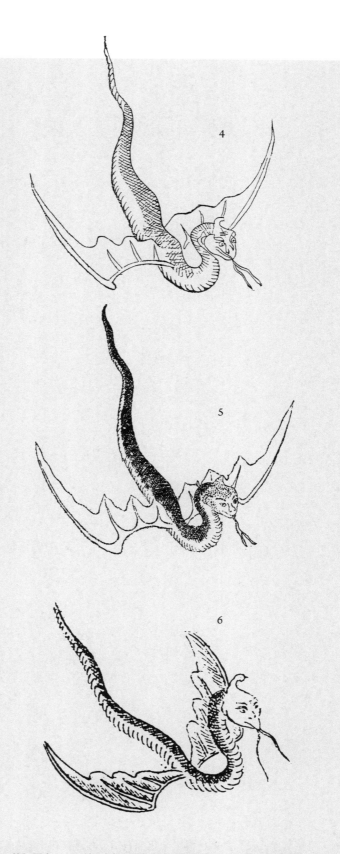

4. 清·毕沅图本　　5. 清·《古今图书集成·禽虫典》　　6. 上海锦章图本

夆蚳

lóng
chí

又西二百里曰昆吾之山，其上多赤铜。有兽焉，其状如彘而有角，其音如号，名曰夆蚳，食之不眯。

　　夆蚳（**音迟**）是猪状兽，又名角彘，样子像猪而有角，其声音有如人在号哭。据说吃了它的肉，可不做恶梦。

1. 明 · 蒋应镐绘图本　　2. 清 · 四川成或因绘图本
3. 清 · 汪绂图本　　4. 清 ·《古今图书集成 · 禽虫典》

马腹

mǎ
fù

又西二百里曰蔓渠之山。其上多金、玉，其下多竹箭。伊水出焉，而东流注于洛。有兽焉，其名曰马腹，其状如人面虎身，其音如婴儿，是食人。

　　马腹是人面虎，又是食人畏兽，其声音如婴儿啼哭。民间称马腹为马虎，汪绂说，此即俗所谓马虎也，其面略似人面，其毛长，足高如马，实虎类也。马腹又作马肠。胡文焕图作马肠。

　　《事物绀珠》记：马肠，人面虎身，音如婴儿。郭璞《图赞》亦作马肠。笔记小说中有关这类人面虎的传说很不少。《水经注·沔水中》称之为水虎，说水中有物，如三四岁婴儿，鳞甲如鲮鲤，膝头似虎，掌爪常没水中，若有人戏之，便杀人。古书中还有称之为水唐、水卢、人马、人膝之怪的。

　　郭璞《图赞》："马腹（一作肠）之物，人面似虎。"

1

1. 明·蒋应镐绘图本

2. 明·胡文焕图本，名马肠　　3. 清·四川成或因绘图本

4.清·毕沅图本　　5.清·汪绂图本　　6.上海锦章图本

人面鸟身神

rén
miàn
niǎo
shēn
shén

凡济山经之首自辉诸之山至于蔓渠之山，凡九山，一千六百七十里。其神皆人面而鸟身，祠用毛，用一吉玉，投而不糈。

　　自辉诸山至蔓渠山共九座山，其山神都是人面鸟身神。与《北山经》的山神多为人面蛇身神，《东山经》的山神为人身龙首神、人面兽身神或人身羊角神不同；山神的形貌可能与各山系族群的信仰有关。汪绂的注释很值得注意，他说："大抵南山神多象鸟，西山神象羊牛，北山神象蛇豕，东山神多象龙，中山则或杂取，亦各以其类也。"

熏池

xūn
chí

中次三经萯山之首曰敖岸之山。其阳多㻬琈之玉，其阴多赭、黄金。神熏池居之。是常出美玉。北望河林，其状如蒨如举。有兽焉，其状如白鹿而四角，名曰夫诸，见则其邑大水。

　　熏池是敖岸山的山神，居于常出美玉、赭石、黄金的苍葱之敖岸山。汪绂在注中说，熏池之神未言其状。

　　郭璞《图赞》："泰逢虎尾，武罗人面。熏池之神，厥状不见。爰有美玉，河林如蒨。"

1. 清·汪绂图本，名中山神　　2. 清·《古今图书集成·神异典》

1

2

1

1. 清·汪绂图本

586

夫诸
fū
zhū

中次三经萯山之首曰敖岸之山。其阳多㻨琈之玉，其阴多赭、黄金。神熏池居之。是常出美玉。北望河林，其状如蒨如举。有兽焉，其状如白鹿而四角，名曰夫诸，见则其邑大水。

夫诸是鹿状灾兽，样子像白鹿，四角，是兆水之兽。《麟书》说，夫诸横流，天戒罔忧。

1. 明·蒋应镐绘图本　　2. 清·四川成或因绘图本
3. 清·《古今图书集成·禽虫典》　　4. 清·汪绂图本

武罗魃

wǔ
luó
shén

又东十里曰青要之山，实维帝之密都。北望河曲，是多驾鸟。南望墠渚，禹父之所化，是多仆累、蒲卢。魃武罗司之，其状人面而豹文，小要而白齿，而穿耳以镰，其鸣如鸣玉。是山也，宜女子。畛水出焉，而北流注于河。其中有鸟焉，名曰鸧，其状如凫，青身而朱目赤尾，食之宜子。有草焉，其状如葌，而方茎，黄华赤实，其本如藁本，名曰荀草，服之美人色。

　　武罗魃（即神）是青要山的山神，是帝之密都的管理者。此神样子很怪，长着人的脑袋，却身披豹文，腰小而齿白，双耳挂着金环；他的声音有如人摇动玉佩发出的声音。

　　袁珂认为，武罗魃是《楚辞·九歌·山鬼》所写的山鬼式的女神。传说青要山很适合女子居住，那里有一种鸧鸟，吃了可子孙兴旺。还有一种荀草，吃了它的果实，可使女子增加美色。武罗是鬼中的神者，据《说文》："魃，神也。"段玉裁注："当作神，鬼也，神鬼者，鬼之神者也。"指的是具有神的品格的鬼。《玉篇》的解释似乎更切合武罗魃的神格："魃，山神也。"

　　郭璞《图赞》："有神武罗，细腰白齿。声如鸣佩，以镰贯耳。司帝密都，是宜女子。"

589

1．明·蒋应镐绘图本　　2．清·四川成或因绘图本
3．清·汪绂图本　　4．清·《古今图书集成·神异典》

鹎

yǎo

又东十里曰青要之山，实维帝之密都。北望河曲，是多驾鸟。南望墠渚，禹父之所化，是多仆累、蒲卢。魖武罗司之，其状人面而豹文，小要而白齿，而穿耳以镌，其鸣如鸣玉。是山也，宜女子。畛水出焉，而北流注于河。其中有鸟焉，名曰鹎，其状如凫，青身而朱目赤尾，食之宜子。有草焉，其状如葌，而方茎，黄华赤实，其本如藁本，名曰荀草，服之美人色。

鹎（音咬）鸟又称鹩头鹎、鱼鹎，样子像凫鸟，青身赤尾，双目浅赤色，据说吃了它的肉可子孙兴旺。胡文焕图说："青要山有鸟，名曰鹎，状如凫，青身赤尾，食之宜子孙。"《尔雅》：鹩头鹎，似凫，脚近尾，略不能行。江东谓之鱼鹎。《汇雅》记，鹎鸟，类鸭而有文彩，不能行，多溷野鸭群中浮游。据《文献通考》记载，建炎二十七年，鄱阳有妖鸟，凫身雉尾，长喙方足赤目，止于民屋，疑是此鸟，不知者以为妖也。

郭璞《图赞》："鹎鸟似凫，翠羽朱目。既丽其形，亦奇其肉。妇女是食，子孙繁育。"

1. 明·蒋应镐绘图本　　2. 明·胡文焕图本　　3. 清·《古今图书集成·禽虫典》

飞鱼

*
如豚

fēi
yú

又东十里曰騩山。其上有美枣，其阴有琈珧之玉。正回之水出焉，而北流注于河。其中多飞鱼，其状如豚而赤文，服之不畏雷，可以御兵。

　　《中山经》之飞鱼有二，形状与性能均有不同：一是《中山经》牛首山劳水像鲋鱼的飞鱼，食之可以疗痔止泻。二是此騩山正回水似豚之飞鱼，状如豚而赤文，服之不畏雷，又可御兵。飞鱼可"登云游波"（《太平御览》卷九百三十九），《林邑国记》说：飞鱼，身圆，长丈余，羽重沓，翼如胡蝉，出入群飞，游翔翳会，而沉则泳海底。

　　正回水的飞鱼图有三形：

　　其一，猪头鱼、有鱼翼，如图1、2、3，图3猪头不明显；

　　其二，鱼形，鸟翼有角，如图4、5、6。胡氏图说："騩山，河中多鱼，状如豚，赤文有角，佩之不畏雷霆，亦可御兵"；

　　其三，鱼形，鸟翼无角，如图7。

　　郭璞《图赞》："飞鱼如豚，赤文无羽。食之辟兵，不畏雷也。"《初学记》卷一《雷第七》引郭璞《飞鱼赞》有小异："飞鱼如豚，赤文无鳞。食之辟兵，不畏雷音。"

1. 明·蒋应镐绘图本　　2. 清·四川成或因绘图本　　3. 清·汪绂图本

4

5

4.明·胡文焕图本　5.清·毕沅图本

6

7

6. 清·《古今图书集成·禽虫典》　　7. 上海锦章图本

596

泰逢

tài
féng

又东二十里曰和山。其上无草木而多瑶碧，实惟河之九都。是山也五曲，九水出焉，合而北流注于河。其中多苍玉。吉神泰逢司之，其状如人而虎尾，是好居于萯山之阳，出入有光。泰逢神动天地气也。

吉神泰逢是和山山神，样子像人，却长着虎的尾巴（**一说雀尾**），经常住在萯山之阳。传说他出入有光，他的神力能感天动地，兴云布雨。《吕氏春秋·音初篇》讲过一个故事，说有一次，泰逢刮起一阵狂风，天地晦冥，使夏朝的一个昏君孔甲在打猎时迷了路。还有传说，晋平公在浍水曾遇一怪物，师旷说，狸身而狐尾，名首阳之神（见《太平广记》卷二九一引《汲冢琐语》）。这位首阳神，便是吉神泰逢。胡文焕图作襫泰，其图说云："和山多苍玉，有吉神，曰襫泰。谓司其吉善者也。状如人，虎尾，好居萯山之阳，出入有光。此神动天地气，其灵爽能兴云雨。"

郭璞《图赞》："神号泰逢，好游山阳。濯足九州，出入有光。天气是动，孔甲迷惶。"

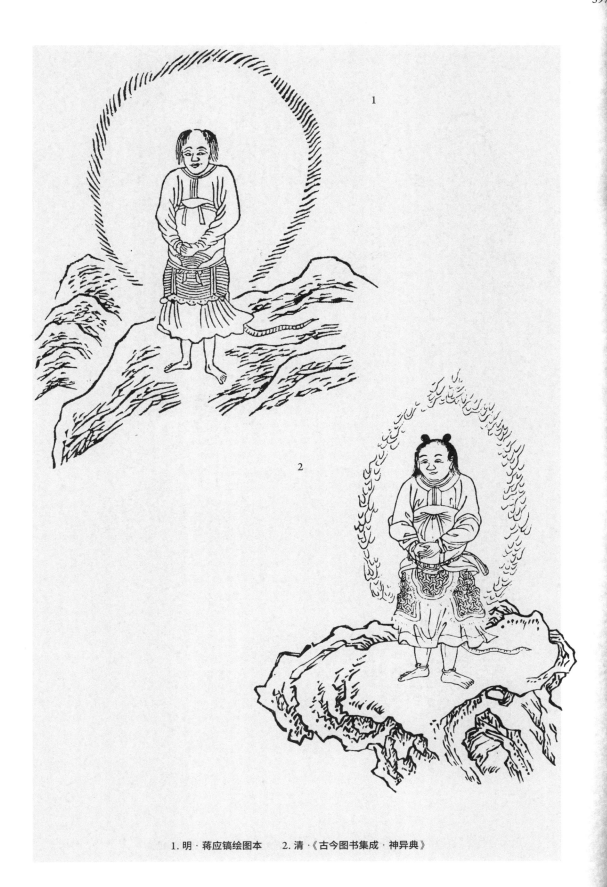

1. 明·蒋应镐绘图本　　2. 清·《古今图书集成·神异典》

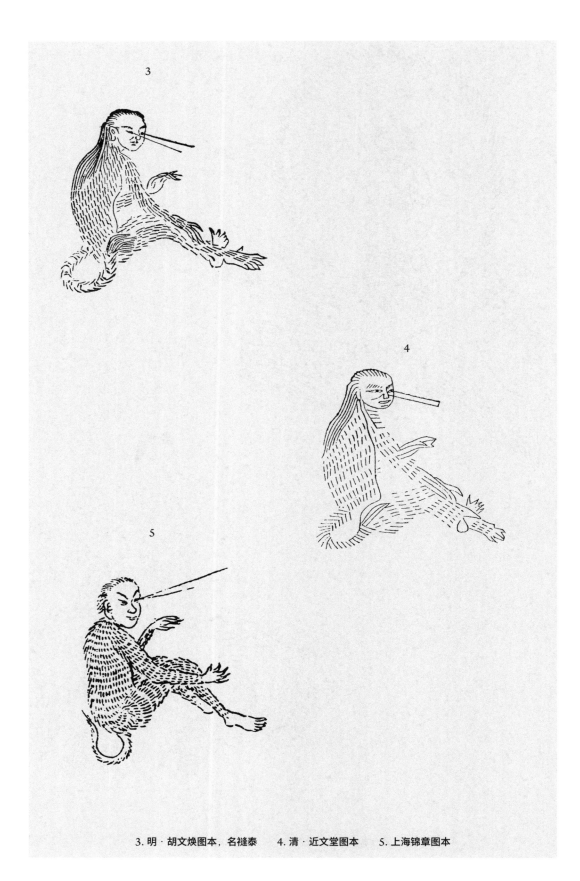

3. 明·胡文焕图本，名縦泰　　4. 清·近文堂图本　　5. 上海锦章图本

6

7

6. 清·四川成或因绘图本　　7. 清·汪绂图本

麐

yín

西五十里曰扶猪之山。其上多礝石。有兽焉，其状如貉而人目，其名曰麐。虢水出焉，而北流注于洛，其中多瓀石。

　　麐（音银）是麋鹿类怪兽，样子像貉，却长着人的眼睛。《玉篇》《广韵》引此经，"人目"作"八目"，郝注认为有误；而郭璞《图赞》正作"八目"，可见神话在流传中经常会产生变异。

　　郭璞《图赞》："有兽八目，厥号曰麐。"

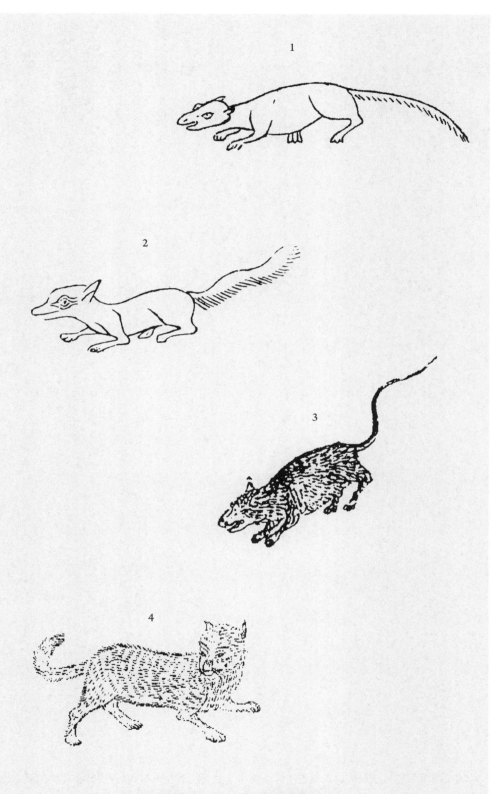

1. 明·蒋应镐绘图本　　2. 清·四川成或因绘图本
3. 清·汪绂图本　　4. 清·《古今图书集成·禽虫典》

犀渠

xī
qú

又西一百二十里曰釐山。其阳多玉，其阴多蒐。有兽焉，其状如牛，苍身，其音如婴儿，是食人，其名曰犀渠。滽滽之水出焉，而南流注于伊水。有兽焉，名曰颉，其状如獳犬，而有鳞，其毛如彘鬣。

犀渠属犀牛类，是一种食人畏兽；样子像牛，色苍，其叫声有如婴儿啼哭。《吴都赋》说"户有犀渠"，想是古人用此兽皮蒙楯，故名楯为犀渠。

郭璞《图赞》："犀渠如牛，亦是啖人。"

1. 明·蒋应镐绘图本　　2. 清·四川成或因绘图本
3. 清·汪绂图本　　4. 清·《古今图书集成·禽虫典》

獗

jié

又西一百二十里曰釐山。其阳多玉，其阴多蒐。有兽焉，其状如牛，苍身，其音如婴儿，是食人，其名曰犀渠。滽滽之水出焉，而南流注于伊水。有兽焉，名曰獗，其状如獳犬，而有鳞，其毛如彘鬣。

獗（**音结**）是一种奇兽，样子像多毛的獳犬，却身披鳞甲，鳞间有毛如猪鬣。汪绂注：獗，犬之多毛者。此兽其体有鳞，而毛鳞间如彘鬣也。

獗图有二形：

其一，披鳞之犬，如 **图1**，**图3** 鳞甲只在蹄足上部，**图4、5、6**；

其二，不披鳞之犬，如 **图2**。

郭璞《图赞》："獗若青狗，有鬣被鲜。"

1. 明·蒋应镐绘图本　　2. 清·四川成或因绘图本

3

4

3. 清 · 近文堂图本　　4. 清 · 汪绂图本

607

5

6

5. 清·《古今图书集成·禽虫典》　6. 上海锦章图本

人面兽身神

rén
miàn
shòu
shēn
shén

凡釐山之首自鹿蹄之山至于
玄扈之山，凡九山，千六百
七十里。其神状皆人面兽身，
其祠之：毛用一白鸡，祈而
不糈，以采衣之。

1

　　鹿蹄山至玄扈山共九座山，其山神都是人面兽身神。祭祀他们，毛物用一只披上彩帛的白鸡，取
血涂祭，不用精米，与祭拜其他山神不同。

　　今见蒋绘本的人面兽身神为人状神，人面兽身，兽足兽尾，披鳞状皮毛，上身着短披肩，下身围
腰短裤。此神一脸祥和，前蹄置于胸前作人拱手状，后蹄着地作人站立状。《神异典》中的此山神名
为"鹿蹄山至元扈山共九山之神"，其图像似采自蒋本。而汪绂本称此山神为中山神，兽形神，人面
兽身，蹲坐在地上。

2

3

4

1. 清·汪绂图本，名中山神　　2. 清·四川成或因绘图本
3. 明·蒋应镐绘图本　　4. 清·《古今图书集成·神异典》

䬤鸟

dì
niǎo

东三百里曰首山。其阴多榖、柞，其草多荒、芫。其阳多㻬琈之玉。木多槐。其阴有谷曰机谷，多䬤鸟，其状如枭而三目有耳，其音如录，食之已垫。

䬤（音地）鸟是三目奇鸟，样子像枭（一说像鸮，又说像乌，今见诸本各图大都像猛禽枭），三目有耳，其鸣声有如猪叫，据说吃了它的肉可治湿气病。

郭璞《图赞》："三眼有耳，厥状如枭。"

䬤鸟图有二形：

其一，三目枭，如图 1、2、3、4；

其二，似二目枭，如图 5、6。

1. 明·蒋应镐绘图本　　2. 清·吴任臣康熙图本　　3. 清·近文堂图本
4. 上海锦章图本　　5. 清·四川成或因绘图本　　6. 清·汪绂图本

骄虫

jiāo
chóng

中次六经缟羝山之首曰平逢之山。南望伊、洛，东望穀城之山。无草木，无水，多沙石。有神焉，其状如人而二首，名曰骄虫，是为螫虫，实惟蜂蜜之庐。其祠之：用一雄鸡，禳而勿杀。

双头怪神骄虫是平逢山山神，又是螫虫之神；样子很怪，长得像人，却有两个脑袋。由于他是螫虫的首领，他所管辖的平逢山便成了蜜蜂酿蜜的地方。汪绂在注中说：言此神为螫人之虫之主，而此山为蜜蜂所聚之舍也。

图6 其骄虫图包括两个图像：骄虫与蠭（蜂），表示骄虫是蜂虫的首领。

1. 明·蒋应镐绘图本　　2. 清·《古今图书集成·神异典》

3

4

3. 明·胡文焕图本　　4. 清·四川成或因绘图本

615

5.清·汪绂图本　　6.清·毕沅图本　　7.上海锦章图本

鸰鹬

líng
yào

又西十里曰厱山。其阴多㻬琈之玉。其西有谷焉，名曰藿谷，其木多柳、楮。其中有鸟焉，状如山鸡而长尾，赤如丹火而青喙，名曰鸰鹬，其鸣自呼，服之不眯。交觞之水出于其阳，而南流注于洛，俞随之水出于其阴，而北流注于榖水。

　　鸰鹬（音铃要）是一种奇鸟，样子像山鸡，青嘴喙，却长着长长的尾巴，颜色鲜艳，赤如丹火，其叫声有如呼唤自己的名字。据说吃了它的肉可不做恶梦，又说可以辟妖。

　　郭璞《图赞》："鸟似山鸡，名曰鸰鹬。赤若丹火，所以辟妖。"

1. 明·蒋应镐绘图本　　2. 清·四川成或因绘图本
3. 清·汪绂图本　　4. 清·《古今图书集成·禽虫典》

618

中山经　中次六经

又西七十二里曰密山。其阳
多玉，其阴多铁。豪水出焉，
而南流注于洛。其中多旋龟，
其状鸟首而鳖尾，其音如判
木。无草木。

旋龟

xuán
guī

* 鳖尾

《山海经》中的旋龟有二。其一已见《南山经》，杻阳山的旋龟鸟首虺尾，音如判木；其二为此密山之旋龟，其状鸟首鳖尾，叫起来就像敲击破木的声音，其形状与上述旋龟略有不同。

郭璞《图赞》："声如破木，号曰旋龟。"

中山经　中次六经

又西五十里曰橐山，其木多
樗，多楠（音备）木。其阳
多金、玉，其阴多铁多萧。
橐水出焉，而北流注于河。
其中多脩辟之鱼，状如黾而
白喙，其音如鸱，食之已白
癣。

脩辟鱼

xiū
pì
yú

脩（音修）辟鱼是一种奇鱼，样子像蛙，白嘴喙，叫起来像鸱，据说吃了它的肉可治白癣。

郭璞《图赞》："脩辟似黾，厥鸣如鸱。"

619

1.明·蒋应镐绘图本　　2.清·四川成或因绘图本　　3.清·汪绂图本

1

2　　　　　　　　　　　　3

1　　　　　　　　　　　2

1.清·汪绂图本　　2.清·《古今图书集成·禽虫典》

山膏

shān gāo

又东二十里曰苦山。有兽焉，名曰山膏，其状如逐，赤若丹火，善詈。其上有木焉，名曰黄棘，黄华而员叶，其实如兰，服之不字。有草焉，员叶而无茎，赤华而不实，名曰无条，服之不瘿。

山膏即山都，是一种怪兽，样子像猪，红色，艳若丹火；此兽的特征是好骂人。《事物绀珠》说，山膏若豚，赤若火。

郭璞《图赞》："山膏如豚，厥性好骂。"

天愚

tiān yú

又东二十七里曰堵山。神天愚居之，是多怪风雨。其上有木焉，名曰天楄，方茎而葵状，服者不咽。

天愚是堵山的山神，其职能专司怪风怪雨。

1. 清·汪绂图本　　2. 清·《古今图书集成·禽虫典》

1

2

1

1. 清·汪绂图本

文文

wén
wén

中山经　中次七经

又东五十二里曰放皋之山。
明水出焉，南流注于伊水，
其中多苍玉。有木焉，其叶
如槐，黄华而不实，其名曰
蒙木，服之不惑。有兽焉，
其状如蜂，枝尾而反舌，善
呼，其名曰文文。

文文是一种怪兽，样子像蜂，尾巴两岐，舌头如百舌鸟般善翻弄，好呼唤。汪绂注：枝尾，尾两岐也；反舌，舌善翻弄如百舌鸟也。《骈雅》记，蛊雕如雕而戴角，文文如蜂而反舌。

文文是兽，形象似蜂，由于经文的不确定性，其图像有二形：

其一，蜂形，如**图1**；

其二，兽状，细腰似蜂、尾岐，如**图2**。

郭璞《图赞》："文兽如蜂，枝尾反舌。"

三足龟

sān
zú
guī

中山经　中次七经

又东五十七里曰大苦之山。
多琈琈之玉，多麋玉。有草
焉，其叶状如榆，方茎而苍
伤，其名曰牛伤，其根苍
文，服者不厥，可以御兵。其阳
狂水出焉，西南流注于伊水。
其中多三足龟，食者无大疾，
可以已肿。

三足龟又名贲龟，是一种吉祥的动物。《尔雅·释鱼》说，龟三足，名贲。据郭璞记载，今吴兴阳羡县有君山，山上有池，水中有三足六眼龟。李时珍《本草纲目》特别注意到三足龟的药用价值，说食之可辟时疾、消肿。

郭璞《图赞》："造物维均，靡偏靡颇。少不为短，长不为多。贲能三足，何异鼋鼍。"

1. 清·汪绂图本　　2. 清·《古今图书集成·禽虫典》

1. 明·蒋应镐绘图本　　2. 清·郝懿行图本　　3. 上海锦章图本

鲐鱼
lún yú

又东七十里曰半石之山。其上有草焉，生而秀，其高丈馀，赤叶赤华，华而不实，其名曰嘉荣，服之者不霆。来需之水出于其阳，而西流注于伊水。其中多鲐鱼，黑文，其状如鲋，食者不睡。合水出于其阴，而北流注于洛。多縢鱼，状如鳜，居逵，苍文赤尾，食者不痈，可以为瘘。

鲐（**音伦**）鱼是一种异鱼，样子像鲫鱼，身有黑色斑纹，食之可以消肿。

縢鱼
téng yú

又东七十里曰半石之山。其上有草焉，生而秀，其高丈馀，赤叶赤华，华而不实，其名曰嘉荣，服之者不霆。来需之水出于其阳，而西流注于伊水。其中多鲐鱼，黑文，其状如鲋，食者不睡。合水出于其阴，而北流注于洛。多縢鱼，状如鳜，居逵，苍文赤尾，食者不痈，可以为瘘。

縢（**音腾**）鱼也是一种异鱼，样子像鳜鱼，身有苍色斑纹，尾巴红赤，喜欢生活在水中穴道的交通处；传说吃了它的肉可不得化脓性痈肿，也可治瘘病。《玉篇》记，縢鱼似鲋，苍文赤尾。

郭璞《图赞》："縢鱼青斑，处于逵穴。"

1. 明·蒋应镐绘图本　　2. 清·四川成或因绘图本
3. 清·汪绂图本　　4. 清·《古今图书集成·禽虫典》

1. 清·汪绂图本

豕身人面神

shǐ
shēn
rén
miàn
shén

凡苦山之首自休与之山至于
大騩之山，凡十有九山，千
一百八十四里。其十六神者，
皆豕身而人面，其祠：毛牷，
用一羊羞，婴用一藻玉，瘗。
苦山、少室、太室皆冢也，
其祠之：太牢之具，婴以吉
玉。其神状皆人面而三首，
其余属皆豕身人面也。

1

苦山山脉自休与山至大騩山共十九座山，这十九座山的山神有两种形貌；

其一，十九座山之中，苦山、少室、太室三座山属于冢，其山神为人面三首神；

其二，其余十六座山的山神名十六神，其形貌都是人面猪身神。

1.明·蒋应镐绘图本　　2.清·四川成或因绘图本
3.清·汪绂图本，名中山十六神　　4.清·《古今图书集成·神异典》，名十六神

人面三首神

rén
miàn
sān
shǒu
shén

凡苦山之首自休与之山至于大騩之山，凡十有九山，千一百八十四里。其十六神者，皆豕身而人面，其祠：毛牷，用一羊羞，婴用一藻玉，瘗。苦山、少室、太室皆冢也，其祠之：太牢之具，婴以吉玉。其神状皆人面而三首，其余属皆豕身人面也。

苦山山脉自休与山至大騩山有十九座山，其中的苦山、少室、太室三山属于冢。冢位于高山之巅，是祭神的圣地，山神的居所，又是祖先的家园，灵魂回归之所，是先民向往的地方。对冢的祭祀要比一般山神规格高，要用太牢，即牛羊猪三牲大礼。苦山、少室、太室三山的山神，都是人面三首神。

1

2　　　　　　3

4

1. 明・蒋应镐绘图本　　2. 清・四川成或因绘图本
3. 清・汪绂图本，名苦山石室神　　4. 清・《古今图书集成・神异典》，名三神

文鱼

wén
yú

中山经　中次八经

中次八经荆山之首曰景山。
其上多金、玉，其木多杼、
檀。睢水出焉，东南流注于
江，其中多丹粟，多文鱼。

文鱼即今石斑鱼，其上有斑彩。《楚辞·九歌·河伯》中有"乘白鼋兮逐文鱼"的诗句，其中的文鱼当即此。

犛牛

lí
niú

中山经　中次八经

东北百里曰荆山。其阴多铁，
其阳多赤金。其中多犛牛，
多豹、虎。其木多松、柏，
其草多竹，多桔、櫾。漳水
出焉，而东南流注于睢，其
中多黄金，多鲛鱼，其兽多
闾、麋。

犛（音狸）牛属旄牛类。《庄子·消遥游》："今夫犛牛，其大若垂天之云。"

1. 清 · 汪绂图本

1

1

1. 清 · 汪绂图本

豹

bào

东北百里曰荆山。其阴多铁，其阳多赤金。其中多犛牛，多豹、虎。其木多松、柏，其草多竹，多桔、櫄。漳水出焉，而东南流注于睢，其中多黄金，多鲛鱼，其兽多闾、麋。

　　豹是一种猛兽，似虎而圈文。李时珍《本草纲目》说，豹有数种：《山海经》有元豹；《诗》有赤豹，尾赤而文黑也；《尔雅》有白豹，即貘也，毛白而文黑。郭璞注云，貘能吃铜铁。

鲛鱼

jiāo
yú

东北百里曰荆山。其阴多铁，其阳多赤金。其中多犛牛，多豹、虎。其木多松、柏，其草多竹，多桔、櫄。漳水出焉，而东南流注于睢，其中多黄金，多鲛鱼，其兽多闾、麋。

　　鲛鱼即今鲨鱼，又称沙鱼。李时珍《本草纲目》说：鲛，皮有沙，其文交错鹊驳，故有鲛鱼、沙鱼、鳍鱼、鳆鱼、溜鱼诸名。郭璞说，鲛，皮有珠文而坚，尾长三四尺，末有毒，螫人；皮可饰刀剑，口错治材角，今临海郡亦有之。《南越志》所记鲛鱼的故事很有趣：环雷鱼，鳍鱼也，长丈许。腹有两洞，腹贮水养子，一腹容二子；子朝从口中出，暮还入腹。鳞皮有珠，可饰刀剑。

　　郭璞《图赞》："鱼之别属，厥号曰鲛。珠皮毒尾，匪鳞匪毛。可以错角，兼饰剑刀。"

1. 清·汪绂图本

1. 明·蒋应镐绘图本　　2. 清·四川成或因绘图本
3. 清·汪绂图本　　4. 清·《古今图书集成·禽虫典》

𪚥围

tuó
weí

又东北百五十里曰骄山。其
上多玉，其下多青雘。其木
多松、柏，多桃枝、钩端。
神𪚥围处之，其状如人面，
羊角虎爪，恒游于雎、漳之
渊，出入有光。

　　𪚥（音驼）围是骄山山神，样子像人，却长着羊的角，虎的爪子，常喜欢在雎水和漳水的深渊里游玩，出入各处时，身上都会发出亮光。

　　𪚥围图有二形：

　　其一，人面羊角兽身，作人站立状，如图1、2、3、4；

　　其二，人面羊角兽身，作兽卧状，如图5、6、7。

　　郭璞《图赞》："涉𪚥三脚，𪚥围虎爪。"

1. 明·蒋应镐绘图本　　2. 清·《古今图书集成·神异典》

635

636

3

4

3. 清·四川成或因绘图本　　4. 清·汪绂图本

637

5. 清·近文堂图本　　6. 清·《古今图书集成·禽虫典》　　7. 上海锦章图本

麂

jǐ

又东北百二十里曰女几之山。其上多玉，其下多黄金。其兽多豹、虎，多闾、麋、麖、麂，其鸟多白鹇，多翟，多鸩。

麂（音几）属麇鹿类。郭璞注，麂似獐而大。李时珍《本草纲目》说，麂居大山中，似獐而小，雄麂有短角，麛（音黎）色，豹脚，脚矮而力劲，善跳越，其行草莽，但循一径。皮极细腻，靴袜珍之。或云亦好食蛇。

1

1. 清 · 汪绂图本

鸩

zhèn

*食蛇毒鸟

又东北百二十里曰女几之山。其上多玉，其下多黄金。其兽多豹、虎，多闾、麋、麐、麂，其鸟多白䳘，多翟，多鸩。

　　《山海经》中的鸩有二：一是此女几山之鸩，是一种食蛇的毒鸟。郭璞说，鸩大如雕，紫绿色，长颈赤喙，食腹蛇头。《尔雅翼》的记载很详细："鸩，毒鸟也，似鹰而大如鸮也，紫黑色，长颈赤喙。雄名运日，雌名阴谐。天晏静无云，则运日先鸣；天将阴雨，则阴谐鸣之。故《淮南子》云，运日知晏，阴谐知雨也。食蝮蛇及豫实。知巨石大木间有蛇虺，即为禹步以禁之，或独或群，进退俯仰有度，逡巡石树，为之崩倒。凡鸩饮水处，百虫吸之皆死。"李时珍在《本草纲目》中指出了鸩与运日的不同："陶弘景曰，鸩与鸆（即运）日是两种。鸩鸟状如孔雀，五色杂斑、高大，黑颈赤喙，出广之深山中。鸆日状如黑伦鸡，作声似云同力，故江东人呼为同力鸟；并啖蛇，人误食其肉立死，并疗蛇毒。昔人用鸩毛为毒酒，故名鸩酒。"二是《中次十一经》瑶碧山之鸩，其状如雉，爱食臭虫。

　　郭璞《图赞》："蝮为毒魁，鸩鸟是啖。拂翼鸣林，草瘁木惨。羽行隐戮，厥罚难犯。"

1. 明·蒋应镐绘图本　　2. 清·四川成或因绘图本
3. 清·汪绂图本　　4. 清·《古今图书集成·禽虫典》

计蒙

 jì
méng

又东百三十里曰光山。其上多碧，其下多木。神计蒙处之，其状人身而龙首，恒游于漳渊，出入必有飘风暴雨。

　　光山山神计蒙是个龙首人身的怪神，又是风雨之神，常在漳渊游玩，他出入之处，必伴有狂风暴雨。汪绂指出，今安陆、光州（**现潢川**）之间奉有金龙神，可能就是计蒙神。汪绂从民间信仰的角度去考察《山海经》，很值得注意。

　　郭璞《图赞》："计蒙龙首，独禀异表。升降风雨，茫茫渺渺。"

643

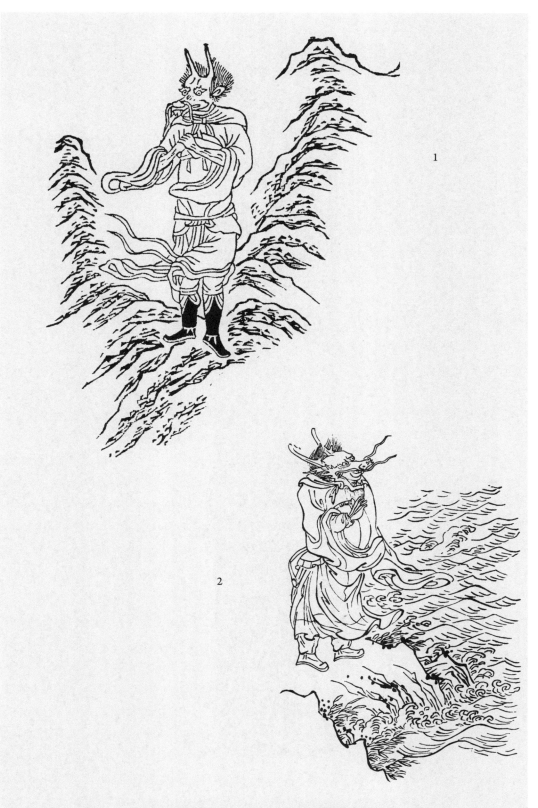

1. 明·蒋应镐绘图本　　2. 清·《古今图书集成·神异典》

3

4

3. 清 · 近文堂图本　　4. 清 · 四川成或因绘图本

5. 清·汪绂图本　　6. 上海锦章图本

涉𧍢

shè
tuó

中山经　中次八经

又东百五十里曰岐山。其阳多赤金，其金阴多白珉，其上多金、玉，其下多青雘，其木多樗。神涉𧍢处之，其状人身而方面、三足。

1

岐山山神涉𧍢（**音驼**）是个三足怪神，长着人的身子，一张四方脸，三条腿。

郭璞《图赞》："涉𧍢三脚，𧍢围虎爪。"

647

2

3

4

1. 清 · 汪绂图本　　2. 清 · 四川成或因绘图本
3. 明 · 蒋应镐绘图本　　4. 清 ·《古今图书集成 · 神异典》

鸟身人面神

niǎo
shēn
rén
miàn
shén

凡荆山之首自景山至琴鼓之山，凡二十三山，二千八百九十里。其神状皆鸟身而人面，其祠：用一雄鸡祈、瘗，用一藻圭，糈用稌。骄山冢也，其祠：用羞酒、少牢祈、瘗，婴毛一璧。

1

　　自景山至琴鼓之山共二十三山，其山神都是鸟身人面神。祭祀这一山系的山神，毛物用一只雄鸡取血涂祭后埋入地里，祀神用一块藻玉和稻米。

　　今见蒋绘本此神鸟身人面，鸟翼鸟足，羽毛丰满华丽，正翘首在山上张望。《神异典》称此神为"景山至琴鼓山共二十三山之神"，其形象为一只矫健的人面大鸟。汪绂本的鸟身人面中山神为人面长尾鸟，展开双翅正要飞翔。

1. 清·汪绂图本，名中山神　2. 明·蒋应镐绘图本
3. 清·四川成或因绘图本　4. 清·《古今图书集成·神异典》

又东北三百里曰岷山。江水出焉，东北流注于海，其中多良龟，多鼍。其上多金、玉，其下多白珉。其木多梅、棠。其兽多犀、象，多夔牛。其鸟多翰、鷩。

鼍

tuó

鼍（音驼），一作鱓，俗称猪龙婆。郭璞说，鼍似蜥蜴，大者长二丈，有鳞彩，皮可以冒鼓。汪绂说，鼍四足，能横飞，不能直腾；能作雾，不能为雨。善崩岸，健啖鱼，善睡，夜鸣应更漏，皮可冒鼓。

1.明·蒋应镐绘图本　　2.清·四川成或因绘图本
3.清·汪绂图本　　4.清·《古今图书集成·禽虫典》

夔牛

kuí
niú

又东北三百里曰岷山。江水出焉，东北流注于海，其中多良龟，多鼍。其上多金、玉，其下多白珉。其木多梅、棠。其兽多犀、象，多夔牛。其鸟多翰、鷩。

　　夔牛是一种大牛。郭璞注："今蜀山中有大牛，重数千斤，名曰夔牛，即《尔雅》所谓犪（今本为犫）。"《初学记》卷二十九记："犪牛，如牛而大，肉数千斤，出蜀中。夔牛重千斤，晋时此牛出上庸郡。"

　　郭璞《图赞》："西南巨牛，出自江岷。体若垂云，肉盈千钧。虽有逸力，难以挥轮。"

怪蛇

*马绊蛇

guài
shé

又东一百五十里曰崃山。江水出焉，东流注于大江，其中多怪蛇，多鳌鱼。其木多楢、杻，多梅、梓。其兽多夔牛、麢、臭、犀、兕。有鸟焉，状如鸮而赤身白首，其名曰窃脂，可以御火。

　　怪蛇又称钩蛇、马绊蛇。郭璞说，今永昌郡有钩蛇，长数丈，尾岐，在水中钩取岸上人、牛、马啖之，又呼马绊蛇。

1.清·汪绂图本

1

1

1.清·汪绂图本

窃脂

qiè
zhī

又东一百五十里曰崌山。江水出焉，东流注于大江，其中多怪蛇，多鳌鱼。其木多楢、杻，多梅、梓。其兽多夔牛、羬、臭、犀、兕。有鸟焉，状如鸮而赤身白首，其名曰窃脂，可以御火。

　　窃脂是一种避火奇鸟，样子像鸮，赤身白首，据说可御火避灾。胡文焕图说："崌山有鸟，状如鸮，赤身白首，名曰窃脂。其嘴曲可御火。"吴任臣说，窃脂有三种，九鳸（**音户，农桑候鸟的统称**）中窃玄、窃黄、窃脂。窃是浅的意思，窃脂为浅白色。

1. 明·蒋应镐绘图本　　2. 明·胡文焕图本　　3. 清·四川成或因绘图本
4. 清·汪绂图本　　5. 清·《古今图书集成·禽虫典》

狘狼

shì
láng

又东四百里曰蛇山。其上多
黄金，其下多垩。其木多枸，
多豫章。其草多嘉荣、少辛。
有兽焉，状如狐而白尾长耳，
名狘狼，见则国内有兵。

狘（音是）狼是灾兽，样子像狐，白尾长耳；它出现的地方，那里便有兵乱，或说国有乱。

郭璞《图赞》："狘狼之出，兵不外击。雍和作恐，猰乃流疫。同恶殊灾，气各有适。"

1

2

4

3

1. 明·蒋应镐绘图本　　2. 清·四川成或因绘图本
3. 清·汪绂图本　　4. 清·《古今图书集成·禽虫典》

蜼

wěi

又东五百里曰崃山。其阳多金，其阴多白珉。蒲鸘之水出焉，而东流注于江，其中多白玉。其兽多犀、象、熊、罴，多猨、蜼。

蜼（音伟）属猕猴类。郭璞注，蜼似猕猴，鼻露上向，尾四五尺，头有岐，苍黄色。雨则自悬树，以尾塞鼻孔，或以两指塞之。《尔雅·释兽》说，蜼邛鼻而长尾。又说，江东人亦取养之，为物捷健。

古有蜼彝，蜼是雨的表征，《尔雅翼》以蜼、龙、雉与虎为例，从形与义两个方面说明古人对象征的理解，形象而生动："古者有蜼彝，画蜼于彝，谓之宗彝。又施之象服，夫服器必取象，此等者非特以其智而已，盖皆有所表焉。夫八卦六子之中，日月星辰可以象指者也，云雷风雨难以象指者也。故画龙以表云，画雉以表雷，画虎以表风，画蜼以表雨。凡此皆形著于此，而义表于彼，非为是物也。"这就是我们今天所说的象征。

郭璞《图赞》："寓属之才，莫过于蜼。雨则自悬，塞鼻以尾。厥形虽随，列象宗彝。"

1

2

3

4

1. 明·蒋应镐绘图本　　2. 清·四川成或因绘图本
3. 清·汪绂图本　　4. 清·《古今图书集成·禽虫典》

熊山神

xióng
shān
shén

又东一百五十里曰熊山。有穴焉，熊之穴，恒出神人，夏启而冬闭。是穴也，冬启乃必有兵。其上多白玉，其下多白金。其木多樗、柳，其草多寇脱。

　　熊山神是熊山的山神。此山有一奇穴，夏启而冬闭；如冬天此穴开启，必有兵乱。郭璞注："今邺西北有鼓山，下有石鼓，象悬着山旁，鸣则有军事，与此穴殊象而同应。"郝懿行按："刘逵注《魏都赋》引《冀州图》，邺西北鼓山，山上有石鼓之形，俗言时时自鸣。刘劭《赵都赋》曰，神钲发声，俗云石鼓鸣，则天下有兵革之事，是郭所本也。《水经注·渭水上》云，朱圉山在梧中聚，有石鼓，不击自鸣，鸣则兵起，亦此类。"《水经注异闻录》记：（燕山）悬岩之侧，有石鼓。去地百余丈，望若数百石囷。有石梁贯之。鼓之东南，有石援桴，状同击势。耆旧言：燕山石鼓鸣，则土有兵。

　　郭璞《图赞·熊穴》："熊山有穴，神人是出。与彼石鼓，象殊应一。祥虽先出，厥事非吉。"

1

1. 清 · 汪绂图本

马身龙首神

mǎ
shēn
lóng
shǒu
shén

凡岷山之首自女几山至于贾超之山，凡十六山，三千五百里。其神状皆马身而龙首，其祠：毛用一雄鸡，瘗，糈用稌。文（岷）山、勾檷、风雨、騩之山，是皆冢也，其祠之：羞酒，少牢具，婴毛一吉玉。熊山，帝也，其祠：羞酒，太牢具，婴毛一璧。干舞，用兵以禳，祈，璆冕舞。

　　自女几山至贾超山共十六座山，其山神都是马身龙首神。今见蒋绘本的马身龙首山神作人状，独角冲天，龙须两分，马身魁梧，两只前蹄前伸，两只后蹄作人站立状。《神异典》称此神为"女几山至贾超山共十六山之神"，其造型采自蒋本。而汪绂本的马身龙首中山神是兽形神，龙首后仰，马身披上长长的鬃毛，十分威风。

662

1. 明·蒋应镐绘图本　2. 清·汪绂图本，名中山神　3. 清·《古今图书集成·神异典》

跂踵

qǐ
zhǒng

又西南二十里曰复州之山。
其木多檀。其阳多黄金。有
鸟焉，其状如鸮，而一足、
彘尾，其名曰跂踵，见则其
国大疫。

跂踵为一足鸟，传为兆疫之鸟。样子像鸮（**一作鸡**），一足，猪尾。《骈雅》说，絜钩、跂踵，兆
疫鸟也。

郭璞作铭："跂踵为鸟，一足似夔。不为乐兴，反以来悲。"又《图赞》："青耕御疫，跂踵降灾。
物之相反，各以气来。见则民咨，实为病媒。"

1. 明·蒋应镐绘图本　　2. 清·吴任臣康熙图本　　3. 清·近文堂图本
4. 清·汪绂图本　　5. 清·《古今图书集成·禽虫典》

鸜鹆

qú
yù

又西二十里曰又原之山。其阳多青雘，其阴多铁。其鸟多鸜鹆。

鸜鹆（**音渠欲**）又名鸲鹆，俗名八哥。汪绂说，鸜鹆，八哥也，色黑而翅有白毛，头有毛帻，大如百舌，好群飞。人家畜之，翦治其舌，能效人言。李时珍说，此鸟好浴水，其睛瞿瞿然，故名。天寒欲雪则群飞。

1. 明·蒋应镐绘图本 2. 清·四川成或因绘图本
3. 清·汪绂图本 4. 清·《古今图书集成·禽虫典》

龙身人面神

lóng
shēn
rén
miàn
shén

凡首阳山之首自首山至于丙山，凡九山，二百六十七里。其神状皆龙身而人面，其祠之：毛用一雄鸡瘞，糈用五种之糈。堵山，冢也，其祠之：少牢具，羞酒祠，婴毛一璧，瘞。骐山，帝也，其祠：羞酒，太牢具，合巫祝二人舞，婴一璧。

自首阳山至丙山共九座山，其山神都是龙身人面神。

雍和

yōng
hé

又东南三百里曰丰山。有兽焉，其状如猿，赤目赤喙黄身，名曰雍和，见则国有大恐。神耕父处之，常游清泠之渊，出入有光，见则其国为败。有九钟焉，是知霜鸣。其上多金，其下多榖、柞、杻、橿。

雍和是兆灾之猿状兽，样子像猿猴，全身黄色，红眼睛，红嘴喙；它出现在哪里，哪里便有大灾。

郭璞《图赞》："雍和作恐，猴乃流疫。同恶殊灾，气各有适。"

669

1. 清·四川成或因绘图本　2. 清·汪绂图本，名中山神　3. 清·《古今图书集成·神异典》

1

2

3

1

2

1. 清·汪绂图本　2. 清·《古今图书集成·禽虫典》

耕父

gēng
fù

又东南三百里曰丰山。有兽焉，其状如蝯，赤目赤喙黄身，名曰雍和，见则国有大恐。神耕父处之，常游清泠之渊，出入有光，见则其国为败。有九钟焉，是知霜鸣。其上多金，其下多榖、柞、杻、橿。

丰山山神耕父是旱鬼，常在西鄂县（**今南阳**）丰山的清泠之渊游玩。此神出入时，水赤闪闪有光。

郭璞在注中记述了民间祭祀耕父神的情形，说清泠水在西鄂县山上，神来时水赤有光耀，今有屋祠之。

经文没有说明耕父是什么样子，今见耕父图有二形：

其一，猴形，如**图1**；

其二，人形，如**图2、3**。

郭璞《图赞》："清泠之水，在乎山顶。耕父是游，流光洒景。黔首祀祭（**音荧**），以弭灾眚（**音省**）。"

1.明·蒋应镐绘图本　2.清·汪绂图本　3.清·《古今图书集成·神异典》

鸩

*食臭虫

zhèn

又东六十里曰瑶碧之山。其木多柏、楠。其阴多青雘，其阳多白金。有鸟焉，其状如雉，恒食蜚，名曰鸩。

《中山经》之鸩有二。一是《中次八经》女几山善食蛇之毒鸟；二是此瑶碧山上样子像雉、好吃臭虫的鸩。二者不是一回事。郭璞说："蜚，负盘，臭虫。"又说："此更一种鸟，非食蛇之鸩也。"

1. 明·蒋应镐绘图本　　2. 清·四川成或因绘图本　　3. 清·汪绂图本

婴勺

yīng sháo

又东四十里曰支离之山。济水出焉，南流注于汉。有鸟焉，其名曰婴勺，其状如鹊，赤目赤喙白身，其尾若勺，其鸣自呼。多㸲牛，多羬羊。

　　婴勺是一种奇鸟，样子像鹊，红眼睛，红嘴喙，白羽毛，尾巴像酒勺，其叫声有如呼唤自己的名字。《事物绀珠》记，婴勺如鹊，目喙赤，身白，尾若勺。郝懿行说，鹊尾似勺，故后世作鹊尾勺，本此。

　　郭璞《图赞》："支离之山，有鸟似鹊。白身赤眼，厥毛如勺。维彼有斗，不可以酌。"

1. 明 · 蒋应镐绘图本　　2. 清 · 四川成或因绘图本
3. 清 · 汪绂图本　　4. 清 ·《古今图书集成 · 禽虫典》

676

青耕

qīng
gēng

又西北一百里曰堇理之山。其上多松，多美梓，其阳多丹雘，多金。其兽多豹、虎。有鸟焉，其状如鹊，青身白喙，白目白尾，名曰青耕，可以御疫，其鸣自叫。

青耕是御疫之吉鸟，样子像鹊，羽翼青色，嘴喙、眼睛、尾巴都是白色，其叫声有如呼唤自己的名字。据说青耕可御疫禳灾。《事物绀珠》记，青耕如鹊，青身，喙首尾皆白。《骈雅》说，青耕肥遗，御厉鸟也。《读书考定》说，寓辟兵，青耕辟疫。

1. 明·胡文焕图本　　2. 清·汪绂图本

獜

lin

又东南三十里曰依轱之山。
其上多杻、橿，多苴。有兽
焉，其状如犬，虎爪有甲，
其名曰獜，善駚牟，食者不
风。

　　獜（音吝）是狗状兽，样子像狗，却身披鳞甲，长着虎的爪子，喜欢跳跃自扑；据说吃了它的肉可不畏天风，或可疗风痹。

　　郭璞《图赞》："有兽虎爪，厥号曰獜。好自跳扑，鼓甲振奋。若食其肉，不觉风迅。"

679

1.明·蒋应镐绘图本　　2.清·四川成或因绘图本
3.清·汪绂图本　　4.清·《古今图书集成·禽虫典》

三足鳖

sān
zú
biē

又东南三十五里曰从山，其上多松、柏，其下多竹。从水出于其上，潜于其下。其中多三足鳖，枝尾，食之无蛊疫。

三足鳖名能，《尔雅·释鱼》："鳖三足，能。"三足鳖的尾巴分枝，据说食之可无蛊疾。

猴

lì

又东南二十里曰乐马之山。有兽焉，其状如彚，赤如丹火，其名曰猴，见则其国大疫。

猴（音力）是鼠状灾兽，样子像猬鼠，全身红赤，有如丹火；它出现在哪里，哪里便流行灾疫。《十六国春秋》记，南燕太上四年，燕主超祀南郊，有兽类鼠而色赤，集于圜丘之侧，疑即此兽。

郭璞《图赞》："雍和作恐，猴乃流疫。同恶殊灾，气各有适。"

1. 清·汪绂图本

1

1

1. 清·《古今图书集成·禽虫典》

又东南二十五里曰葳山。视水出焉，东南流注于汝水，其中多人鱼，多蛟，多颉。

颉
jiá

颉（**音荚**）是生活在水中的狗状兽，形如青狗。袁珂认为，疑即今之水獭。

又东三十里曰倚帝之山。其上多玉，其下多金。有兽焉，其状如鼣鼠，白耳白喙，名曰狙如，见则其国有大兵。

狙如
jū
rú

狙（**音居**）如是一种鼠状灾兽，样子像鼣（**音吠**）鼠，白耳朵，白嘴巴；它出现的地方，哪里就会有兵乱。汪绂说，鼣鼠如鼠而大，又似兔，色紫绀，其皮可裘。《事物绀珠》记，狙如鼠耳白喙。

郭璞《图赞》："狙如微虫，厥体无害。见则师兴，两阵交会。物之所感，焉有小大。"

1. 清·汪绂图本

1

1

2

3

1.明·蒋应镐绘图本　　2.清·汪绂图本　　3.清·《古今图书集成·禽虫典》

狝即

yí
jì

又东三十里曰鲜山。其木多楮、柚、苴，其草多薲冬，其阳多金，其阴多铁。有兽焉，其状如膜大（犬），赤喙赤目白尾，见则其邑有火，名曰狝即。

　　狝（音移）即为狗状火兽，样子像西膜之犬，嘴巴眼睛都是红色，白尾巴。它出现在哪里，哪里便有火灾，又说见则有兵乱。郝懿行说，膜犬者，即西膜之犬，今其犬高大浓毛，猛悍多力。《事物绀珠》记，狝即如犬，目喙赤，尾白，见则大火。《广韵》说，狝即出则大兵。

　　郭璞《图赞》："梁渠致兵，狝即起灾。"

1.明·蒋应镐绘图本　2.清·汪绂图本　3.清·《古今图书集成·禽虫典》

梁渠

liáng
qú

又东北七十里曰历石之山。
其木多荆、芑。其阳多黄金，
其阴多砥石。有兽焉，其状
如狸而白首虎爪，名曰梁渠，
见则其国有大兵。

梁渠是狸状灾兽，样子像狸，白脑袋，长着老虎爪子。它出现在哪里，哪里便有兵乱。

郭璞《图赞》："梁渠致兵，狻即起灾。"

1. 明·蒋应镐绘图本　　2. 清·四川成或因绘图本
3. 清·汪绂图本　　4. 明·胡文焕图本　　5. 清·《古今图书集成·禽虫典》

𩴂鵨

zhǐ
tú

又东二百里曰丑阳之山。其上多椆、椐。有鸟焉，其状如乌而赤足，名曰𩴂鵨，可以御火。

𩴂鵨（音指徒），一作驱余，是一种御火之鸟。样子像乌鸦，足爪红色。

郭璞《图赞》："梁渠致兵，狪即起灾。𩴂鵨辟火，物各有能。"

1. 明·胡文焕图本，名鸣鹟　　2. 清·汪绂图本　　3. 清·《古今图书集成·禽虫典》，名鸣鹟

闻獜

wén
lín

又东三百五十里曰几山。其木多楮、檀、杻，其草多香。有兽焉，其状如彘，黄身白头白尾，名曰闻獜，见则天下大风。

　　闻獜（音邻）为猪状风兽，样子像猪，黄身，头尾皆白；它出现在哪里，哪里便有大风。《骈雅》说，闻獜，黄彘也。《谈荟》说，风兽兆风，闻獜之兽，见则天下大风。《事物绀珠》记，闻獜如猪，黄身，头尾白。又说，彘如彘，黄身，首尾白，亦斯兽也。胡文焕图本的闻獜名彘，即据此而来。胡氏图说："彘状如彘，黄身，白首白尾，见则大风。"

　　闻獜图有二形：

　　其一，猪状兽，如图1、2、3；

　　其二，人面兽，如图4。

　　郭璞《图赞》："闻獜之见，大风乃来。"

1. 明·胡文焕图本，名羲　　2. 清·汪绂图本
3. 清·《古今图书集成·禽虫典》　　4. 日本《怪奇鸟兽图卷》图本，名羲

彘身人首神

zhì
shēn
rén
shǒu
shén

凡荆山之首自翼望之山至于
几山，凡四十八山，三千七
百三十二里。其神状皆彘身
人首，其祠：毛用一雄鸡祈，
瘗用一珪，糈用五种之精。
禾山，帝也，其祠：太牢之
具，羞瘗，倒毛，用一璧，
牛无常。堵山、玉山、冢也，
皆倒祠，羞毛少牢，婴毛吉
玉。

自翼望山至凡山共四十八座山，其山神都是彘身人首神。

1

2

1.清·汪绂图本　　2.清·《古今图书集成·神异典》

694

于儿

yú
ér

中山经　中次十二经

又东一百五十里曰夫夫之山。其上多黄金，其下多青雄黄，其木多桑、楮，其草多竹、鸡鼓。神于儿居之，其状人身而身操两蛇，常游于江渊，出入有光。

　　夫夫山的山神于儿是个怪神，他的样子是人，却身缠两蛇，常在江渊游玩，他出入各处，身上亮光闪闪。郝懿行认为于儿是愚公故事中的操蛇之神，他说，《列子·汤问篇》说愚公事，云操蛇之神闻之，告之于帝。操蛇之神盖即此。

　　汪绂推测，于儿疑即登山神俞儿。从《山海经》的图与文来看，本经的神于儿，不是汪绂说的俞儿。俞儿是登山神。《管子·小问》第五十一讲述了俞儿的故事，说的是齐桓公北伐孤竹国，在离卑耳之溪不到十里的地方，突然看见有一个身长一尺左右，穿衣戴帽、脱去右边衣袖的小人，骑着马，飞一般地跑过去了。桓公很奇怪，便问管仲。管仲回答说，臣闻登山之神名俞儿，身长仅尺而形貌如人。霸王之君兴，而登山神见。此神策马前走，为人指路。他撩去衣袖，表示前方有水；脱去右边衣袖，表示从右方涉水安全。到了卑耳之溪，渡口的导引者告知：从左方涉水，其深及冠；从右方涉水，才得安全。俞儿的故事未见于《山海经》。但明代胡文焕的《山海经图》与明刻王崇庆《山海经释义·图像山海经》的第一图，都收有俞儿神的图，一衣冠小人骑一小马（图3）。

　　于儿是夫夫山山神，又是江河之神，蛇是他具有神性的标志，也是他沟通两个世界的巫具与动物助手。于儿身上的两条蛇尤其值得注意。《山海经》原来的经文是"其状人身而身操两蛇"，历代注家如汪绂、袁珂等，认为"身操两蛇"不可理解，便改为"手操两蛇"了。但明代蒋应镐等画家把"身操两蛇"理解为身缠二蛇了。

　　郭璞《图赞》："于儿如人，蛇头有两。常游江渊，见于洞广。乍潜乍出，神光惚恍。"

695

1.明·蒋应镐绘图本　2.清·四川成或因绘图本（原图有残）
3.明·胡文焕图本，名俞儿　4.清·汪绂图本　5.清·《古今图书集成·神异典》

帝二女

dì
èr
nǚ

又东南一百二十里曰洞庭之山。其上多黄金，其下多银、铁。其木多柤、梨、橘、櫾，其草多葌、蘪芜、芍药、芎䓖。帝之二女居之，是常游于江渊。澧沅之风，交潇湘之渊，是在九江之间，出入必以飘风暴雨。是多怪神，状如人而载蛇，左右手操蛇，多怪鸟。

帝二女即神二女、尧二女。尧的两个女儿娥皇、女英嫁给舜为妻，故又称有虞二妃。二女死后成为湘江的江神。郭璞说，天帝之二女，处江为神。汪绂记述了二女的故事，说帝之二女谓尧之二女娥皇、女英也。相传谓舜南巡狩，崩于苍梧，二妃奔赴哭之，陨于湘江，遂为湘水之神，屈原《九歌》所称湘君、湘夫人，《列仙传》所谓江妃二女是也。帝二女作为江神、山水之神，常于江渊游玩，出入之处常伴以狂风暴雨。

郭璞《图赞》："神之二女，爱宅洞庭。游化五江，惚恍窈冥。号曰夫人，是维湘灵。"

1．明·蒋应镐绘图本　　2．清·四川成或因绘图本　　3．清·汪绂图本

洞庭怪神

dòng
tíng
guài
shén

又东南一百二十里曰洞庭之山。其上多黄金，其下多银、铁。其木多柤、梨、橘、櫾，其草多葌、蘼芜、芍药、芎藭。帝之二女居之，是常游于江渊。澧沅之风，交潇湘之渊，是在九江之间，出入必以飘风暴雨。是多怪神，状如人而载蛇，左右手操蛇。多怪鸟。

在湘江水神出入的洞庭湖上，还有许多怪神，是洞庭湖之神，又是风雨之神；样子是人，头上盘蛇，左右手操蛇。汪绂在注中说，今洞庭湖中尚多怪神及怪风雨。

1. 清·汪绂图本　　2. 清·《古今图书集成·神异典》，名九江神

蛫

guǐ

又东南二百里曰即公之山。其上多黄金，其下多㻬琈之玉。其林多柳、杻、檀、桑。有兽焉，其状如龟而白身赤首，名曰蛫，是可以御火。

蛫（音鬼）是御火奇兽，样子像龟，头红身白。《事物绀珠》记，蛫状如龟，白身赤首。

蛫图有二形：

其一，龟形，如图1、2；

其二，兽形，如图3、4。

1

2

3   4

1. 明·蒋应镐绘图本　2. 清·四川成或因绘图本
3. 清·汪绂图本　4. 清·《古今图书集成·禽虫典》

又南九十里曰柴桑之山。其上多银，其下多碧，多泠石、赭。其木多柳、芑楮、桑。其兽多麋、鹿，多白蛇、飞蛇。

飞蛇
fēi shé

　　飞蛇即螣蛇，能乘雾而飞。李时珍《本草纲目》说，《山海经》云柴桑多飞蛇。荀子云，螣蛇无足而飞。《韩非子·十过篇》记述了古时候，黄帝合鬼神于西泰山之上，螣蛇伏地的故事。

　　郭璞《图赞》："腾（一作螣）蛇配龙，因雾而跃。虽欲登天，云罢陆莫（一作略）。材（一作仗）非启体，难以久（一作云）托。"

凡洞庭山之首自篇遇之山至于荣余之山，凡十五山、二千八百里。其神状皆鸟身而龙首，其祠：毛用一雄鸡，一牝豚刳，糈用稌。凡夫夫之山、即公之山、尧山、阳帝之山，皆冢也，其祠皆肆瘗，祈用酒，毛用少牢，婴毛，一吉玉。洞庭、荣余山，神也，其祠皆肆瘗，祈酒太牢祠，婴用圭璧十五，五采惠之。

鸟身龙首神
niǎo shēn lóng shǒu shén

　　自篇遇山至荣余山共十五座山，其山神都是鸟身龙首神。

1. 清·汪绂图本　2. 清·《古今图书集成·禽虫典》，名螣蛇

1. 清·汪绂图本，名中山神　2. 清·《古今图书集成·神异典》

第六卷

海外南经

结匈国

jié
xiōng
guó

结匈国在其西南，其为人结匈。

据《淮南子·地形训》记，海外有三十六国，自西南至东南方，有结胸民；结匈国在灭蒙鸟西南，其人的前胸都突起一大块，就像男人的喉结一样。

1. 明·蒋应镐绘图本　　2. 清·四川成或因绘图本　　3. 清·《古今图书集成·边裔典》

羽民国

yǔ
mín
guó

海外南经

羽民国在其东南，其为人长头，身生羽。一曰在比翼鸟东南，其为人长颊。

羽民国是《淮南子》所记海外三十六国之一，在结匈国东南，一说在比翼鸟东南。这个国家的人，脑袋和脸颊都是长长的，白头发，红眼睛，长着鸟的尖喙，背上还生有一对翅膀，能飞，却飞不远。他们也和飞鸟一样，是从蛋里孵出来的。郭璞说，能飞不能远，卵生。《启筮》描写羽民之状，说是鸟喙赤目而白首。据晋张华《博物志·外国》记载，羽民国民，有翼，飞不远，多鸾鸟，民食其卵。去九疑（**即九嶷山**）四万三千里。可知羽民国是神话中的殊方异域。

《楚辞·远游》说："仍羽人于丹丘兮，留不死之旧乡。"羽人的形象来源于《山海经》。郭璞在注中说，画似仙人也。郝懿行也说，郭云画似仙人者，谓此经图画如此也。可知《山海经》以图为文的叙事风格。

郭璞《图赞》："鸟喙长颊，羽（**一作厥**）生则卵。矫翼而翔，能飞不远。人维保属，何状之反。"

1.明·蒋应镐绘图本　2.清·近文堂图本

3

4

3. 清·四川成或因绘图本　4. 清·汪绂图本

5

6

5. 清 ·《古今图书集成 · 边裔典》　6. 上海锦章图本

712

讙头国

huān
tóu
guó

海外南经

讙头国在其南。其为人人面
有翼，鸟喙，方捕鱼。一日
在毕方东，或曰讙朱国。

讙（音欢）头国是《淮南子》所记海外三十六国之一，又称讙朱国、讙（一作驩）兜国、丹朱国。讙头国的人半人半鸟，脑袋是人，却长着鸟喙和鸟的翅膀，不过他们有翼却不能飞，只能当拐杖用。讙头国的人每天扶着翅膀，在海边用鸟的尖嘴捕食鱼虾。《神异经·南荒经》记述了讙头国的故事，说南方有人，人面鸟喙而有翼，手足扶翼而行，食海中鱼，有翼不足以飞，一名驩兜。

讙头、讙朱、驩兜都是尧子丹朱的异名（**一说驩兜是尧臣**），传说丹朱为人狠恶而顽凶，所以尧把天下让给了舜，而把丹朱放逐到南方的丹水做诸侯；后因丹朱谋反失败，投海而死，其灵魂化身为鴸鸟。其子孙在南海建立的国家名叫讙头国、讙朱国。这一故事又见《南次二经》鴸及《大荒南经》讙头国。

郭璞《图赞》："讙国鸟喙，行则杖羽。潜于海滨，维食祖（**一作秅，音起**）秅。实维嘉谷，所谓濡黍。"

1. 明·蒋应镐绘图本　　2. 明·蒋应镐绘图本《大荒南经》图

714

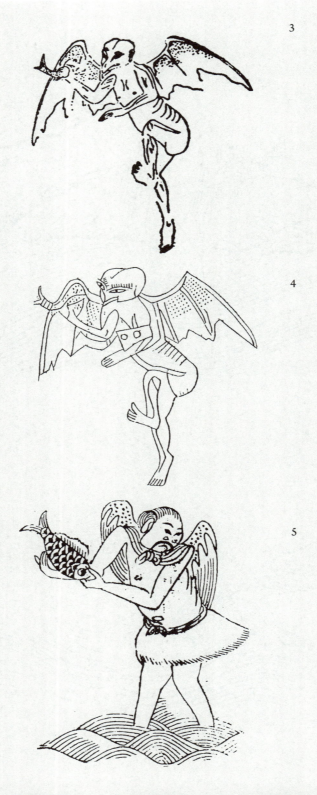

3. 清 · 吴任臣康熙图本　　4. 清 · 近文堂图本　　5. 清 · 四川成或因绘图本

6

7

8

6.清·汪绂图本　　7.上海锦章图本　　8.清·《古今图书集成·边裔典》

厌火国

yàn
huǒ
guó

厌火国在其国南。兽身黑色，生火出其口中，一曰在讙朱东。

　　厌火国的异人样子像猴，黑皮肤，以火炭为食，故口能吐火。郭璞注，言能吐火，画似猕猴而黑色也。厌火国又作厌光国，《博物志·外国》记，厌光国民，光出口中，形尽似猨猴，黑色。据《本草集解》记，南方有厌火之民，食火之兽。传说此厌火国近黑昆仑，人能食火炭，食火之兽名祸斗。

　　郭璞《图赞》："有人兽体，厥状怪谲。吐纳炎精，火随气烈。推之无奇，理有不热。"

　　今见厌火国图均作兽状，其兽有三形：

　　其一，吐火之兽，如图1、2；

　　其二，似猴而黑色，吐火，如图3、4；

　　其三，人面猴身，如人行坐、吐火，如图5、6。胡氏图说："厌火国有兽，身黑色，火出口中。状似猕猴，如人行坐。"

1. 明·蒋应镐绘图本　2. 清·四川成或因绘图本

3. 日本《怪奇鸟兽图卷》图本　　4. 清·汪绂图本

5

6

5. 明·胡文焕图本　　6. 清·《古今图书集成·边裔典》

载国

zhì
guó

载国在其东。其为人黄，能操弓射蛇。一曰载国在三毛东。

　　载（**音秩：亦音替**）国，即载民国。载国的人原是帝舜的后代，黄皮肤，擅长操弓射蛇。《太平御览》卷七九引此经作"盛国"。《大荒南经》描写了此国自然有五谷衣服的情景："有载民之国。帝舜生无淫，无淫降载处，是谓巫载民。巫载民盼（**音坟**）姓，食谷，不绩不经，服也；不稼不穑，食也。爰有歌舞之鸟，鸾鸟自歌，凤鸟自舞。爰有百兽，相群爰处。百谷所聚。"可知经中所描写的载国，完全是先民心目中理想国的景象。

　　郭璞《图赞》："不绩（**一作蚕**）不经（**一作丝**），不稼不穑。百兽率舞，群鸟拊翼。是号载民，自然衣食。"

721

1.明·蒋应镐绘图本　　2.清·四川成或因绘图本　　3.清·《古今图书集成·边裔典》

贯匈国

guàn
xiōng
guó

贯匈国在其东，其为人匈有窍。一曰在载国东。

　　贯匈国是《淮南子》所记海外三十六国之一，又名穿胸民。贯匈国的人自前胸到后背都有一个大孔洞。这个大洞是怎么来的呢？传说大禹治水时，曾在会稽山召见天下诸神，吴越山神防风氏后到，禹把他杀了。后来洪水平息，禹乘坐龙车巡游海外各国，经南方，防风神裔见禹，怒射之。这时，雷声大作，二龙驾车飞腾而去。防风神裔知道闯祸了，便以刃自贯其心而死。禹念其忠诚可嘉，便命人把不死草塞在死者胸前的洞中，使之死而复生；复生者因此而留下了自前胸达后背的一个大洞，这便是穿胸国的来由（见《艺文类聚》卷九十六引《括地图》）。据元代周致中纂《异域志》记载，穿胸国，在盛海东，胸有窍，尊者去衣，令卑者以竹木贯胸抬之。以尊卑观念讲述贯匈国的故事显然是后来才出现的。

　　郭璞为贯匈、交胫、支舌三国作《图赞》："铄金洪炉，洒成万品。造物无私，各任所禀。归于曲成，是见兆朕。"

　　贯匈国图有二形：

　　其一，贯胸之人，如图1、2；

　　其二，以竹木贯胸抬人，如图3、4、5、6。

723

1. 明·蒋应镐绘图本　2. 清·四川成或因绘图本

3

4

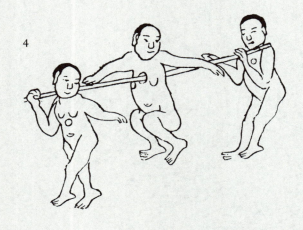

3. 清 · 近文堂图本　　4. 清 · 四川成或因绘图本

5

6

5. 清·汪绂图本　　6. 清·《古今图书集成·边裔典》, 名穿胸

交胫国

jiāo
jìng
guó

海外南经

交胫国在其东，其为人交胫。
一曰在穿匈东。

交胫国是《淮南子》所记海外三十六国之一，其人名交胫民。交胫国的人，个子不高，四尺左右，身有毛，足骨无节，故腿脚弯曲而相互交叉，躺下就起不来了，要人搀扶才能站起来。据刘欣期《交州记》所记，交阯之人，出南定县，足骨无节，身有毛，卧者更扶始得起。

郭璞《图赞》："铄金洪炉，洒成万品。造物无私，各任所禀。归于曲成，是见兆朕。"毕沅图本、郝懿行图本与上海锦章图本图上的赞词与之略有不同："造物无私，各任所禀。结匈之东，名曰交胫。"

1. 明·蒋应镐绘图本　　2. 清·四川成或因绘图本　　3. 清·毕沅图本
4. 清·汪绂图本　　5. 清·《古今图书集成·边裔典》

不死民

bù
sǐ
mín

海外南经

不死民在其东。其为人黑色，寿，不死。一曰在穿匈国东。

　　不死国为《淮南子》所记海外三十六国之一，其民曰不死民。不死民黑皮肤，可长寿不死。有不死之山，名员丘山。据《海内经》："流沙之东，黑水之间，有山名不死之山。"郭注即员丘也。传说员丘山上有不死树，食之乃寿；亦有赤泉，饮之不老。又有不死之国，据《大荒南经》："有不死之国，阿姓，甘木是食。"郭注甘木即不死树，食之不老。不死国有不死树，吃了可长命百岁；又有赤泉，饮之可长生不老。不死民是因为有了不死树和赤泉而长寿不死的，与道家经修炼不食不饮而不死成神的观念有所不同。不死树是不死国的标志，据《海内西经》："昆仑开明北有不死树。"今见蒋应镐绘图本与成或因绘图本的不死民图，不死民便站在一棵枝叶繁茂的不死树下。

　　长寿不死是古人向往的仙乡乐土之境，陶潜《读山海经》诗："自古皆有没，何人得灵长，不死复不老，万岁如平常。赤泉给我饮，员丘足我粮，方与三辰游，寿考岂渠央。"

　　郭璞《图赞》："有人爰处，员丘之上。赤泉驻年，神木养命。禀此遐龄，悠悠无竟。"

1

1. 明·蒋应镐绘图本

2

2. 清·四川成或因绘图本

3

3. 清·《古今图书集成·边裔典》

岐舌国

qí
shé
guó

海外南经

岐舌国在其东。一曰在不死民东。

岐舌又名支舌、反舌。岐舌国是《淮南子》所记海外三十六国之一，其民曰反舌民。岐舌国的人舌头倒着生，舌根在唇边，舌尖向着喉咙生；他们说话只有自己能懂。《吕氏春秋·功名篇》高诱注一说南方有反舌国，舌本在前，末倒向喉，故曰反舌。《淮南子》有反舌民，高诱注语不可知而自相晓。

郭璞《图赞》："铄金洪炉，洒成万品。造物无私，各任所禀。归于曲成，是见兆朕。"

1

2

1. 明·蒋应镐绘图本　2. 清·《古今图书集成·边裔典》

三首国

sān
shǒu
guó

海外南经

三首国在其东。其为人一身
三首。

　　三首国是《淮南子》所记海外三十六国之一，其民曰三头民，其人一身三首。《海内西经》也有三头人："服常树，其上有三头人，伺琅玕树。"

　　郭璞《图赞》："虽云一气，呼吸异道。观则俱见，食则皆饱。物形自周，造化非巧。"

1. 明·蒋应镐绘图本　　2. 清·四川成或因绘图本　　3. 清·近文堂图本
4. 清·汪绂图本　　5. 清·《古今图书集成·边裔典》

周饶国

zhōu
ráo
guó

周饶国即焦侥国、小人国。袁珂认为，周饶、焦侥，是侏儒之声转。侏儒即短小之人；周饶国、焦侥国，即所谓小人国。周饶国的人住在山洞里，身材虽然短小，却和常人一样穿衣戴帽，而且生性聪明，能制造各种精巧的器物，还会耕田种地。郭璞注"其人长三尺，穴居，能为机巧，有五谷也。"

《山海经》所记这类小人有四，均有图。除本经的周饶国外，《大荒东经》有小人国，名靖人；《大荒南经》有小人名曰焦侥之国；还有小人，名菌人，都属侏儒一类。

古籍中有关小人的记载很多，如《魏志·东夷传》有侏儒国，其人三四尺；《拾遗记》记，员峤山有陀移国，人长三尺，寿万岁，疑陀移即周饶之异名。《神异经》记，西北荒中有小人，长一寸，朱衣玄冠；又说有鹤国，人长七寸，海鹄遇则吞之，都十分有趣。此外，《法苑珠林》卷八引《外国图》说，焦侥国人长尺六寸，迎风则偃，背风则伏，眉目俱足，但野宿。一曰，焦侥长三尺，其国草木夏死而冬生，去九疑三万里。《述异记》记，大食王国之西海中，树上生小儿，长六七寸，见人皆笑，动其手足，摘下一枝，小儿便死。袁珂认为，《西游记》第二十四、二十五回五庄观之人参果，便以此为本。

郭璞为焦侥国作赞："群籁舜吹，气有万殊。大人三丈，焦侥尺余。混之一归，此亦侨如。"

1

2

1. 明·蒋应镐绘图本　　2. 清·四川成或因绘图本

长臂国

cháng
bì
guó

长臂国在其东。捕鱼水中，两手各操一鱼。一曰在焦侥东，捕鱼海中。

长臂国是《淮南子》所记海外三十六国之一，其民曰修臂民。传说长臂国在南方，一国民皆长臂，臂长于身，下垂至地。《大荒南经》有张弘之国，张弘即长肱，也是长臂人。长臂人善捕鱼，毕沅注"云两手各操一鱼，云捕鱼海中，皆其图像也。"郝懿行亦注"经云两手各操一鱼，又云捕鱼海中，皆图画如此也。"由此可知，古老的《山海经》有一部分曾是先有图，后有文的。

郭璞《图赞》："双肱三尺，体如中人。彼曷为者，长臂之民。修脚自负，捕鱼海滨。"

1

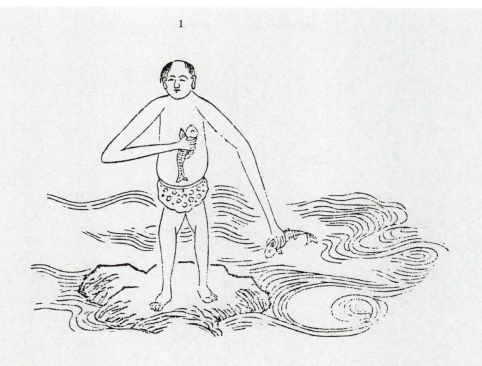

2

1. 明 · 蒋应镐绘图本   2. 清 · 四川成或因绘图本

3. 清·毕沅图本　　4. 清·汪绂图本

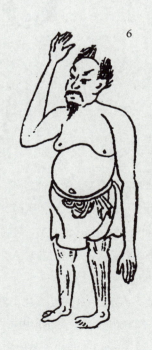

5. 清·《古今图书集成·边裔典》　　6. 上海锦章图本

祝融

zhù
róng

南方祝融，兽身人面，乘两龙。

1

　　在古代神话中，祝融是火神，是南方天帝炎帝之裔，又是炎帝之佐，管辖着方圆一万二千里的地域。本经记述祝融之形貌及行止：人面兽身，出入乘两龙。

　　祝融的神职为火神，是炎帝之佐。据《淮南子·时则训》："南方之极，自北户孙之外，贯颛顼之国，南至委火风之野，赤帝（炎帝）、祝融之所司者万二千里。"又据《吕氏春秋·孟夏篇》："其帝炎帝，其神祝融。"祝融的神系属炎帝裔。

　　据《海内经》："炎帝之妻，赤水之子听詙生炎居，炎居生节并，节并生戏器，戏器生祝融。"一说属黄帝系，据《大荒西经》："颛顼生老童，老童生祝融。"因古时候炎、黄本同族，二者可视为同一。祝融为南方之神，又是司夏之神，长沙子弹库出土的楚帛书十二月神图上的六月神，便是祝融（图1）。

　　有关祝融的神话，见于《山海经》者，有《海内经》："鲧窃帝之息壤以湮洪水，不待帝命，帝令祝融杀鲧于羽郊。"《史记·补三皇本纪》有共工与祝融战，不胜而怒触不周山等故事。

　　郭璞《图赞》："祝融火神，云驾龙骖。气御朱明，正阳是含。作配炎帝，列位于南。"

743

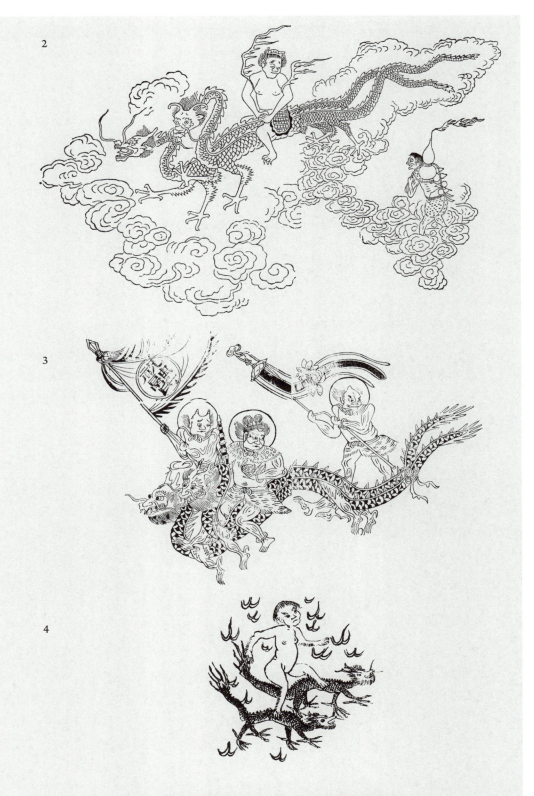

1.叡（且）司夏，楚帛书十二月神图　2.明·蒋应镐绘图本
3.清·四川成或因绘图本　4.清·汪绂图本

第七卷

海外西经

夏后启

xià
hòu
qǐ

大乐之野，夏后启于此儛九代，乘两龙，云盖三层。左手操翳，右手操环，佩玉璜。在大运山北。一曰大遗之野。

　　夏后启即禹的儿子启，启是传说中夏代的君主。传说禹娶涂山氏后，外出治水，有一次，为了打通河南的辕辕山，禹变作一只熊，凿山开路，正好被前来送饭的涂山氏见到了，她又惊又愧，跑到嵩高山下，变成了一块石头。追赶而来的禹又气又急，大喊："还我儿子！"这时候，大石向着北方裂开，生下的儿子名启（见《绎史》卷十二引《随巢子》）。启就是裂开的意思，故启又名开（**因汉景帝名启，汉人避讳改之**）。《大荒西经》有夏后开的故事："西南海之外，赤水之南，流沙之西，有人珥两青蛇，乘两龙，名曰夏后开。开上三嫔于天，得《九辩》与《九歌》以下。"

　　本经描述的是当君主后的启的形貌和故事。启是神性英雄，是古代神话中"绝地天通"以前，天地可以沟通，人神可以自由往来的见证。传说他驾着两条龙，飞翔在三层云彩之间；他左手拿着羽幢，右手握着玉环，身上佩着玉璜，好一派帝王风范！据说他曾三次驾龙上天，到天帝那里做客，曾偷着把天宫的乐章《九辩》和《九歌》记下，在大运山北的大乐之野演奏，这便是后来的乐舞《九招》《九代》（见**《大荒西经》**）。"左手操翳，右手操环，佩玉璜"的启"儛九代"于大乐之野的描写，为我国古代舞蹈的滥觞和早期发展提供了重要的形象资料。

　　郭璞《图赞》："筮御飞龙，果儛九代。云融是挥，玉璜是佩。对扬帝德，禀天灵诲。"

1. 明 · 蒋应镐绘图本　　2. 清 · 四川成或因绘图本

三身国

sān
shēn
guó

三身国在夏后启北，一首而三身。

三身国是《淮南子》所记海外三十六国之一，其民曰三身民。三身国的人一个脑袋三个身子，是帝俊与娥皇的后代。《大荒南经》也有三身国："大荒之中，有不庭之山……有人三身。帝俊妻娥皇，生此三身之国。姚姓，黍食，使四鸟。"这四鸟是虎、豹、熊、罴。使四鸟为什么是四只兽呢？郝懿行解释说："经言皆兽，而云使四鸟者，鸟兽通名耳。使者，谓能驯扰役使之也。"袁珂指出，《山海经》凡记有使四鸟——豹、虎、熊、罴之国，多属天帝帝俊之裔。帝俊是玄鸟化身，其子孙也有役使百兽的能力。由此可知，神话中的"使四鸟"，指的是具有统辖和役使鸟兽的能力。

郭璞为三身国和一臂国作《图赞》："品物流形（一作行），以散混沌。增不为多，减不为损。厥变难原，请寻其本。"

1

1. 明·蒋应镐绘图本,《大荒南经》图

2

3

4

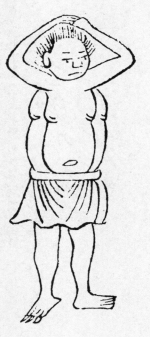

2.明·蒋应镐绘图本　　3.清·四川成或因绘图本，之一　　4.清·四川成或因绘图本，之二

5

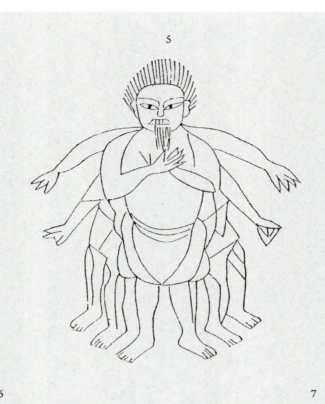

6

7

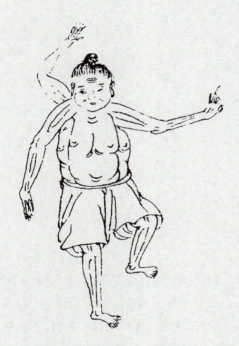

5. 清·近文堂图本　　6. 清·汪绂图本　　7. 清·《古今图书集成·边裔典》

一臂国

yí
bì
guó

一臂国在其北，一臂一目一
鼻孔。有黄马，虎文，一目
而一手。

　　一臂国是《淮南子》所记海外三十六国之一，其民名一臂民，又称比肩民或半体人。《尔雅·释地》："北方有比肩民焉，迭食而迭望。"郭璞说，此即半体之人，各有一目、一鼻孔、一臂、一脚。《异域志》说，半体国其人一目一手一足。《大荒西经》也有一臂民。一臂国的人只有半个身体，一目、一鼻孔、一臂、一脚。国中有一种身披虎文的黄马，也只有一只眼睛，一条前腿。蒋应镐所绘之一臂民图，一臂民便骑在一目一前腿之黄马身上。

　　郭璞为三身国和一臂国作《图赞》："品物流形（一作行），以散混沌。增不为多，减不为损。厥变难原，请寻其本。"

1. 明·蒋应镐绘图本　　2. 清·吴任臣康熙图本
3. 清·四川成或因绘图本　　4. 清·汪绂图本

奇肱国

jī
gōng
guó

海外西经

奇肱之国在其北。其人一臂
三目，有阴有阳，乘文马。
有鸟焉，两头，赤黄色，在
其旁。

奇肱国为《淮南子》所记海外三十六国之一，其名作奇股。奇肱为独臂，奇股为独脚，都是有本事的异人。传说奇肱国或奇股国的人，一臂三目或一足三目，他们有三只眼睛，有阴有阳，阴在上，阳在下；擅长制造各种灵巧的机械来捕捉禽兽，又能制造飞车，从风远行。殷汤时奇肱国人曾坐飞车，随风飞抵豫州界中，被当地人损坏，不以示人。十年后，东风起，再做一飞车送他们回家（见郭璞注、《博物志》《述异志》）。《竹书纪年》记载了商代与西方各国交往的情况，传说汤时诸侯八泽而来者千百国，奇肱氏以车至，乃同尊天乙履为天子。

奇肱（或奇股）国的人常常骑着一种叫"吉良"的神马，吉良又称吉量、吉黄，色白，上有斑纹，马鬣赤红，双目闪金光。据说骑上吉良马的人可活千岁。在独臂人或独足人的身旁，有一只双头奇鸟，颜色赤黄，与其作伴。

奇肱（或奇股）国神话有两个母题，其图像也描绘了这两个内容：

其一，一臂三目，骑吉良神马，与双头奇鸟为伴，突出其神性品格，如图1、2；

其二，一臂三目，善为机巧，能作飞车，如图3、4。

郭璞《图赞》："妙哉工巧，奇肱之人。因风构思，制为飞轮。凌颓遂轨，帝汤是御（一作宾）。"

1

1. 明・蒋应镐绘图本

2

2. 清·四川成或因绘图本

3. 清 · 近文堂图本　4. 清 · 汪绂图本　5. 清 ·《古今图书集成 · 边裔典》

形天

xíng tiān

海外西经

形天与帝至此争神，帝断其首，葬之常羊之山。乃以乳为目，以脐为口，操干戚以舞。

形天又作刑天、邢天、形夭，是炎帝之臣。

据袁珂《山海经校注》："天，甲骨文作𡗜。金文作𡗜，口与 ● 均象人首，义为颠为顶，刑天盖即断首之意。意此刑天者，初本无名天神，断首之后，始名之为'刑天'。"无头的刑天依然活着，故又称"无首之民"（**郭璞注**）、"形残之尸"（《**淮南子·地形训**》）。

传说刑天原是炎帝的属臣，在一次与黄帝的争夺战中，被黄帝砍了脑袋，帝还把刑天的头埋在了常羊山。失去了头颅的刑天并没有死，他以双乳为目，以脐为口，一手操盾，一手舞斧，继续战斗。刑天的精神永远不死，永远活在民众心中。陶潜《读山海经》诗"刑天舞干戚，猛志固常在"所表达的正是这种不屈不挠的精神。

郭璞《图赞》："争神不胜，为帝所戮。遂厥形天，脐口乳目。仍挥干戚，虽化不服。"

1.明·蒋应镐绘图本　　2.清·吴任臣康熙图本　　3.清·四川成或因绘图本
4.清·近文堂图本　　5.清·汪绂图本　　6.清·《古今图书集成·神异典》

鸇鸢鸟

zhān
cì
niǎo

女祭、女戚在其北，居两水间。戚操鱼䱇，祭操俎。鸢鸟、鸇鸟，其色青黄，所经国亡。在女祭北。鸢鸟人面，居山上。一曰维鸟，青鸟、黄鸟所集。

鸇鸢鸟是人面鸟、祸鸟、兆亡之鸟。郭璞注"此应祸之鸟，即今枭、傰鹠之类。"

郭璞《图赞》："有鸟青黄，号曰鸇鸢。与妖会合，所集祸至。类则枭鹠，厥状难媚。"

1

1. 清·《古今图书集成·禽虫典》

丈夫国

zhàng
fū
guó

海外西经

丈夫国在维鸟北。其为人衣
冠带剑。

　　丈夫国是《淮南子》所记海外三十六国之一，其民曰丈夫民。丈夫国全是男子，没有女人；这里的人衣冠整齐，身佩宝剑，颇有君子风范。丈夫国为什么只有男人呢？传说殷帝太戊曾派王孟等人，到西王母处寻求不死药，走到此地断了粮，不能再往前走了。他们只好滞留此地，以野果为食，以树皮作衣，这便是丈夫国。由于没有女人，所以人人终身无妻。但他们每人都有两个儿子，儿子是从他们的身体中分离出来的，也有说是从背部的肋骨间出来的。儿子一生下来，本人便立即死去（见**郭璞注**、**《玄中记》《括地图》**）。

　　郭璞《图赞》："阴有偏化，阳无产理。丈夫之国，王孟是始。感灵所通，桑石无子。"

1. 明·蒋应镐绘图本　　2. 清·四川成或因绘图本　　3. 清·《古今图书集成·边裔典》

女丑尸

nǚ chǒu shī

海外西经

女丑之尸，生而十日炙杀之。在丈夫北。以右手鄣其面。十日居上，女丑居山之上。

女丑是古代女巫的名字。女丑又见《大荒西经》:“有人衣青，以袂蔽面，名曰女丑之尸。”《大荒东经》:“海内有两人，名曰女丑。”传说远古时十日并出，炙杀女丑。我国古代有以人为“尸”的习俗。女丑虽死，其魂犹在，常寄存于活人身上，供人祭祀，或行使巫事，名为女丑尸。古代天旱求雨，常以女巫饰旱魃而暴之、焚之以禳灾。女丑扮演的，便是旱魃的角色。

郭璞《图赞》:“十日并熯（音汉），女丑以毙。暴于山阿，挥袖自翳。彼美谁子，逢天之历。”

1. 明·蒋应镐绘图本,《大荒西经》图　2. 清·汪绂图本

767

巫咸国

wū
xián
guó

海外西经

巫咸国在女丑北。右手操青蛇，左手操赤蛇。在登葆山，群巫所从上下也。

　　巫咸国是以巫咸为首的群巫组成的国家。据《大荒西经》的记载，群巫是指大荒之中灵山的巫咸、巫即、巫盼、巫彭、巫姑、巫真、巫礼、巫抵、巫谢、巫罗十巫。群巫的形象标志是右手操青蛇，左手操赤蛇；蛇又是他们的巫具与动物伙伴。群巫是天与地、神与人，是两个世界的沟通者。他们可以上下于天，来往于天地之间；登葆山和灵山都是天梯，是两个世界的通道和桥梁。

1

1. 清·《古今图书集成·边裔典》

并封

bìng
fēng

海外西经

并封在巫咸东。其状如彘，前后皆有首，黑。

　　并封是双头神兽，样子像猪，黑色，前后都有头。《尔雅·释地》有枳（**音指**）首蛇，郭璞注今弩弦蛇亦此类也。《后汉书》说，云阳有神鹿，两头，能食毒草，都属于这类双头怪兽。《大荒西经》有屏蓬，《大荒南经》有跊（**音处**）踢，都是左右有首的神兽。《周书·王会篇》有鳖封："区阳以鳖封，鳖封者，若彘，前后皆有首。"并封、屏蓬、鳖封皆一音之转，是同一类怪兽。闻一多《伏羲考》认为，并封、屏蓬俱有合义，是兽牝牡相合之象。

　　郭璞《图赞》："龙过无头，并封连载。物状相乖，如骥分背。数得自通，寻之愈阂。"

　　并封图有二形：

　　其一，兽首四足双头蛇，如图1、2；

　　其二，双头猪，如图3、4、5、6。

1

2

1. 明·蒋应镐绘图本　　2. 清·四川成或因绘图本

3

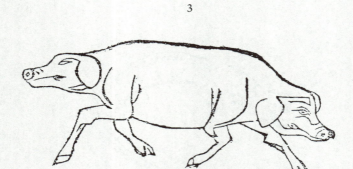

4

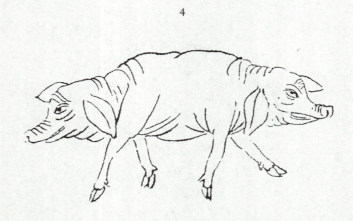

3. 清·毕沅图本　　4. 清·汪绂图本

5

6

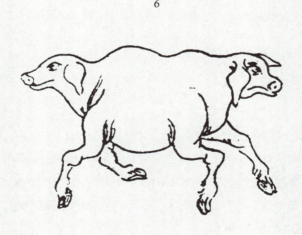

5. 清·《古今图书集成·禽虫典》　6. 上海锦章图本

女子国

nǚ
zǐ
guó

女子国在巫咸北。两女子居，水周之。一曰居一门中。

海外西经

女子国是《淮南子》所记海外三十六国之一，其民曰女子民。《大荒西经》有女子之国。传说女子国在海中，四周环水。国中无男子，妇人在黄池中沐浴即可怀孕生子；若生男子，三岁便死，故女子国纯女无男。《边裔典》有女国图，描写女子在池中沐浴，即可生子（图1）。

《三国志·魏志·东夷传》记："沃沮耆老言：有一国亦在海中，纯女无男。"《后汉书·东夷传》记，或传其国有神井，窥之辄生子（图2）。

郝懿行注"居一门中，盖谓女国所居同一聚落也。"袁珂按："郝说非也。所谓'居一门中'者，亦图像如此，犹'两女子居，水周之'之为另一图像然。"我以为郝说是从民族学角度释经，而袁说则以图释经，二者仅角度不同而已。

郭璞《图赞》："简狄有吞，姜嫄有履。女子之国，浴于黄水。乃娠乃字，生男则死。"

1

1. 女国，清 ·《古今图书集成 · 边裔典》

2

2. 女人国，清《古今图书集成·边裔典》

3

4

3.明·蒋应镐绘图本   4.清·四川成或因绘图本

轩辕国

xuān
yuán
guó

轩辕之国在穷山之际。其不
寿者八百岁。在女子国北。
人面蛇身，尾交首上。

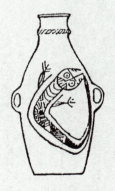

1

　　轩辕国是黄帝所生所居的地方。《大荒西经》有轩辕之国："有轩辕之国，江山之南栖为吉，不寿者乃八百岁。"《西次三经》有轩辕之丘。轩辕国的人都是人面蛇身，尾交于头上，或许这正是古神话中黄帝的形貌。值得注意的是，"人面蛇身，尾交首上"的形象出现在仰韶文化庙底沟时期的彩陶瓶上（图1），这和神话中的轩辕国是否有什么关系呢？

　　郭璞《图赞》："轩辕之人，承天之祜。冬不袭衣，夏不扇暑。犹气之和，家为彭祖。"

2

3

4

1.鲵鱼纹小口平底彩陶瓶（尾交首上），甘肃甘谷西坪出土
2.明·蒋应镐绘图本 3.清·四川成或因绘图本 4.清·汪绂图本

龙鱼

lóng
yú

海外西经

龙鱼陵居在其北，状如狸。一曰鰕。即有神圣乘此以行九野。一曰鳖鱼在天野北，其为鱼也如鲤。

　　龙鱼是神话中的灵鱼，为神巫的坐骑，可乘云上升，神行九野，如马行天。杨慎有《异鱼赞》曰："龙鱼之川，在洴之埙；河图授羲，实此出焉；神行九野，如马行天。"

　　据经中所记，龙鱼有两种形态：一为鱼形，如鲤；一为兽形，如狸。

　　龙鱼为鱼形，郭氏《江赋》作龙鲤："龙鲤陵居，其状如鲤。"张衡《思玄赋》引此经："龙鱼陵居在北，状如鲤。"袁珂认为，龙鱼即陵鱼，其理由有四：一、龙鱼即《海内北经》所记陵鱼，都属神话中人鱼一类；二、龙鱼陵居，陵鱼亦因其既可居水，复可居陵而名陵鱼；三、龙鱼似鲤，谓之龙鲤，陵鱼亦似鲤，谓之陵鲤；四、二者都是人鱼形貌，龙鱼"一曰鰕"，《尔雅·释鱼》说"鲵大者谓之鰕"，《本草纲目》也说"鲵鱼，一名人鱼"，而"人面手足鱼身在海中"之陵鱼，正是人鱼形貌。

　　龙鱼又作兽状，如狸。郭璞注"或曰：龙鱼似狸，一角。"郝注"狸当为鲤，字之伪。"宋本、《藏经》本注释鲤字均作狸。

　　郭璞《图赞》："龙鱼一角，似鲤（《百子全书》本图赞作狸）居（一作处）陵。俟时而出，神圣攸乘。飞骛九域，乘云上升。"

　　龙鱼图也是二形：

　　其一，鱼形，鱼首龙身四足，如**图1**；

　　其二，兽形，似狸一角，如**图2**。

1

2

1. 清 ·《古今图书集成 · 禽虫典》　　2. 清 · 汪绂图本

乘黄

chéng
huáng

海外西经

白民之国在龙鱼北。白身被发。有乘黄，其状如狐，其背上有角，乘之寿二千岁。

乘黄又称飞黄、訾黄、神黄、腾黄。乘黄似骐，是一种神马，祥瑞吉光之兽。本经中说，乘黄的样子像狐，又说龙翼而马身，背上有两角。《周书·王会篇》记，乘黄似骐。又说，白民乘黄，似狐，背上有两角，即飞黄也。《淮南子》说，天下有道，飞黄伏皁。胡文焕《山海经图》中之乘黄，背上有三角;其图说曰:"西海外，白民国有乘黄马，白身披发，状如狐，其背上首角。乘之寿二千岁。""背上首角"显然是经文背上有角之字误，画工据此画出了三角的乘黄。

据古文献记载，乘黄是祥瑞吉光之兽。一说，乘之寿二千岁；一说，乘之寿三千岁（见《初学记》《博物志》）；一说，黄帝乘之可成仙。《汉书·礼乐志》应劭注:"訾黄一名乘黄，龙翼而马身，黄帝乘之而仙。"《孙氏瑞应图》说:"腾黄者，神马也，其色黄，一名乘黄，亦曰飞黄，亦曰咸吉黄，或曰翠黄，一名紫黄，其状如狐，背上有两角，出白民之国，乘之寿三千岁。"《抱朴子》说:"腾黄之马，吉光之兽，皆寿三千岁。"

郭璞《图赞》:"飞黄奇骏，乘之难老。揣角轻腾，忽若龙矫。实鉴有德，乃集厥早。"

乘黄图有二形:

其一，两角神马，图1、2、3;

其二,三角神马，头顶一角，背上二角，图4、5、6、7、8、9。

1. 明·蒋应镐绘图本　　2. 清·四川成或因绘图本　　3. 清·汪绂图本

4. 明·胡文焕图本　　5. 日本《怪奇鸟兽图卷》图本　　6. 清·近文堂图本

783

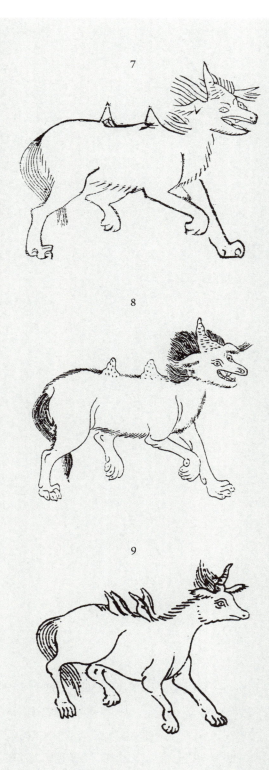

7

8

9

7. 清·毕沅图本　　8. 清·《古今图书集成·禽虫典》　　9. 上海锦章图本

肃慎国

sù
shèn
guó

海外西经

肃慎之国在白民北。有树名
曰雄常。先入伐帝，于此取
之。

　　肃慎国是《淮南子》所记海外三十六国之一，其民曰肃慎民。这个国家的人住在山洞里，没有衣服，平日把猪皮披在身上，冬天涂上厚厚一层油，以御风寒。这里生长一种雄常树，传说这种树有一种"应德而通"的神力，圣帝在位时，用这种树皮为衣。这个国家的人还擅长射箭，弓长四尺，力大无比。《大荒北经》不咸山也有肃慎氏之国。郭璞注"今肃慎国去辽东三千余里，穴居，无衣，衣猪皮，冬以膏涂体，厚数分，用却风寒。其人皆工射，弓长四尺，青石为镝。此春秋时隼集陈侯之庭所得矢也。"

　　经文末二句原作"先入伐帝，于此取之"，义不可通。此处系采用袁珂从王念孙、孙星衍校改稿。

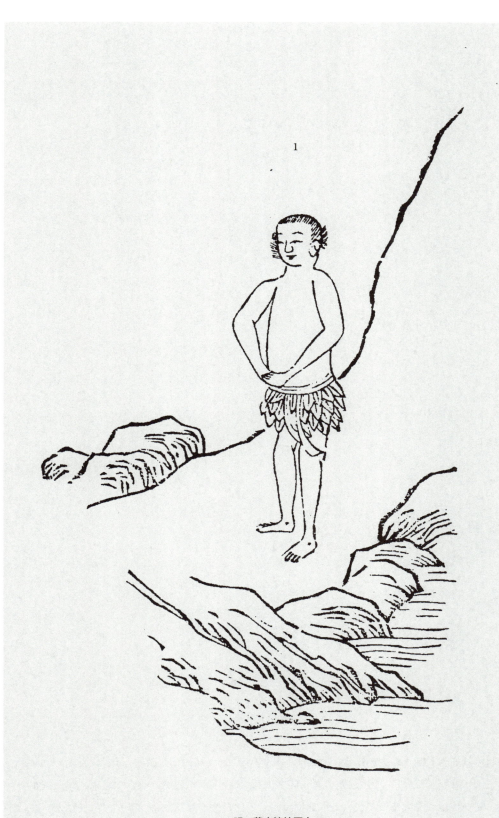

1

1. 明·蒋应镐绘图本

长股国

cháng
gǔ
guó

海外西经

长股之国在雄常北。被发。一曰长脚。

长股国又名长胫国，是《淮南子》所记海外三十六国之一，其民曰长股民，又名长脚。《大荒西经》有长胫之国："西北海之外，赤水之东，有长胫之国。"长胫国即长股国，在赤水之东，其人身如中人而臂长三丈，传说长脚人常背着长臂人入海捕鱼。后世之杂技表演踩高跷，就是模仿长脚人而来。郭璞说，或曰有乔国，今伎家乔人，盖象此身。"乔"即跷。

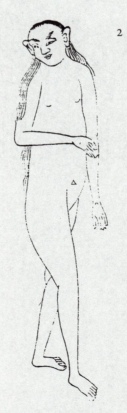

1.明·蒋应镐绘图本　2.明·蒋应镐绘图本,《大荒西经》图

3

3. 清·四川成或因绘图本

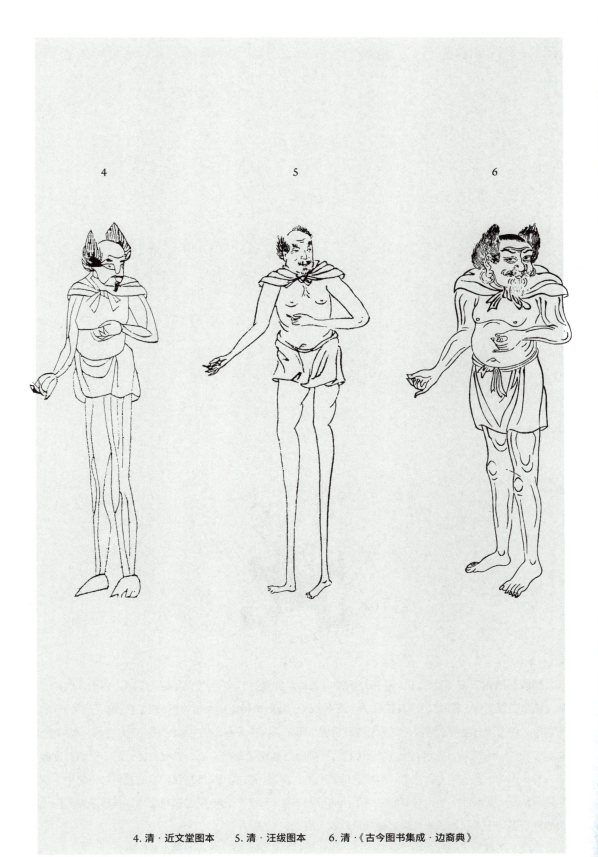

4. 清·近文堂图本　　5. 清·汪绂图本　　6. 清·《古今图书集成·边裔典》

蓐收

rù
shōu

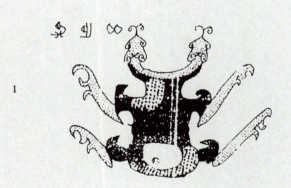

1

蓐收是西方天帝少昊之子，是西方刑神、金神。郭璞注"金神也；人面、虎爪、白毛，执钺。"在《西次三经》中，蓐收又是司日入之神，名神红光，其形象特征是人面虎爪、白毛执钺。《海外西经》的蓐收，作为西方金神、刑神，其形象特征是虎爪珥蛇、执钺乘龙。胡文焕图说："西方蓐收，金神也。左耳有青蛇，乘两龙，面目有毛，虎爪执钺。"蓐收的神职是专司无道，恭行天讨，是一个镇邪逐魔的天神。因此，蓐收的人面虎爪、珥蛇执钺的形象，常出现在古代纹饰与汉以后的镇墓神兽之中。清代萧云从在《天问图》中，对蓐收也有生动的形象描写（图2）。蓐收又是司秋之神，长沙子弹库出土的战国楚帛书十二月神图的九月之神就是蓐收（图1）。

郭璞《图赞》："蓐收金神，白毛虎爪。珥蛇执钺，专司无道。立号西阿，恭行天讨。"

2

1. 玄司秋，楚帛书十二月神图　　2. 清·萧云从《天问图》

3

4

3. 明·蒋应镐绘图本   4. 清·四川成或因绘图本

5. 明·胡文焕图本　　6. 清·近文堂图本　　7. 清·汪绂图本

第八卷

海外北经

无脋国

wú
qǐ
guó

无脋之国在长股东，为人无
脋。

无脋（**音启**）即无启、无继；无脋国即无启国，是《淮南子》所记海外三十六国之一，其民曰无继民。传说无继国在北方，其人没有后嗣，平日住在洞穴里，无男女之别，靠食空气、鱼和食土维持生命，死则埋在土里。人虽死，其灵魂（**心**）却不死，一百年（**一说一百二十年**）以后，复活再生为人。

《大荒北经》有无继民："无继民，任姓，无骨子，食气鱼（**郝懿行注食气鱼者，言此人食气兼食鱼也**）。"《博物志·异人》记，无脋民，居穴食土，无男女，死埋之，其心不朽，百年还化为人。细民，其肝不朽，百年而化为人，皆穴居处。二国同类也。人死，其灵魂不死，若干年后复活或化生为人，这种原始的灵魂观念在这则神话中有生动的反映。

郭璞《图赞》："万物相传，非子则根。无脋因心，构肉生魂。所以能然，尊形者存。"

797

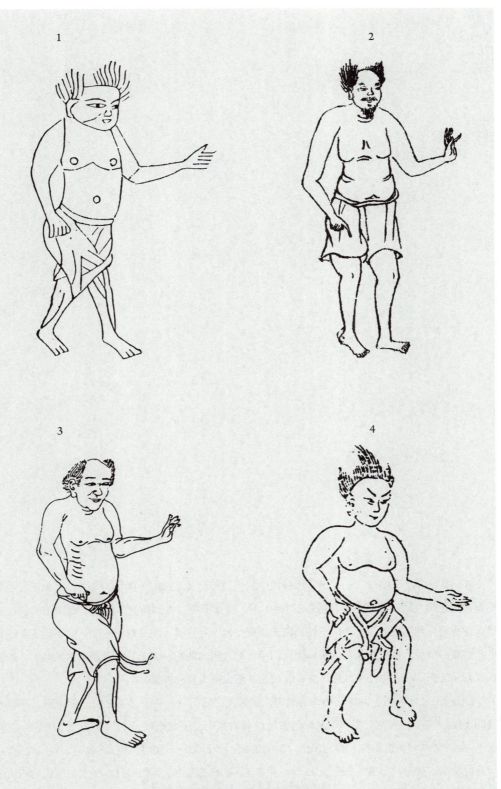

1. 清·近文堂图本　2. 清·汪绂图本
3. 清·《古今图书集成·边裔典》　4. 上海锦章图本

烛阴

zhú
yīn

钟山之神名曰烛阴，视为昼，瞑为夜，吹为冬，呼为夏，不饮不食不息，息为风，身长千里。在无䏿之东。其为物人面蛇身，赤色，居钟山下。

海外北经

　　烛阴即烛龙，又名烛九阴，是中国神话中的创世神，又是钟山（**章尾山**）山神。《大荒北经》章尾山有神"是烛九阴，是谓烛龙"。烛龙居钟山下，身长千里，人面蛇身，红色；眼睛竖着长，闭起来是一条直缝。他的双眼一开一闭，便是白天黑夜；他一呼一吸，便成春夏秋冬；他不饮不食不息，气息一通便形成风。传说烛龙衔火精以照天门中，把九阴之地都照亮了，故烛龙又称烛九阴、烛阴。清代萧云从《天问图》中的烛龙图（**图6**），突出了烛龙衔火精的神格。

　　《淮南子·地形训》讲述了烛龙的故事，说烛龙在雁门北，蔽于委羽之山，不见日，其神人面龙身而无足。《楚辞·大招》中的逴龙也是烛龙："北有寒山，逴龙赪只。"《广博物志》引《五运历年记》说："盘古之君，龙首蛇身，嘘为风雨，吹为雷电，开目为昼，闭目为夜。"袁珂认为，烛龙之神格，与开辟神盘古相近，是盘古的原型之一。在目前所见的古图中，明代的日本图本和清代的四川成或因绘图本的烛阴图都是女性神，很值得注意。

　　郭璞《图赞》："天缺西北，龙衔火精。气为寒暑，眼作昏明。身长千里，可谓至神（**一作灵**）。"

1

2

3

1. 明·胡文焕图本　　2. 清·吴任臣康熙图本　　3. 清·汪绂图本

4

5

4. 清·四川成或因绘图本　　5. 日本《怪奇鸟兽图卷》图本

6

6. 清 · 萧云从《天问图》

一目国

yí
mù
guó

一目国为《淮南子》所记海外三十六国之一，其民曰一目民，一只眼睛长在脸面正中。《山海经》所记与一目国有关的独眼奇人还有两处，均有图：一是威姓少昊之子（见《大荒北经》："有人一目，当面中生。一曰威姓，少昊之子，食黍"）；一是鬼国（见《海内北经》："鬼国在贰负之尸北，为物人面而一目）。

一目民图有二形：

其一，一目为纵目、直目，此说未见于经文。如 图1、2；

其二，一目为横目，如 图3、4、5。

郭璞《图赞》："苍四不多，此一不少。于（一作予）野冥瞽，洞见无表。形游逆旅，所贵维眇。"

1. 明·蒋应镐绘图本　　2. 清·四川成或因绘图本　　3. 清·吴任臣康熙图本
4. 清·汪绂图本　　5. 清·《古今图书集成·边裔典》

柔利国

róu
lì
guó

柔利国在一目东。为人一手一足，反膝，曲足居上。一云留利之国，人足反折。

　　柔利又称牛黎、留利。柔利国为《淮南子》所记海外三十六国之一，其民曰柔利民。这个国家的人只有一手一足，由于没有骨头，因此一手一脚都向上反曲着，像折断似的。柔利民是聂耳国（又称儋耳国）人的后代，据《大荒北经》："有牛黎之国。有人无骨，儋耳之子。"

　　郭璞《图赞》："柔利之人，曲脚反肘。子求之容，方此无丑。所贵者神，形于何有。"

805

1. 明·蒋应镐绘图本　　2. 清·吴任臣康熙图本　　3. 清·四川成或因绘图本
4. 清·汪绂图本　　5. 清·《古今图书集成·边裔典》

相柳

xiāng
liǔ

共工之臣曰相柳氏，九首，以食于九山。相柳之所抵，厥为泽谿。禹杀相柳，其血腥，不可以树五谷种。禹厥之，三仞三沮，乃以为众帝之台。在昆仑之北，柔利之东。相柳者九首，人面蛇身而青。不敢北射，畏共工之台。台在其东。台四方，隅有一蛇，虎色，首冲南方。

相柳又名相繇，共工之臣。共工是水神，是中国神话中打破旧秩序的天神。《大荒北经》记："共工之臣名曰相繇，九首蛇身，自环，食于九土。其所歍（音呜）所尼，即为源泽。不辛乃苦，百兽莫能处。禹湮洪水，杀相繇。其血腥臭，不可生谷；其地多水，不可居也。禹湮之，三仞三沮，乃以为池，群帝因是以为台，在昆仑之北。"《楚辞·天问》中之雄虺（音毁，图1），一身九头，便是相柳。

相柳是一个九头人面蛇身怪物，蛇身黑色，盘绕而上；他贪婪成性，九个脑袋在九座山上取食。他一吞一吐，所到之处皆成沼泽；泽中的水，苦涩无比，人兽都无法生存。禹在平息洪水以后，杀死相柳。相柳血流遍野，腥臭难闻，五谷不生，万民涂炭；加上其地多水，百姓无家可居。禹想用土把血流堵塞住，但湮塞了三次，这块地都陷落下去；没办法，只好做成一个池子。众神便在昆仑之北，柔利国之东，就在杀相柳的地方，建了一座台，名叫共工之台，共工之台四方形，台的四角各有一条虎斑纹的蛇，头向着南方，守卫在这里。水神共工威名远扬，凡射箭者都不敢北射，想是畏慑共工之台的缘故。杨慎《补注》就"有一蛇，虎色，首冲南方"解释说："首冲南方者，纪鼎上所铸之像。虎色者，蛇斑如虎。盖鼎上之像，又以彩色点染别之。"由此亦可见《山海经》据九鼎所铸图像为文的古老叙事风格。

郭璞《图赞》："共工之臣，号曰相柳。禀此奇表，蛇身九首。恃力桀暴，终禽夏后。"

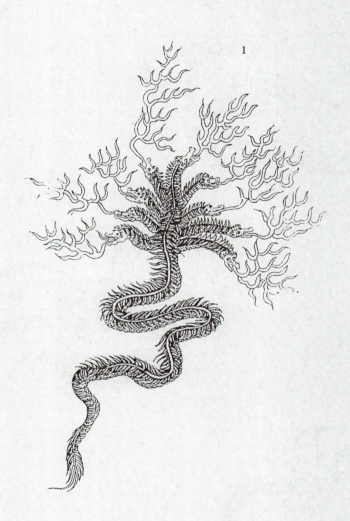

1

1. 清 · 萧云从《天问图》，雄虺九首

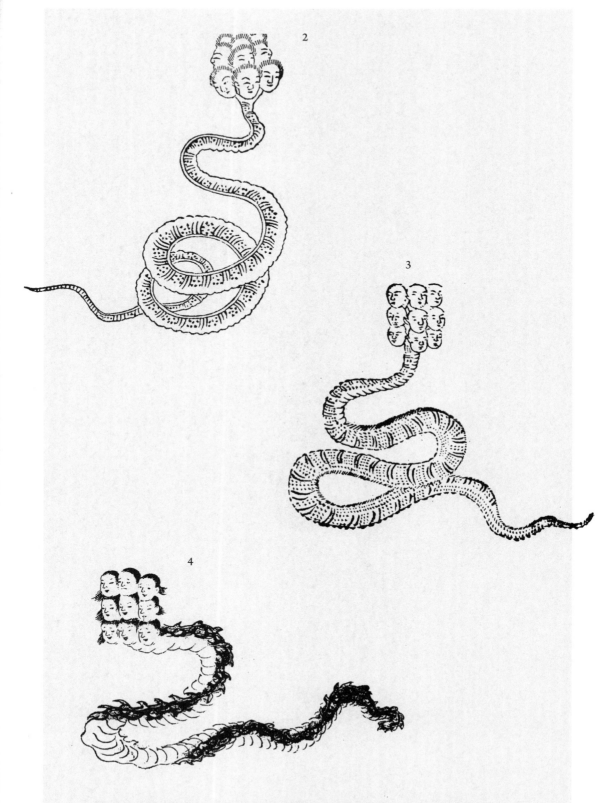

2. 明·蒋应镐绘图本　　3. 明·胡文焕图本，名相抑氏　　4. 日本《怪奇鸟兽图卷》图本

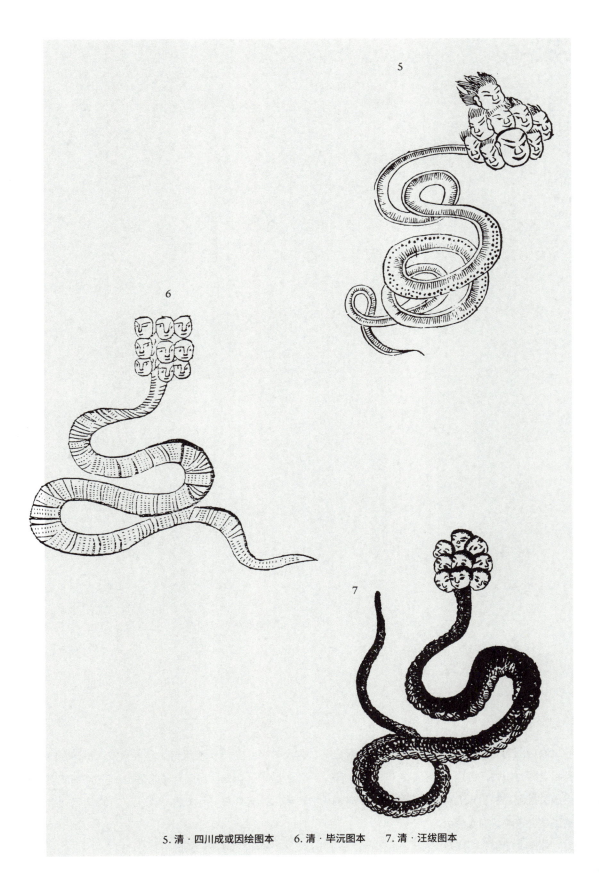

5

6

7

5.清·四川成或因绘图本　　6.清·毕沅图本　　7.清·汪绂图本

深目国

shēn
mù
guó

深目国在其东。为人举一手一目，在共工台东。

深目国为《淮南子》所记海外三十六国之一，其民曰深目民。《大荒北经》："有人方食鱼，名曰深目之国，盼姓，食鱼。"据郭璞《图赞》所说："深目类胡"，可知深目民有可能是胡人。《周书·王会篇》推测，深目人有可能是南方两广一带的少数民族。经文原为"为人举一手一目"，袁珂据其余诸国体例校改"为人深目，举一手"。

郭璞《图赞》："深目类胡，但□绝缩。轩辕道降，款塞归服。穿胸长脚，同会异族。"

1. 明·蒋应镐绘图本　2. 清·四川成或因绘图本　3. 清·《古今图书集成·边裔典》

无肠国

wú
cháng
guó

海外北经

无肠之国在深目东。其为人长而无肠。

　　无肠国又称无腹国，是《淮南子》所记海外三十六国之一，其民为无肠民。《大荒北经》："又有无肠之国，是任姓，无继子，食鱼。"无肠民其人长大，腹内无肠，吃什么都一通到底。《神异经》记，有人知往，有腹无五脏，直而不旋，食物径过，说的就是无肠民。

1

2

1. 清·《古今图书集成·边裔典》　2. 清·《古今图书集成·边裔典》，无腹国

聂耳国

niè ěr guó

海外北经

聂耳之国在无肠国东。使两文虎，为人两手聂其耳。县居海水中，及水所出入奇物。两虎在其东。

聂耳国即儋耳国。《大荒北经》有儋耳之国，任姓，禺号子，食谷。禺号即禺貌，东海之神。聂耳国人是海神之子，所以居住在孤悬于海中的小岛上。这里的人都长着一对长长的耳朵，一直垂到胸前，走路时只好用两只手托着。在聂耳国东边，有两只花斑虎供他们使唤。《淮南子·地形训》无聂耳国，只说夸父、耽耳在其北方，可知耽耳国即聂耳国。唐李冗《独异志》有大耳国，说《山海经》有大耳国，其人寝，常以一耳为席，一耳为衾。

郭璞《图赞》："聂耳之国，海渚是县（悬）。雕虎斯使，奇物毕见。形有相须，手不离面。"

1. 明·蒋应镐绘图本　　2. 清·近文堂图本
3. 清·汪绂图本　　4. 清·《古今图书集成·边裔典》

夸父逐日

kuā
fù
zhú
rì

海外北经

夸父与日逐走，入日。渴欲得饮，饮于河渭。河渭不足，北饮大泽，未至，道渴而死。弃其杖，化为邓林。

夸父逐日的神话又见《大荒北经》："大荒之中，有山，名曰成都载天。有人珥两黄蛇，把两黄蛇，名曰夸父。后土生信，信生夸父。夸父不量力，欲追日景，逮之于禺谷。将饮河而不足也。将走大泽，未至，死于此。"

夸父是炎帝之裔，是神话中巨人族的一支，形貌十分奇特：两只耳朵穿贯两条黄蛇，两只手还抓着两条黄蛇，居住在北方大荒一座名叫成都载天的高山上。有一天，夸父下定决心，要与日竞走，去追赶那光芒万丈的太阳；追啊，追啊，他追到了太阳落山的禺谷，眼看着就要追上太阳了。这时候，他觉得干渴难熬，便俯下身来，一口气把黄河、渭水喝个精光；还不够，又往北向大泽奔去。不幸的是，还没有到达目的地，夸父便因口渴倒地而死。临死时，他把手杖扔了出去，就在手杖落下去的地方，出现了一片桃林，累累鲜桃挂满枝头。桃林又叫邓林，传说在楚地北境。

除了追日的夸父外，《山海经》还有夸父国（**即博父国，见《海外北经》**），是巨人之国。此外，夸父又指经中形似猿猴的怪鸟怪兽，如《北次二经》梁渠山之嚣鸟，其状如夸父；《西次三经》崇吾山之举父，又名夸父。

夸父逐日体现了中国人不屈不挠的奋斗精神，陶潜《读山海经》诗（**第九篇**）说："夸父诞宏志，乃与日竞走。俱至虞渊下，似若无胜负。神力既殊妙，倾河焉足有。余迹寄邓林，功竟在身后。"

郭璞《图赞》："神哉夸父，难以理寻。倾河逐日，遯形邓林。触类而化，应无常心。"

1. 明 · 蒋应镐绘图本　　2. 清 · 四川成或因绘图本

夸父国

kuā
fù
guó

海外北经

博父国在聂耳东。其为人大，右手操青蛇，左手操黄蛇。邓林在其东，二树木。一曰博父。

　　夸父即博父，又即大人或丰人（据郝懿行注），夸父国即博父国。传说夸父是炎帝的苗裔，在炎黄的战争中，被黄帝的神龙——应龙所杀（见《大荒东经》："应龙……杀蚩尤与夸父"，又《大荒北经》："应龙已杀蚩尤，又杀夸父"），夸父的遗裔组成了一个国家，这便是夸父国。夸父国是一个巨人国，这个国家的人，样子和追日的夸父差不多，右手操青蛇，左手操黄蛇。可以想象，追日的夸父是这一巨人族的一员。夸父逐日时，其手杖所化的邓林就在夸父国的东边，邓林辽阔无比，两棵树便可成林。

1. 明·蒋应镐绘图本　　2. 清·四川成或因绘图本　　3. 清·《古今图书集成·边裔典》,名博父国

拘缨国

jū
yīng
guó

拘缨之国在其东。一手把缨。

一曰利缨之国。

拘缨即拘瘿，《淮南子·地形训》有句婴民（**高诱注句婴读为九婴，北方之国**）。郭璞在注中说，拘缨说的是其人常以一手持冠缨。他又说，缨宜作瘿。瘿是一种瘤，多生于颈，其大者如悬瓠，有碍行动，故须以手拘之，拘瘿之国因此而得名（**袁珂注**）。

1

1. 清·《古今图书集成·边裔典》

跂踵国

qǐ
zhǒng
guó

跂踵国在拘缨东。其为人大，两足亦大。一曰大踵。

跂踵即支踵、反踵。跂踵国是《淮南子》所记海外三十六国之一，其民曰跂踵民。这个国家的人用脚趾头走路，行走时脚跟不着地，所以叫跂踵、支踵；又说他们的脚反着生，如果往南走，足迹却向着北方，所以又称反踵。郭璞云："其人行，脚跟不着地也。"《淮南子》有跂踵民，高诱注"跂踵民，踵不至地，以五指（趾）行也。"袁珂按："然《文选》王元长《曲水诗序》注引高注则作'反踵，国名，其人南行，迹北向也。'与此异义。"

郭璞《图赞》："厥形虽（一作惟）大，斯脚则企。跳步雀踊，踵不阂地。应德而臻，款塞归义。"

原经文为"其为人大，两足亦大。一曰大踵。"袁珂据郝懿行校改。蒋应镐绘图本之跂踵国图，显然系据原经文"其为人大，两足亦大"之说而作，却未见"跂踵"的特征。郭璞《图赞》中亦说"厥形惟大"，在大字上做文章，似与跂踵之义不合。汪绂图本之跂踵国图，突出了跂踵民用脚趾头走路、脚跟不着地的特点。

1. 明·蒋应镐绘图本　　2. 清·四川成或因绘图本
3. 清·汪绂图本　　4. 清·《古今图书集成·边裔典》

824

欧丝国

ōu
sī
guó

海外北经

欧丝之野在大踵东。一女子
跪据树欧丝。

　　北海外欧丝之野，有一女子跪在桑树前吐丝。这一生动的蚕女吐丝故事成为日后著名的马头娘传说（见晋干宝《搜神记》）的雏形。

1. 清·四川成或因绘图本　　2. 清·《古今图书集成·边裔典》

騊駼

tǎo
tú

海外北经

北海内有兽，其状如马，名
曰騊駼。有兽焉，其名曰駮，
状如白马，锯牙，食虎豹。
有素兽焉，状如马，名曰蛩
蛩。有青兽焉，状如虎，名
曰罗罗。

騊駼（音陶涂）是北方的一种良马、瑞马、名马，善走，是祥瑞的象征。《兽经》说：马之良者，曰騊駼。《字林》云：騊駼，北狄良马也，一曰野马。《史记》曰：匈奴奇畜则騊駼。《瑞应图》记：幽隐之兽，有明王在位则至。《穆天子传》曰：野马走五百里。《尔雅翼·释兽》记：騊駼，马。《山海经》云：北海内兽，状如马。騊駼，兽之善走者，既如马，又善走。故马之良者，取以为名。

郭璞《图赞》："騊駼野骏，产自北域。交颈相摩，分背翘陆。虽有孙阳，终不在（一作能）服。"

1. 明·蒋应镐绘图本　2. 清·四川成或因绘图本

罗罗

luó
luó

北海内有兽，其状如马，名曰驹騟。有兽焉，其名曰驳，状如白马，锯牙，食虎豹。有素兽焉，状如马，名曰蛩蛩。有青兽焉，状如虎，名曰罗罗。

　　罗罗是虎状兽，古称青虎为罗罗。今云南彝族称虎为罗罗，罗罗是现今彝族三十多个支系中的一个主要支系，是虎的后代、虎人的意思；信仰虎的彝族人自称罗罗人。

1. 明·蒋应镐绘图本　　2. 清·四川成或因绘图本　　3. 清·《古今图书集成·禽虫典》

禺彊

yú
qiáng

海外北经

北方禺彊，人面鸟身，珥两青蛇，践两青蛇。

　　禺彊（音强）即禺强、禺京，北海海神，是东海海神禺猇（音浩）之子。《大荒东经》说："黄帝生禺猇，禺猇生禺京，禺京处北海，禺猇处东海，是为海神。"《大荒北经》又说："有神，人面鸟身，珥两青蛇，践两赤蛇，名曰禺彊。"

　　禺彊字玄冥，是颛顼之佐，又是北方之神、司冬之神。长沙子弹库出土的楚帛书十二月神图上有司冬之神玄冥的形象（图1）。作为北海海神，禺彊的形象特征是人面鸟身，珥蛇践蛇，乘两龙。禺彊同时又是北风风神，其形象特征是人面鱼身（见袁珂注），我们在考古纹饰上见到的鸟鱼合体的形象，正是职掌北海海神与北风风神神职的禺彊（图2）。清代萧云从也为海神禺彊（名玄冥）与风神禺彊（名伯强）各作了一幅图（图3）。禺彊之神职，实海神而兼风神。今见《山海经》所记之禺彊为北海海神，人面鸟身，双耳穿贯两条青蛇，双爪践绕两条青蛇（一说赤蛇），乘驾双龙。而蒋应镐绘图本禺彊图中的禺彊，正是人面鸟身有翼，双耳贯二蛇，双爪（作手状）各有一蛇缠绕，如人一般端坐在双龙身上，在海天之间遨游。汪绂图本之北方禺彊，也是人面鸟身鸟足双翼，双耳贯二蛇，双爪践绕二蛇。

　　郭璞为"北方禺彊"作赞："禺彊水神，面色黧黑。乘龙践蛇，凌云拊翼。灵一玄冥，立于北极。"

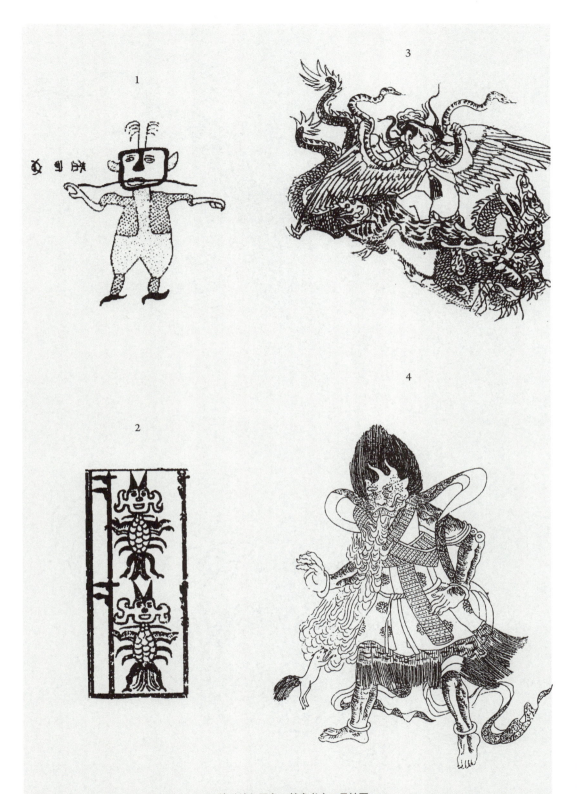

1. 塗（涂）司冬，楚帛书十二月神图
2. 鸟鱼合体兼具巫师职能之海神禺，墓主内棺东侧壁板花纹，湖北随县曾侯乙战国墓出土
3. 清·萧云从《离骚图·远游》，海神玄冥　4. 清·萧云从《天问图》，风神伯强

5. 明·蒋应镐绘图本　　6. 清·四川成或因绘图本

7

8

7.清·汪绂图本　　8.清·《古今图书集成·神异典》

第九卷

海外东经

大人国

dà
rén
guó

海外东经

大人国在其北。为人大，坐而削船。一曰在䃁丘北。

　　大人国是《淮南子》所记海外三十六国之一。《山海经》有关大人国的记载，除《海外东经》外，有《大荒东经》："有波谷山者，有大人之国。有大人之市，名曰大人之堂，有一大人踆其上，张其两臂。"又见《大荒北经》："有人名曰大人。有大人之国，釐姓，黍食。"

　　大人国的人身材高大，据《博物志·异人》记，其人长十丈。《天问》有"长人何守"，《招魂》有"长人千仞"之说，其人高二十多丈。《列子·汤问篇》所记龙伯国大人，"举足不盈数步而暨五山之所"。《海外东经》记："大人国在其北，为人大，坐而削船。"郝懿行注"削船谓操舟也。"袁珂注"削船谓刻治其船也。"据《说文》："削，从刀，训破木。"因此，"坐而削船"似可理解为破木操舟造船。今见清《边裔典》的大人国图，一大人持刀坐在船旁，此大人有可能是原始的造船操舟的工匠神。

1. 明·蒋应镐绘图本,《大荒东经》图　2.清·汪绂图本　3.清·《古今图书集成·边裔典》

奢比尸

shē
bǐ
shī

奢比之尸在其北。兽身人面，大耳，珥两青蛇。一曰肝榆之尸在大人北。

奢北之尸
山海經

奢北之尸。神名。在大人國北。獸身人面犬耳珥音鉺兩青蛇。似蛇貫耳云肝俞之尸。

1

　　奢比尸即肝榆之尸。天神奢比尸的样子很怪，人面兽身，大耳朵，双耳各贯一青蛇。奢比尸又见《大荒东经》："有神，人面、大耳、兽身，珥两青蛇，名曰奢比尸。"

　　尸象是《山海经》中很特殊的神话现象，指的是某些神由于各种不同的原因被杀，但其灵魂不死，以"尸"的形态继续活动。据清代学者陈逢衡在《山海经汇说》中的统计，经中所记尸象"凡十二见"。一些重要的尸象，都可以在各种版本的山海经图中找到图像。

1. 明·《永乐大典》卷九一〇　2. 明·蒋应镐绘图本
3. 明·蒋应镐绘图本,《大荒东经》图　4. 清·《古今图书集成·神异典》

840

5

6

5. 明·胡文焕图本，名奢尸　　6. 日本《怪奇鸟兽图卷》图本，名奢尸

7

8

7.清·近文堂图本　　8.清·汪绂图本

君子国

jūn
zǐ
guó

君子国在其北。衣冠带剑，食兽，使二大虎在旁，其人好让不争。有薰华草，朝生夕死。一曰在肝榆之尸北。

　　君子国是《淮南子》所记海外三十六国之一。《大荒东经》："有东口之山，有君子之国，其人衣冠带剑。"《博物志·外国》记："君子国人，衣冠带剑，使两虎，民衣野丝，好礼让不争。土千里，多薰华之草。民多疾风气，故人不蕃息。好让，故为君子国。"

　　郭璞《图赞》："东方气仁，国有君子。薰华是食，雕虎是使。雅好礼让，礼委论理。"

1. 清·四川成或因绘图本　　2. 清·汪绂图本　　3. 清·《古今图书集成·边裔典》

天吴

tiān
wú

朝阳之谷，神曰天吴，是为水伯。在虫虫北两水间。其为兽也，八首人面，八足八尾，皆青黄。

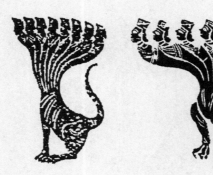

1

　　天吴是水神，生活在朝阳之谷，在双头的虹虹与北两水之间。天吴是人面虎，八首人面，八足八尾（一作十尾），毛色青里带黄。天吴又见于《大荒东经》："有夏州之国。有盖余之国。有神人，八首人面，虎身十尾，名曰天吴。"胡文焕图说："朝阳谷有神，曰天吴，是为水伯。虎身人面，八首、八足、八尾，青黄色。"山东武氏祠汉画像石上的人面八首虎身神似是水神天吴（图1）。

　　郭璞《图赞》："耽耽水伯，号曰谷神。八头十尾，人面虎身。龙据两川，威无不震。"

2

1. 人面八首虎身神，山东嘉祥武氏祠汉画像石　　2. 明·蒋应镐绘图本

3

4

3. 明·胡文焕图本　4. 清·近文堂图本

5

6

5. 清·四川成或因绘图本　　6. 清·汪绂图本

黑齿国

hēi
chǐ
guó

黑齿国在其北。为人黑，食稻啖蛇，一赤一青，在其旁。一曰在坚亥北，为人黑首，食稻使蛇，其一蛇赤。

　　黑齿国为《淮南子》所记海外三十六国之一，其民曰黑齿民。高诱注其人黑齿，食稻啖蛇，在汤谷上。黑齿民是帝俊的后裔，据《大荒东经》："有黑齿之国。帝俊生黑齿，姜姓，黍食，使四鸟。"《东夷传》记：倭国东四十余里，有裸国，裸国东南有黑齿国，船行一年可至也。黑齿国在十个太阳居住的汤谷附近，这里的人喜欢染齿，满嘴的牙都是黑的。他们以稻黍为食，也啖蛇佐餐。赤蛇青蛇是他们的伙伴，又是他们的仆役。《镜花缘》所记的有关黑齿国的两个女学生的故事十分有趣。

　　郭璞《图赞》："汤谷之山，国号黑齿。"

1

1. 清 · 汪绂图本

雨师妾

yǔ
shī
qiè

雨师妾在其北，其为人黑，两手各操一蛇，左耳有青蛇，右耳有赤蛇。一曰在十日北，为人黑身人面，各操一龟。

历代注家对雨师妾有两种看法：

一种看法认为，雨师妾是一个国名（见郝懿行注），或是一个部族名（见袁珂注）。这个国家的人通体黑色，双手各操一蛇，左耳挂着青蛇，右耳挂着红蛇，是一个与蛇共生的部族；又说这里的人是人的面孔，身子是黑的，双手各握一龟。

另一种看法认为，雨师妾为雨师之妾。《焦氏易林》说："雨师娶妇。"郭璞注此经时只注雨师，说雨师即布雨之神屏翳。郭璞在赞词中称雨师妾为雨师之妾。胡文焕《山海经图》图说："屏翳在海东之北，其兽两手各拿一蛇，左耳贯青蛇，右耳贯赤蛇，黑面黑身，时人谓之雨师。"胡氏认为此神是雨师屏翳，因其黑面黑身而名之为"黑人"。《禽虫典·异兽部》采用《三才图会》（明代王圻与其子王思义辑）之屏翳图，其图与吴任臣等图本的雨师妾图同，可知吴任臣等把《三才图会》之雨师屏翳图采之为雨师妾图。《三才图会》把雨师屏翳放在异兽部，可见古神的面貌亦人亦兽，时雄时雌，时有变化。

郭璞《图赞》："雨师之妾，以蛇挂耳。"

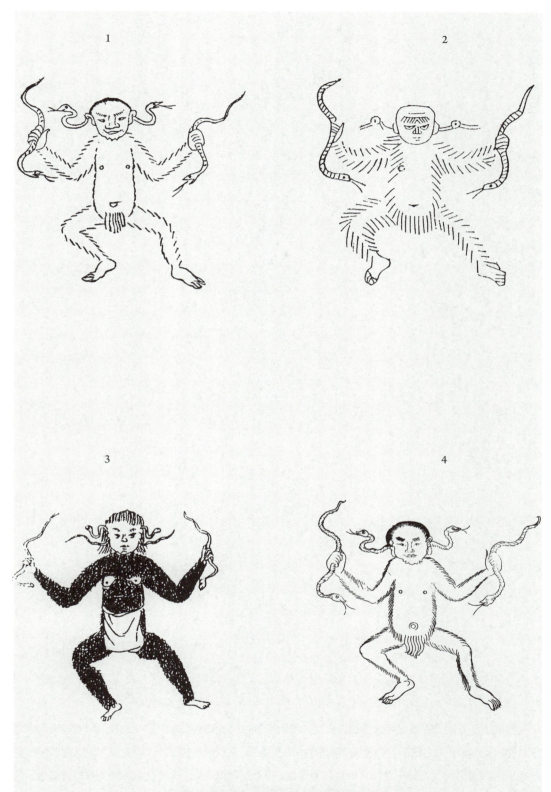

1. 明·胡文焕图本，名黑人　　2. 清·近文堂图本
3. 清·汪绂图本　　4. 清·《古今图书集成·禽虫典》，名屏翳

玄股国

xuán
gǔ
guó

玄股之国在其北。其为人衣鱼食鸥，使两鸟夹之。一曰在雨师妾北。

　　玄股又名元股，玄股国是水中之国，是《淮南子》所记海外三十六国之一，其民曰玄股民。郭璞注，髀以下尽黑，故名玄股。杨慎说，躯即鸥，衣鱼食鸥，盖水中国也。《大荒东经》也有玄股国："有招摇山，融水出焉。有国曰玄股，黍食，使四鸟。"这个国家的人，从腰以下，整条腿都是黑色。他们住在水边，以鱼皮为衣，食黍谷，也以水鸥为食。鸟是他们的伙伴和仆役。

　　郭璞《图赞》："玄股食鸥，劳民黑趾。"

1

2

1. 清·汪绂图本   2. 清·《古今图书集成·边裔典》

毛民国

máo
mín
guó

毛民之国在其北。为人身生
毛。一曰在玄股北。

海外东经

　　《大荒北经》亦有毛民国："有毛民之国，依姓，食黍，使四鸟。禹生均国，均国生役采，役采生
修鞈（**音革**），修鞈杀绰人。帝念之，潜为之国，是此毛民。"毛民国为《淮南子》所记海外三十六
国之一，其民曰毛民。传说毛民在大海洲岛上，离临海郡东南二千里，其人身材矮小，不穿衣服，
脸上身上都长着箭镞一般的硬毛，住在山洞里。《太平御览》卷三七三引《临海异物志》中有毛人洲，
又卷七九〇引《土物志》中亦有毛人之洲的记载。

　　郭璞《图赞》："牢悲海鸟，西子骇麇。或贵穴倮，或尊裳（**一作常**）衣。物我相倾，孰了是非。"

855

1

2

3

1.明·蒋应镐绘图本,《大荒北经》图　2.清·近文堂图本　3.清·四川成或因绘图本

4

5

4. 清·汪绂图本　　5. 上海锦章图本

6

7

6. 清·《古今图书集成·边裔典》，海外东经毛民国　　7. 清·《古今图书集成·边裔典》，大荒北经毛民国

劳民国

láo
mín
guó

劳民国在其北。其为人黑。

或曰教民，一曰在毛民北，

为人面目手足尽黑。

　　劳民国为《淮南子》所记海外三十六国之一，其民曰劳民。郭璞注，劳民食果草实，有一鸟两头。郝懿行注"今鱼皮岛夷之东北有劳国，疑即此，其人与鱼皮夷面目手足皆黑色也。"劳民国的特征，一是其人手足皆黑；二是食果草实；三是在他身旁有一两头鸟与之作伴。今见蒋应镐绘图本的劳民，手拿果草实，但不是手足皆黑；旁有一鸟，但非两头，是否劳民国的图，待考。

　　郭璞《图赞》："玄股食鸥，劳民黑趾。"

1

2

1. 明·蒋应镐绘图本　2. 清·《古今图书集成·边裔典》

860

句芒

gōu
máng

东方句芒，鸟身人面。乘两龙。

1

　　句（音勾）芒是古神话中的木神、春神、树木之神，又是生命之神。句芒神名重，是西方天帝少昊之子，后来却成为东方天帝伏羲的辅佐。《淮南子·天文训》："东方木也，其帝太皞，其佐句芒，执规而治春。"句芒是春天生长之神，取名句芒，是因为物始生皆勾屈而芒角。郭璞注"木神也，方面素服。"句芒的样子很奇特：人的脑袋，鸟的身子，四方脸，穿素衣，执规治春。长沙子弹库出土的战国楚帛书十二月神图上，有司春之神句芒的形象（图1）。

　　郭璞《图赞》："有神人面，身鸟素服。衔帝之命，锡龄秦穆。皇天无亲，行善有福。"

　　句芒图有二形：

　　其一，人面、人身、方脸、素服、鸟爪、乘龙，如图2、3；

　　其二，人面、鸟身、鸟爪、双翼、驾龙，如图4。

2

1. 秉司春，楚帛书十二月神图　　2. 明·蒋应镐绘图本

3

3. 清·四川成或因绘图本

4

4.清·汪绂图本，名东方句芒

第十卷

海内南经

枭阳国

xiāo
yáng
guó

海内南经

枭阳国，在北朐之西。其为人，人面长唇，黑身有毛，反踵，见人笑亦笑，左手操管。

枭阳又称噪阳、枭羊，民间叫作山大人。枭阳属山猈、山獋、山都、山精、狒狒类，是一种食人畏兽。枭阳的样子像人，人的脸上有一副长可遮额的长唇，嘴大，浑身黑毛，脚掌反生，披发执管。这类怪兽性不畏人，还喜欢抓人。传说它抓到人后，张开大嘴，把长长的嘴唇翻转盖在额头上，嗷嗷大笑，笑够了才动手。人也有办法对付它：拿竹筒套在手上，待它把人抓住，正张口大笑之时，人抽出双手，用刀把怪物的长唇凿在额头上，这庞然大物便乖乖被擒。《异物志》生动地记载了枭羊被擒的情形："枭羊善食人，大口。其初得人，喜笑，则唇上覆额，移时而后食之。人因为筒贯于臂上，待执人，人即袖手从筒中出，凿其唇于额而得擒之。"

传说枭阳害怕火的噼啪声。民间有放爆竹辟山獋恶鬼之俗。据《荆楚岁时记》："正月一日，鸡鸣而起，先于庭前爆竹，以辟山獋恶鬼。"枭阳国人又名赣巨人。据《海内经》："南方有赣巨人，人面长唇，黑身有毛，反踵，见人则笑，唇蔽其目，因可逃也。"胡文焕《山海经图》据"其状如人"之说，名之为"如人"："东阳国，有寓寓，《尔雅》作狒狒状，似人黑身披发，见人则笑，笑则唇掩其目。郭璞云：狒狒，怪兽，披发操竹，获人则笑，唇蔽其目，终乃号咷，反为我戮。"《边裔典》的枭阳国图有两个形象：一、兽首人身鸟足，身黑，右手送蛇入口啖之；二、人面人身，黑脸黑身，反踵，大嘴作笑状，显示出与诸本不同的风格。

郭璞《图赞》："禺禺（一作髴髴）怪兽，被（一作披）发操竹。获人则笑，唇蔽（一作盖）其目。终亦号咷，反为我戮。"

1. 明·蒋应镐绘图本

2. 明·胡文焕图本，名如人　　3. 日本《怪奇鸟兽图卷》图本，名狒狒　　4. 清·近文堂图本

869

5. 清·四川成或因绘图本　　6. 清·汪绂图本　　7. 清·《古今图书集成·边裔典》，枭阳国

窫窳

*龙首食人

yà
yǔ

窫窳，龙首，居弱水中，在
狌狌知人名之西。其状如龙
首，食人。

海内南经

窫窳（音亚余）原是一位人面蛇身的古天神（见《海内西经》），被贰负神杀死后，变成了人面牛身马足的怪物（见《北山经》）。另有传说，窫窳并没有多大过失，被杀死后，天帝命开明东的群巫用不死药救活了窫窳，复活了的窫窳以龙首的面目出现，以食人为生。郭璞《图赞》记述的便是这则传说。

郭璞《图赞·海内西经》："窫窳无罪，见害贰负。帝命群巫，操药夹守。遂沦弱渊，变为龙首。"

氏人国

dī
rén
guó

氏人国在建木西。其为人，
人面而鱼身，无足。

海内南经

氏人国即互人国，其人人面鱼身。据《大荒西经》："有互人之国，炎帝之孙，名曰灵恝（音契），灵恝生互人，是能上下于天。"氏人是炎帝的后裔，人面鱼身，胸以上为人，胸以下为鱼；没有脚，却颇有神通，能上下于天，沟通天地。氏人属人鱼类，有关的神话故事不少，据《竹书纪年》记载，禹观于河，有长人，白面鱼身，长人对禹说自己是河精。由此可知，在古人眼中，氏人又是河神。

郭璞《图赞》："炎帝之苗，实生氏人。死则复苏，厥身为鳞。云南是托，浮游天津。"其中的"死则复苏"一语，未见记载。

1.明·蒋应镐绘图本　　2.清·四川成或因绘图本

1

2

1

1.明·蒋应镐绘图本

872

2

3

2. 清·近文堂图本　　3. 清·四川成或因绘图本

4

5

4.清·汪绂图本　　5.清·《古今图书集成·边裔典》

巴蛇

bā
shé

海内南经

巴蛇食象，三岁而出其骨。君子服之，无心腹之疾。其为蛇，青黄赤黑。一曰黑蛇青首，在犀牛西。

巴蛇又名食象蛇、灵蛇、修蛇。巴蛇是南方的一种蚺蛇，蟒蛇中之巨者。周身色彩斑斓，也有黑青色的。巴蛇产于岭南，大者十余丈，食麋鹿，骨角随腐。《本草纲目》说，蚺蛇以不举首者为真，故世称南蛇为埋头蛇。胡文焕图说："南海外有巴蛇，身长百寻，其色青黄赤黑，食象，三岁而出其骨，今南方蚺蛇亦吞鹿也。肉烂则自绞于树腹中，骨皆穿鳞甲间出，亦此之类也。"

《海内经》朱卷国有"青首、食象"的黑蛇；《北山经》大咸山有"其毛如彘毫，其音如鼓柝"的长蛇；《北次三经》錞于毋逢山有"赤首白身、其音如牛，见则其邑大旱"的大蛇，都属于巴蛇一类。

有关巴蛇的传说很多，最有名的当属"巴蛇食象"和"羿断修蛇于洞庭"的故事。巴蛇吞象之说十分古老，顾名思义，象是庞然大物，能吞象之蛇，究竟有多大？故屈子在《楚辞·天问》中说："一蛇吞象，厥大何如？"王逸注引此经作"灵蛇吞象"。萧云从《天问图》中有图（图1）。

郭璞《图赞》："象实巨兽，有蛇吞之。越出其骨，三年为期。厥大如何（**一作何如**），屈生是疑。"

1

1. 清·萧云从《离骚图·天问》，巴蛇吞象

2

3

4

2. 明·蒋应镐绘图本　　3. 明·胡文焕图本　　4. 清·汪绂图本

5

5. 清·《古今图书集成·禽虫典》

旄马

máo
mǎ

旄马，其状如马，四节有毛。在巴蛇西北，高山南。

旄马即髦马，样子像马，四节有毛。《穆子天传》中所谓豪马，即旄马，又称髦马。胡文焕图说："南海外有旄马，状如马，而足有四节，垂毛，即《穆天子传》所谓豪马也。在巴蛇西北，高山之南。"

1

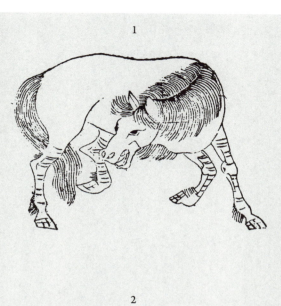

2

3

1. 明·胡文焕图本　　2. 清·吴任臣康熙图本　　3. 清·汪绂图本

第十一卷

海内西经

贰负臣危

èr
fù
chén
wēi

海内西经

贰负之臣曰危。危与贰负杀窫窳，帝乃梏之疏属之山，桎其右足，反缚两手与发，系之山上木。在开题西北。

危是贰负神的臣子，要说危的故事，首先要说说贰负神。贰负神是一个人面蛇身的天神（见《海内北经》），他的臣子名危。有一次，危和贰负把另一个人面蛇身的天神窫窳（见《北山经》《海内南经》《海内西经》）杀死了，黄帝知道以后，便命人把危绑在疏属山上，给他的右脚上了枷，反绑了双手，拴在山头的大树下。

传说几千年后，汉宣帝时，有人在石室中发现一反缚械人，据说这便是当年被黄帝反绑之贰负臣危。这里面还有一段有趣的故事。据郭璞在此经的注中说："汉宣帝使人（凿）上郡发盘（一作磐）石，石室中得一人，跣踝被发，反缚，械一足，（时人不识，乃载之于长安，帝）以问群臣，莫能知。刘子政（刘向）按此言对之，宣帝大惊，于是时人争学《山海经》矣。"由此得知石室中之一人为贰负臣危，郭璞《图赞》所说"汉击磐石，其中则危"，也可证明。

汉刘秀（歆）《上山海经表》中早已讲述过这则神话，但他所说石室中反缚之人是贰负，与经文所记不同。又，据唐李冗《独异志》的记载，汉宣帝时，有人于疏属山石盖下得二人，俱被桎梏，将至长安，乃变为石。可知到了唐代，石室中被反缚者已是二人，神话在流传中的变异真是处处可见。

原经文"反缚两手与发"，今见几种本子的画工都据此作图，吴任臣等几个图本的神名解释上也明确写着这句话。

郭璞《图赞》："汉击磐石，其中则危。刘生是识，群臣莫知。可谓博物，山海乃奇。"

1

1. 明·蒋应镐绘图本

884

2. 清·四川成或因绘图本　　3. 清·《古今图书集成·神异典》

4

5

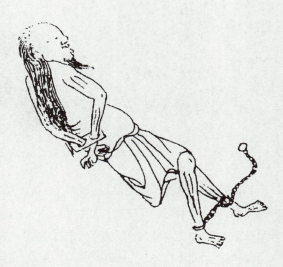

4. 清·郝懿行图本   5. 清·汪绂图本

开明兽

kāi
míng
shòu

海内西经

昆仑南渊，深三百仞。开明兽身大类虎而九首，皆人面，东向立昆仑上。

海内西经

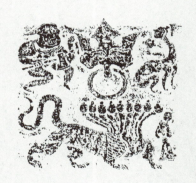

1

2

　　开明兽是神话中把守帝都开明门的天兽，是昆仑山山神，又是黄帝帝都的守卫者。开明兽是人虎共体的神兽，样子像虎，却长着九个人的脑袋，日夜守卫在昆仑山冈上。《山海经》所记昆仑山神有三，三者实为一神。开明兽即《西次三经》之神陆吾，又即《大荒西经》之人面虎身神，上述三神的形貌都是人虎共体之神兽，虽有九首（**开明兽**）、九尾（**神陆吾**）之别，正是神话传说变异的反映。三神的神职同是昆仑之守，又是昆仑山神。汉画像石上有不少人面九首兽纹饰（**图1**）。

　　神话中的虎状神兽不少，《骈雅》说，虎，大面长尾曰酋耳（《周书·王会》），长尾而五采曰驺吾（《海内北经》），九首而人面曰开明。

　　郭璞作《铭》："开明为（**汪绂本作天**）兽，禀资乾精。瞵视昆仑，威振（**一作震**）百灵。"《图赞》："开明天兽，禀兹金（《**百子全书**》**本作食**）精。虎身人面，表此桀形。瞵视昆山，威慑百灵。"

3

1. 人面九头兽，山东济宁南张汉画像石　　2. 人面九头兽，山东嘉祥花林汉画像石
3. 明·蒋应镐绘图本

4

4. 清·四川成或因绘图本

5

6

5. 清·汪绂图本　　6. 清·《古今图书集成·禽虫典》

凤皇

fèng
huáng

开明西有凤皇、鸾鸟，皆戴蛇践蛇，膺有赤蛇。

　　凤皇是祥瑞禽鸟。已见《南次三经》丹穴山。开明北的凤皇、鸾鸟，头上戴瞂（**音伐**）。瞂，盾也，宋本作戚，《集韵》解释，此字或从戈。今见蒋应镐绘图本与成或因绘图本的凤皇图，左爪抓一长矛，未明其解。

1. 明·蒋应镐绘图本　2. 清·四川成或因绘图本

窫窳

*人首蛇身

yà
yǔ

海内西经

开明东有巫彭、巫抵、巫阳、巫履、巫凡、巫相，夹窫窳之尸，皆操不死之药以距之。窫窳者，蛇身人面，贰负臣所杀也。

窫窳原是一位蛇身人面的天神，被天神贰负和他的臣子危杀死，黄帝很生气，命人把危（一说连同贰负）反缚在疏属山的大树下（见《海内西经》）。然后又命巫彭等神医操不死之药，把死去的窫窳救活。复活后的窫窳变成了如牛、如虎、龙首之食人怪兽（见《北山经》《海内南经》）。本经的窫窳，人首蛇身，是此神的原貌。

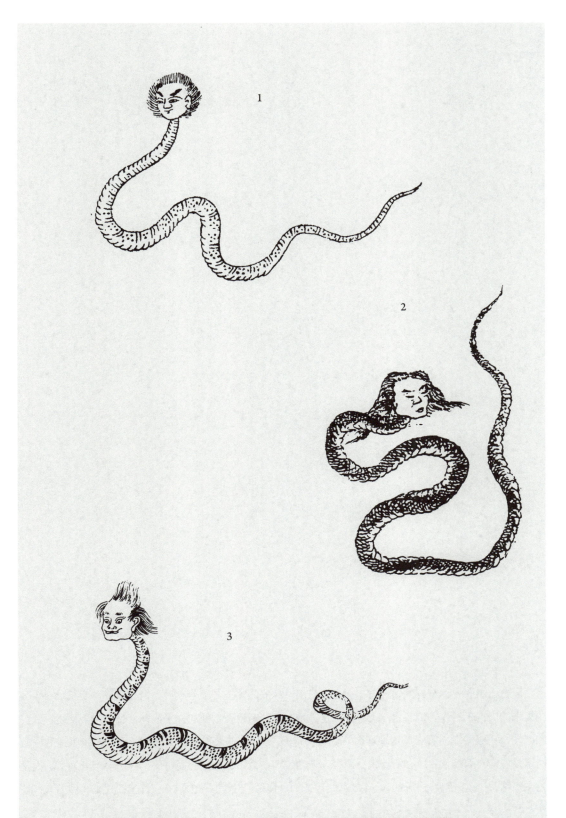

1.明·蒋应镐绘图本　　2.清·汪绂图本　　3.清·《古今图书集成·神异典》

三头人

sān
tóu
rén

海内西经

服常树，其上有三头人，伺
琅玕树。

　　昆仑山上有一种奇异的琅玕树，树上能长出珍珠般的美玉，十分珍贵。为此黄帝特地派了一个名叫离朱的天神，日夜守护着它。天神离朱是黄帝时候的明目者，他的样子很怪，长着三个脑袋，六只眼睛。六只眼睛轮流看守着这琅玕树，真可谓万无一失了。《太平御览》九一五卷引老子讲述的一个故事，说南方有鸟，名凤，所居积石千里。天为生食，其树名琼枝，高百仞，以璆琳琅玕为实。天又为生离珠，一人三头，递卧递起，以伺琅玕。《海外南经》也有三首国："三首国在其东，其为人一身三首。"

　　郭璞《图赞》："服常琅玕，昆山奇树。丹实珠离，绿叶碧布。三头是伺，递望递顾。"

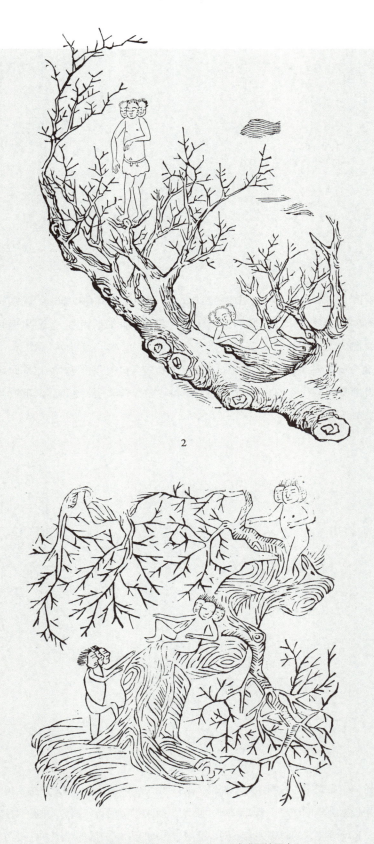

1. 明·蒋应镐绘图本　　2. 清·四川成或因绘图本

树鸟

shù
niǎo

开明南有树，鸟六首，蛟、蝮蛇、蜼、豹、鸟秩树，于表池树木，诵鸟、隼、视肉。

树鸟是开明南的一种鸟。郝懿行对此经断句为："开明南有树（指绛树），鸟六首（指《大荒西经》互人国之青鸟：有青鸟，身黄，赤足，名曰鹦鸟），蛟……"袁珂对此经断句为："开明南有树鸟，六首（指上述《大荒西经》之鹦鸟）；蛟、蝮、蛇……"

今见明代蒋应镐绘图本第五十六图上，树下有六首蛟，树上有一鸟，姑且称此鸟为树鸟，存疑。从上面所举诸注家及画工对经文理解不同，甚至断句与标点不同，都会出现不同的神话形象，可知神话变异的现象处处可见。

六首蛟

liù
shǒu
jiāo

开明南有树，鸟六首，蛟、蝮蛇、蜼、豹、鸟秩树，于表池树木，诵鸟、隼、视肉。

六首蛟似蛇，蛇身蛇尾，四脚，六个脑袋，系开明南一带的奇异动物。此图初见于明代蒋应镐绘图本，其蛟形是根据郭璞的注释（似蛇而四脚）而绘，反映了明代蒋应镐等与画工对经文的独特理解，与后来郝懿行、袁珂等注家的解释完全不同。清咸丰年间四川成或因的绘图本在设图和创意上，显然参考了蒋氏绘图本，但在造型上却有自己的特点。

1. 明·蒋应镐绘图本

1

1

2

1. 清·蒋应镐绘图本　　2. 清·四川成或因绘图本

第十二卷

海内北经

西王母

xī
wáng
mǔ

海内北经

西王母，梯几而戴胜杖。其南有三青鸟，为西王母取食。在昆仑虚北。

西王母已见《西次三经》玉山。作为司瘟疫刑罚的原始天神，作为昆仑山、蛇巫山的山神，西王母有两个显著的特征：一、其原始形貌为戴胜、豹尾虎齿；二、有三青鸟、三足乌为之取食与使唤，开明兽为之守卫。本经所记昆仑虚北、蛇巫山的西王母，倚在一几案旁，头戴玉胜，持杖；右有三青鸟，左有三足乌供其遣使，构成古代神话中西王母系列原始图像的典型画面。

三足乌

sān
zú
wū

海内北经

西王母，梯几而戴胜杖。其南有三青鸟，为西王母取食。在昆仑虚北。

三足乌是日中神鸟。虽未见于本经经文，却出现于郭璞的注中。三足乌有双重身份：

一、三足乌作为供西王母差遣、为之取食的使者、侍者。《史记》司马相如《大人赋》说："亦幸有三足乌为之使。"汉代以后，三足乌还充当人神沟通的角色，与三青鸟、九尾狐一起，作为祥瑞的象征，成为西王母神话系列原始图像中重要的组成部分。

二、三足乌作为阳鸟、日中神鸟。《大荒东经》说："汤谷上有扶木。一日方至，一日方出，皆载于乌。"乌，即三足乌，又名踆乌、阳乌，是日中神鸟。早期的阳乌二足，到了东汉始与三足乌相合。在羿射十日的神话中，中其九日，日中九乌皆死，堕其羽翼，可知三足乌亦为日中之精。郭璞为"十日"与阳鸟作《图赞》："十日并出，草木焦枯。羿乃控弦，仰落阳乌。可谓洞感，天人悬符。"

1.明·蒋应镐绘图本　　2.清·四川成或因绘图本

1.典型三足乌，河南南阳唐河汉画像石　　2.北京石景山八角村魏晋墓石龛内顶彩绘

犬戎国

quǎn
róng
guó

犬封国，曰犬戎国，状如犬。

有一女子，方跪进杯食。有

文马，缟身朱鬣，目若黄金，

名曰吉量，乘之寿千岁。

犬戎国即犬封国、狗国。据《淮南子》记，狗国在建木东；据《伊尹四方令》记，在昆仑正西。传说从前盘瓠杀戎王，高辛以美女妻之，并在会稽东海中，封地三百里，生男为狗，女为美人，这就是狗封国、犬封国，又称犬戎国。杨慎在《山海经补注》中，记述了明代云南少数民族流传的女子跪进杯食的风俗："今云南百夷之地，女多美，其俗不论贵贱。人有数妻，妻妾事夫如事君，不相妒忌。夫就妾宿，虽妻亦反服役也，云重夫主也。进食更衣必跪，不敢仰视。近日姜梦宾为兵备，亲至其地，归戏谓人曰，中国称文王妃后不妒，百夷之妇，家家文王妃后也。跪进杯食，盖纪其俗。"

犬戎是黄帝的后裔。《山海经》有关犬戎的记载，除本经外，《大荒北经》说："有人名曰犬戎。黄帝生苗龙，苗龙生融吾，融吾生弄（郭注一作卞）明，弄明生白犬，白犬有牝牡，是为犬戎。"郭璞注"黄帝之后卞明生白犬二头，自相牝牡，遂为此国，言狗国也。"《大荒北经》又说："有犬戎国。有神（一作人），人面兽身，名曰犬戎。"这人面兽身的犬戎有可能是盘瓠（音户）的原型。晋干宝《搜神记》《后汉书·南蛮传》等有关盘瓠的记载与犬戎的神话也有关系。

1

1. 明·蒋应镐绘图本

2

2. 清·四川成或因绘图本

3

4

3. 清·汪绂图本　　4. 清·《古今图书集成·边裔典》, 狗国

吉量

jí liàng

海内北经

犬封国，曰犬戎国，状如犬。

有一女子，方跪进杯食。有

文马，缟身朱鬣，目若黄金，

名曰吉量，乘之寿千岁。

　　神马吉量又名吉良、吉黄、吉皇、鸡斯之乘，是一种祥瑞吉光之兽。吉良为马中精英，十分威武，纯白的马身，脖子上披着红色的鬣毛，有如鸡尾下垂，两只眼睛放射出金色的光芒，故有鸡斯之乘的美称。据说周文王时，犬戎曾献此马，乘上吉良马的人可寿千岁。据史书记载，商纣王拘文王于羑里，太公与散宜生曾以千金求吉良献纣，以解文王之囚。

　　郭璞《图赞》："金精朱鬣，龙行驳驸。拾节鸿骛，尘不及起。是谓吉黄，释圣牖里。"

1. 明·蒋应镐绘图本　2. 清·四川成或因绘图本

鬼国

guǐ
guó

海内北经

鬼国，在贰负之尸北，为物人面而一目。一曰贰负神在其东，为物人面蛇身。

鬼国即一目国，其人人面，一只眼睛生在脸面正中央。《山海经》的一目人有三：除鬼国外，《海外北经》有一目国，《大荒北经》有威姓少昊之子。

今见三幅鬼国图，其一目都是横目。有二形：

其一，人形，如图1、2；

其二，人面蛇，如图3。

909

1.明·蒋应镐绘图本　　2.清·四川成或因绘图本　　3.清·《古今图书集成·边裔典》

贰负神

èr
fù
shén

鬼国，在贰负之尸北，为物人面而一目。一曰贰负神在其东，为物人面蛇身。

1

　　贰负是一个人面蛇身的天神，传说他曾和他的一个名叫危的臣子，把另一位人面蛇身的天神窫窳杀死，被黄帝反缚在疏属山下（**一说被缚的只有危**）。贰负神的故事见本书《海内西经》贰负臣危。本经的人面蛇身神是贰负神的原始图像。

2

3

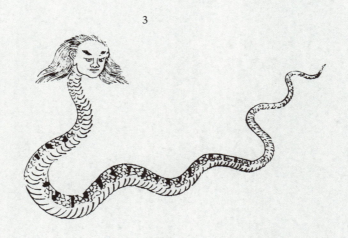

1.明·蒋应镐绘图本　　2.清·四川成或因绘图本　　3.清·《古今图书集成·神异典》

蛪犬

táo
quǎn

蛪犬，如犬，青，食人从首始。

　　蛪（音陶）犬是食人畏兽，妖灾之兽。样子像狗，青色（经文中"色"字原无，袁珂从郝懿行校增）；据说蛪犬食人从脑袋开始。《说文》说，蛪犬是北方的食人兽。

　　郭璞《图赞》："鬼神蛪犬，主为妖灾。"

1. 明·蒋应镐绘图本　2. 清·四川成或因绘图本

穷奇

*似虎

qióng
qí

海内北经

穷奇，状如虎，有翼，食人从首始，所食被发。在蜪犬北。一曰从足。

1

穷奇是食人畏兽。关于它的形状，各说不一：一说它像牛，一说它如虎有翼，也有说狗头人身的（见《西次四经》）。本经的穷奇，形状为有翼之虎。

穷奇是四凶之一。据《太平御览》记："北方有兽，如虎有翼，名穷奇，即此。又穷奇、浑敦、梼杌（音陶物）、饕餮，是为四凶，取此义也。"在古代大傩仪中，穷奇是十二神兽之一，与腾根一起"食蛊"。在民间信仰中，有翼虎穷奇常充当驱邪逐疫的角色（图1）。

穷奇的本性是食人，本经所记穷奇之食人，或从首始，或从足始；可见经文是说图之词，有不同的图像才有不同的说法。由此推测，古图也有一神二图或一神多图的可能。从已见的若干穷奇图来看，都没有见到穷奇食人的图像。有趣的是，《神异经》所记穷奇之食人是有选择的，专门吃忠信正直的人，而对那些恶逆不善者，还杀了兽去讨好他们，其德行与人间之小人走狗无异。

穷奇图有二形：

其一，有翼兽，不似虎，如图2；

其二，虎，无翼，如图3。

2

3

1. 有翼虎穷奇，河南南阳汉画像石　　2. 明·蒋应镐绘图本　　3. 清·四川成或因绘图本

大蠭

dà
fēng

*大蜂

海内北经

大蠭，其状如螽。朱蛾，其状如蛾。

大蠭即大蜂。《楚辞·招魂》："玄蠭（一作蜂）若壶。"王逸注"壶，乾瓠也；言旷野之中，有飞蠭腹大如壶，有蛊毒，能杀人也。"

郭璞《图赞》："大蜂朱蛾，群帝之台。"

阘非

tà
fēi

海内北经

阘非，人面而兽身，黄色。

阘（音榻）非是人面兽，浑身青色。

郭璞《图赞》："人面兽身，是谓阘非。"

1. 明·蒋应镐绘图本

1

1

2

1. 明·蒋应镐绘图本　　2. 清·四川成或因绘图本

据比尸

jù
bǐ
shī

据比之尸，其为人折颈披发，无一手。

据北之尸 山海經

海内昆仑虚北有据北之尸。其人折颈披发一手。

据比即诸比、掾比（均一音之转）。据比是天神，被杀后，其灵魂不死，成为据比之尸。据比尸的样子很怪，脖子被砍断，被发折颈，脑袋耷拉在后面，一只胳臂也没有了。袁珂按："《淮南子·地形训》云：'诸比，凉风之所生也。'高诱注'诸比，天神也。'疑即据比、掾比。"明初《永乐大典》卷九一〇所收的据比（作北字）尸图，是目前所见最早的两幅山海经图（**另一幅是《海外东经》的奢比尸图**）之一，此图下面的释文说："海内昆仑虚北有据北（比）之尸，其人折颈披发一手。"

郭璞《图赞》："被发折颈，据比之尸。"

2

3

1. 明初《永乐大典》卷九一〇，名据北之尸　2. 明·蒋应镐绘图本　3. 清·四川成或因绘图本

环狗

huán
gǒu

海内北经

环狗，其为人兽首人身。一曰蝟状如狗，黄色。

环狗是狗头人，其形体为狗头人身。从形状看，环狗属于犬戎、狗封一类以狗为信仰的族群。汪绂本的环狗是一狗头人，肌肉特别发达。

1

2

3

1.明·蒋应镐绘图本　　2.清·四川成或因绘图本　　3.清·汪绂图本

魅

mèi

海内北经

魅，其为物人身，黑首从目。

　　魅（**音妹**）即鬼魅、精怪。样子很可怕，人的身子，黑脸，眉目竖长是此怪最醒目的特点。魅是山泽恶鬼，《后汉书·礼仪志》说，在大傩中，有雄伯专门食魅。"从目"，即纵目、直目。纵目，在民族文化史和文化学上是一种象征符号。所谓魅，可能有古代纵目族群的背景。

　　郭璞《图赞》："戎三其角，魅竖其眉。"

923

1.明·蒋应镐绘图本   2.清·四川成或因绘图本   3.清·汪绂图本

戎

róng

戎，其为人人手三角。

海内北经

戎是古代族群,后来成为古代少数民族的泛称,把居住在西部的少数民族称为西戎。《山海经》说,戎的特点是脑袋上长着三只角。从民族学的角度看,在巫师的头(或帽子)上装饰以动物之角,是相当普遍的一种风习,特别是何以有三角这个数字,其中必然包含着原始信仰的含义。戎人之"人首三角"可能是这种风习的原始。

郭璞《图赞》:"戎三其角,袜竖其眉。"

1. 明·蒋应镐绘图本　2. 清·四川成或因绘图本　3. 清·汪绂图本

驺吾

zōu
wú

海内北经

林氏国，有珍兽，大若虎，
五采毕具，尾长于身，名曰
驺吾，乘之日行千里。

1

　　驺吾即驺虞，是一种虎状神兽、祥瑞之兽。驺吾被奉为圣兽、仁德忠义之兽。传说林氏国的珍兽驺吾，其大如虎，五采毕具，尾长于身，日行千里；又说驺虞即白虎，黑文，尾长于躯，不食生物，不履生草，食自死之肉，君王有德则见（见《毛诗传》《埤雅》）。长沙子弹库出土的楚帛书十二月神图上有驺吾图（图1）。

　　胡文焕《山海经图》："林氏国在海外。有仁兽，如虎五采，尾长于身，不食生物，名曰驺虞。乘之，日行千里。《六韬》云：纣囚文王，其臣闳夭求得此兽献之，纣大悦，乃释文王。"自古以来，驺虞作为仁义的象征，其外猛而威内的品格，被历代学者文人所赞颂。汉司马相如《封禅颂》说："般般之兽，乐我君囿。白质黑章，其仪可嘉。"后汉蔡邕有《五灵颂》，吴薛综有《驺虞颂》，明胡俨有《驺虞赋》，等等。最值得注意的是唐白居易的《驺虞画赞》，其序曰："驺虞，仁瑞之兽也。其所感所食，暨形状质文，孙氏《瑞应图》具载其事。元和九年夏，有以驺虞图赠予者，予爱其外猛而威内，仁而信，又嗟其旷代不觌，引笔赞之。"

　　经文中说，驺吾"大若虎"，只言大小似虎，未说形貌，这种不确定性，造成了山海经图的驺吾出现了如马、如虎二形：

　　其一，如马，如图2、3；

　　其二，如虎，如图4、5、6、7、8。

　　郭璞《图赞》："怪兽五彩，尾参于身。矫足千里，儵忽若神。是谓驺虞，诗叹其仁。"

2

3

1. 取（陬）于下，楚帛书十二月神图　　2. 明·蒋应镐绘图本　　3. 清·四川成或因绘图本

4

5

4. 明·胡文焕图本，名驺虞　　5. 日本《怪奇鸟兽图卷》图本，名驺虞

6. 清 · 近文堂图本，名驺虞　　7. 清 · 汪绂图本　　8. 清 ·《古今图书集成 · 禽虫典》，名驺虞

冰夷

^{*河伯}

bīng
yí

从极之渊，深三百仞，维冰夷恒都焉。冰夷人面，乘两龙。一曰忠极之渊。

　　水神冰夷，又名冯夷、无夷，即河伯。传说河伯冯夷是华阴潼乡人，曾服一种名叫八石的药成仙而为水神（见《庄子·大宗师》司马彪注）。郭璞在《图赞》中讲述的就是这个故事。

　　关于河伯的形貌，一说"人面，乘两龙"（见《海内北经》）；一说"河伯人面，乘两龙。又曰人面鱼身"（见《酉阳杂俎·诺皋记上》）；一说"白面长人鱼身"（《尸子辑本》卷下）；又说"人面蛇身"（见《历代神仙通鉴》）。由此可以看出，黄河水神的原始形态实为鱼蛇之类。有关河伯的故事很多，最著名的当推河伯娶妇与羿射河伯妻雒嫔的传说，但均未见于《山海经》。

　　郭璞《图赞》："禀华之精，食惟八石（《百子全书》作练食八石）。乘龙隐沦，往来海若。是实（一作谓）水仙，号曰河伯。"

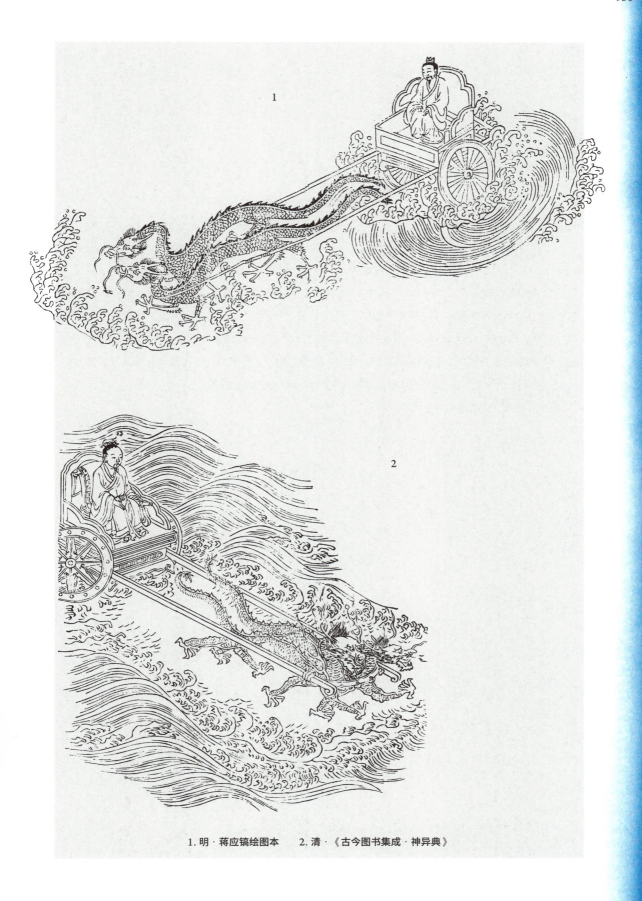

1. 明·蒋应镐绘图本　　2. 清·《古今图书集成·神异典》

932

列姑射山

liè
gū
yè
shān

列姑射，在海河州中。

海内北经

列姑射即藐姑射，是海中神山，其西南群山环抱，是神话中的仙境。《东次二经》记有姑射之山、北姑射之山、南姑射之山，合称列姑射山。《列子·黄帝》与《庄子·逍遥游》记述了这座仙山的景致：列姑射在海河洲中，山上有神人，肌肤若冰雪，绰约若处子，吸风饮露，不食五谷。不畏不怒，不施不惠而物自足。阴阳常调，日月常明，四时常若，风雨常均，字育常时，年谷常丰。乘云气，御飞龙，而游乎四海之外，其神凝，使物不疵疠而年谷熟。好一幅理想国的图画！

郭璞《图赞》："姑射之山，实栖神人。"

大蟹

dà
xiè

大蟹，在海中。

海内北经

神话中的大蟹为千里之蟹（**郭璞注**），有"海水之阳，一蟹盈车"之说。

郭璞《图赞》："姑射之山，实栖神人。大蟹千里，亦有陵鳞。旷哉溟海，含怪（**一作性**）藏珍。"

933

1. 明·蒋应镐绘图本

1. 明·蒋应镐绘图本   2. 清·汪绂图本

陵鱼

líng
yú

陵鱼，人面、手、足，鱼身，在海中。

陵鱼即鲮鱼，属人鱼类。陵鱼人面人手、人足鱼身，当生存与活动于列姑射山一带海中。传说陵鱼出现，则风涛骤起。屈子《天问》说：鲮鱼何所？柳宗元《天对》也说：鲮鱼人面，通列姑射。邓元锡《物性志》记载，近列姑射山有鲮鱼，人面人手鱼身，见则风涛起。

郭璞《图赞》："姑射之山，实栖神人。大蟹千里，亦有陵鳞。旷哉溟海，含怪（一作性）藏珍。"

1. 明·蒋应镐绘图本　2. 清·吴任臣康熙图本
3. 清·汪绂图本　4. 清·《古今图书集成·禽虫典》

蓬莱山

péng
lái
shān

海内北经

蓬莱山，在海中。

蓬莱山为海中神山，云中仙境。传说蓬莱山在渤海中，望之如云，上有仙人宫室，皆以金玉为之；鸟兽尽白。又说渤海有蓬莱、方丈、瀛洲三神山，是众仙人与不死之药所在的地方。《列子·汤问篇》中有五神山的传说，是古人向往的地方。

郭璞《图赞》："蓬莱之山，玉碧构林。金台云馆，皓哉兽禽。实维灵府，王（一作玉）主甘心。"

1. 明·蒋应镐绘图本

第十三卷

海内东经

雷神

léi
shén

雷泽中有雷神，龙身而人头，鼓其腹。在吴西。

雷神即雷兽、雷公，是古老的自然神，其原始形貌为人头龙身，鼓其腹便雷声隆隆。《史记·五帝本纪》正义引此经说："雷泽有雷神，龙首人颊，鼓其腹则雷。"《淮南子·地形训》说："雷泽有神，龙身人头，鼓其腹而熙。"《大荒东经》东海流波山的夔兽又名雷兽，似牛一足，出入水则必风雨。其光如日月，其声如雷。黄帝得之，以其皮为鼓，橛以雷兽之骨，声闻五百里。郭璞在注中说，雷兽即雷神也，人面龙身鼓其腹者。可知，最古老的雷神是兽形、人兽合体，由于雷电必伴以风雨，而龙主风雨，故雷神人头龙身，鼓其腹便雷声大作；又由于隆隆雷声使人联想到击鼓，只有用雷兽之骨在夔兽的皮上敲击，才会发出震耳雷鸣。流波山上那只似牛，出入水则必风雨，其声如雷，其皮可为鼓的夔兽，也是雷神的化身。

雷公的名字在汉以前已见于记载。《楚辞·远游》："左雨师使径侍兮，右雷公以为卫。"东汉王充《论衡·雷虚》说："图画之工，图雷之状，累累如连鼓之状。又图一人，若力士之容，谓之雷公，使之左手引连鼓，右手推椎，若击之状。其意以为雷声隆隆者，连鼓相扣击之意也。"可知汉时雷神的形貌，已发展为驾雷车、击连鼓、推雷椎的力士形象。汉以后，雷神的形状还经历了猴形、猪形、鸡形、鸟形的变化。

我们目前所见到的山海经图中的雷神图，都是雷神的古老形貌：人面龙身。有趣的是，每个雷神都有一副鸟嘴。据记载，鸟形雷神（包括鸟嘴、鸟翅、鸟爪）的出现与佛教有关，不早于唐宋。明清的《山海经》画工把后世鸟形雷神的一个特征（鸟喙），加诸古老的雷神身上，从一个侧面说明了鸟形雷神的观念在明清时已十分流行。

郭璞《图赞》："雷泽之神，鼓腹优游。"

1.明·蒋应镐绘图本　　2.清·近文堂图本
3.清·四川成或因绘图本　　4.清·汪绂图本

四蛇

sì
shé

汉水出鲋鱼之山，帝颛顼葬于阳，九嫔葬于阴，四蛇卫之。

　　四蛇指四神蛇，是天帝颛顼葬地鲋鱼山的守卫者。鲋鱼山即附禺山（《**大荒北经**》）、务隅山（《**海外北经**》），也就是今日辽西北镇的医巫闾山（《**尔雅·释地**》）。颛顼是北方天帝，幽都之主，又称黑帝。

　　《海外西经》也有四蛇："轩辕之丘，在轩辕国北。其丘方，四蛇相绕。"四蛇是诸神与神山的守卫者。颛顼葬地与轩辕之丘的守卫者，都是四蛇。

943

1. 明·蒋应镐绘图本　　2. 清·四川成或因绘图本

大荒东经

小人国

xiǎo
rén
guó

大荒东经

有小人国，名靖人。

大人国的人长数丈，而小人国的人只有九寸，名靖人，即诤人、浄人。《说文》解释：靖，细貌；故小人名靖人。《淮南子》作诤人，《列子》作浄人。《列子·汤问篇》说：东北极有人名曰诤人，长九寸。《山海经》所记这类小人有四，除本经的靖人外，《海外南经》有周饶国，《大荒南经》有焦侥国，还有名菌人的小人，都属于侏儒一类。

郭璞《图赞》："焦侥极么，靖人又小。四体取具（一作足），眉目才了。大人长臂，与之共狡。"

1

2

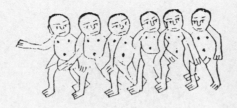

1. 明·蒋应镐绘图本　　2. 清·近文堂图本

3

4

5

3. 清·四川成或因绘图本　　4. 清·汪绂图本　　5. 上海锦章图本

6

6. 清·《古今图书集成·边裔典》

犂䰠尸

lí
líng
shī

大荒东经

有神，人面兽身，名曰犂䰠
之尸。

天神犂䰠（音灵），人面兽身，被杀后灵魂不死，变成犂䰠之尸，继续活动。《山海经》中这类被杀的天神，其灵魂不死，变成尸象的有十多个，蒋绘本多有图。

今见蒋绘本之犂䰠尸为人形神，人面兽身，浑身有毛，披肩围腰，双手（**前蹄**）抱拳，双足（**后蹄**）作人站立状。《神异典》采自蒋本。汪绂本则为兽形神，人面兽身，身披长毛，足爪尖利，正蹲坐在地上。

1. 明·蒋应镐绘图本　　2. 清·四川成或因绘图本
3. 清·汪绂图本　　4. 清·《古今图书集成·神异典》

折丹

shé
dān

大荒之中有山，名曰鞠陵于天、东极、离瞀，日月所出，名曰折丹，东方曰折，来风曰俊，处东极以出入风。

　　折丹是四方神之一，东方之神，又是东方风神。正月，时有俊风，俊风是春月之风，东方之神折丹处东极，能节宣风气，司俊风之出入。《山海经》记有四方神、四方风神之名及其职守，如本经之东方风神折丹，《大荒南经》之南方风神因因乎，《大荒西经》之西方风神石夷，《大荒东经》之北方风神鹓。四方神的存在和流行，是四方观念的体现。

禺䝞

yú
hào

东海之渚中有神，人面鸟身，珥两黄蛇，践两黄蛇，名曰禺䝞。黄帝生禺䝞，禺䝞生禺京。禺京处北海，禺䝞处东海，是惟海神。

　　黄帝之子禺䝞是东海海神，是北海海神禺京（又名禺彊，见《海外北经》《大荒北经》）的父亲。父子二神的神职相同：都是海神；而相貌亦相同，都是人面鸟身，双耳穿贯二蛇。

　　今见汪绂图本之禺䝞，人面鸟身鸟翼鸟足，双耳珥二蛇，双爪亦践二蛇，与其子禺京完全相同。

953

1.清·汪绂图本

1

1

2

1.清·汪绂图本　　2.清·《古今图书集成·神异典》

王亥

wáng
hài

有困民国，勾姓而食。有人
曰王亥，两手操鸟，方食其
头。王亥托于有易、河伯、
仆牛，有易杀王亥，取仆牛。
河念有易，有易潜出，为国
于兽，方食之，名曰摇民。
帝舜生戏，戏生摇民。

神人王亥（**一作该、眩、胲**）是东方殷民族的高祖，是著名的畜牧之神，以擅长驯养牛著称。王亥的形象为"两手操鸟"，卜辞中的亥字作鸟首人身。日本学者白川静在《中国神话》中说："王亥在卜辞中正是亥字在鸟形之下。这种例子见于数片骨甲，这大概画的就是王亥的神像。"王亥与鸟的关系正好说明了殷民族与鸟的关系。

王亥仆牛与丧牛是王亥神话中最著名的故事。传说有一次，王亥把他所驯养的牛托寄给北方的有易和河神河伯。后来，有易之君绵臣杀了王亥，把王亥的牛据为己有。殷人的国君上甲微，借了河伯的势力，去讨伐并灭了有易，还把绵臣杀死了。牛是农耕民族的标志，又是上古祭祀必需的牺牲，王亥仆牛、丧牛，以及上甲微复仇灭有易的故事，反映了从事农耕的殷民族为寻求牧牛的土地与异族之间所发生的纠纷。

河伯原来就和有易的关系很好，这次不得不助殷灭掉有易，心中不忍，便帮助有易的子遗潜走。有易的子遗变成另一个长着鸟足的民族，在遍野的禽兽中建立了一个以兽为食的国家，叫作摇民。摇民又叫因民、嬴民，是秦国人的祖先。传说摇民是舜的后代，帝舜生孟戏，戏生摇民。"孟戏，鸟身人言"（见《**史记·秦本纪**》），同是人鸟合体的子民。《边裔典》有因民国图（**图1**）。

《山海经》记载了王亥仆牛丧牛、有易的后裔嬴民（见《**海内经**》）的故事，《海内北经》有王子夜之尸，描述了王亥惨遭杀戮，体分成七的景象。除《山海经》外，有关王亥的故事还见于《竹书纪年》。《楚辞·天问》中"白蜺婴茀，胡为此堂？安得夫良药，不能固臧？天式从横，阳离爰死。大鸟何鸣，夫焉丧厥体？"也有关于王子侨更为详细的记载。

1

2

3

1. 清·《古今图书集成·边裔典》，名因民国　2. 明·蒋应镐绘图本　3. 清·汪绂图本

五采鸟

wú
cǎi
niǎo

大荒东经

有五采之鸟，相乡弃沙，惟帝俊下友，帝下两坛，采鸟是司。

　　五采鸟属于凤凰一类神鸟、祥瑞之鸟，常常自歌自舞。《大荒西经》说："五采鸟有三名：一曰皇鸟，一曰鸾鸟，一曰凤鸟。"帝俊是玄鸟之神，也常与五采鸟为友。帝俊在下方的两坛，便由五采鸟负责司理。

兔

wǎn

大荒东经

有女和月母之国。有人名曰兔。北方曰兔，来之风曰狻，是处东极隅以止日月，使无相间出没，司其短长。

　　兔（音婉）为四方神之一，是北方之神，又是北方风神。郭璞说，兔主察日月出入，不令得相间错，知景之短长。汪绂说，兔负责调节日月之出入，司昼夜之短长。《山海经》记有四方神、四方风神之名及其职守，如《大荒东经》之东方风神折丹，《大荒南经》之南方风神因乎，《大荒西经》之西方风神石夷，本经之北方风神为兔。

957

1. 明·蒋应镐绘图本　　2. 清·汪绂图本　　3. 清·四川成或因绘图本

1. 清·汪绂图本

应龙

yīng
lóng

大荒东经

大荒东北隅中有山，名曰凶犁土丘。应龙处南极，杀蚩尤与夸父，不得复上。故下数旱，旱而为应龙之状，乃得大雨。

　　应龙为龙之有翼者，黄帝之神龙，治水之水卫。《博雅·释鱼》根据龙的不同形状来识别龙，说有鳞曰蛟龙，有翼曰应龙，有角曰虬龙，无角曰螭龙。龙能高能下，能小能巨，能幽能明，能短能长。应龙又是龙中的最神异者，据《述异记·龙化》记载，蛟千年化为龙，龙五百年化为角龙，千年化为应龙。胡文焕《山海经图》图说："恭丘山有应龙者，有翼龙也。昔蚩尤御黄帝，帝令应龙攻于冀之野。女娲之时，乘畜车服应龙。禹治水，有应龙以尾画地，即水卫。"

　　在远古神话中，应龙是黄帝的神龙，擅长蓄水行雨，在黄帝与蚩尤的战争中，杀蚩尤与夸父，立下了赫赫战功。《山海经》记下了应龙的功劳，据《大荒北经》记："蚩尤作兵伐黄帝，黄帝乃令应龙攻之冀州之野，应龙蓄水。蚩尤请风伯雨师，纵大风雨。黄帝乃下天女曰魃，雨止，遂杀蚩尤。""应龙已杀蚩尤，又杀夸父，乃去南方处之，故南方多雨。"应龙自此便不再上天而住在地下。传说它到不了的地方，常闹旱灾，民间便作土龙以求雨，这就是经中所说的"旱而为应龙之状，乃得大雨"，郭璞注"今之土龙本此。"《淮南子·地形训》有"土龙致雨"的记载，高诱注"汤遭旱，作土龙以象龙。云从龙，故致雨也。"可知作土龙以祈雨之俗由来已久，这里面也有应龙行雨的神话根源。

　　应龙又是沟渎之神。禹平治洪水，应龙也立下了汗马功劳，《楚辞·天问》说："应龙何画？河海何历？"王逸在注中说："或曰禹治洪水时，有神龙以尾画（地），遵水径所当决者，因而治之。"《拾遗记》记："黄龙曳尾于前，玄龟负青泥于后。"这曳尾的黄龙便是应龙。

　　郭璞《图赞》："应龙禽翼，助黄弭患。用济灵庆，南极是迁。象见两集，口气自然。"

959

1.明·蒋应镐绘图本　　2.明·胡文焕图本
3.清·汪绂图本　　4.清·《古今图书集成·神异典》

夔

kuí

东海中有流波山，入海七千里。其上有兽，状如牛，苍身而无角，一足，出入水则必风雨，其光如日月，其声如雷，其名曰夔。黄帝得之，以其皮为鼓，橛以雷兽之骨，声闻五百里，以威天下。

夔即雷兽、雷泽之神——雷神。夔是一足奇兽。夔的形状，历来说法很多，以如牛、如龙、如猴三种说法流传最广。

其一，夔状如牛。《大荒东经》说，夔似牛，一足而无角，苍灰色，出入水必有风雨，能发出雷鸣之声，并伴以日月般的光芒。《事物绀珠》说，灵夔生东海，似牛苍身，一足无角，出入必有风雨。《庄子·秋水篇》把诸侯于东海得牛状一足奇兽夔的故事附会到黄帝在位之时，并说此兽一足能走，出入水即风雨，目光如日月，其音如雷。胡文焕图说："东海中有兽，状如牛，苍身无角，一足，出入则有风雨，其音如雷。名曰夔。黄帝得之，以其皮冒鼓；复取其骨击之，似雷声，闻五百里。"

其二，夔状如龙。《说文》："夔，神魖也，如龙，一足。"《东京赋》："夔，木石之怪，如龙，有角，鳞甲光如日月，见则其邑大旱。"

其三，夔状如猴。《国语·鲁语》："夔一足，越人谓之山缲（猱），人面猴身能言。"袁珂说，此猴形之夔，至唐代遂演变为禹治水锁系之无支祁。

夔是神兽，有关它的神话，除本经所说黄帝以其皮作鼓，橛以雷兽之骨，声震五百里外，在黄帝与蚩尤的战争中也立过功劳。夔又是尧、舜之臣，乐正。传说夔效山林溪谷之音以歌，具有"击石拊石，百兽率舞"的神力（《吕氏春秋·古乐》《书·舜典》）。神话中的一足神兽夔，与传说中具有非凡乐识、令孔子赞叹"有一足矣"的乐正夔，就其发生的根源来说，是不同的两个神话传说形象；但也不排除在声震五百里的一足神兽夔与有着"击石拊石，百兽率舞"神力的乐正夔之间，有着某种神话的葛藤。

今见《山海经》古图之夔均作牛状。

郭璞《图赞》："剥夔□鼓，雷骨作枹。声震五百，响骇九州。神武以济，尧炎平尤。"

961

1.明·蒋应镐绘图本　　2.明·胡文焕图本　　3.清·吴任臣康熙图本
4.清·四川成或因绘图本　　5.清·汪绂图本

第十五卷

大荒南经

跿踢

chù
tī

南海之外，赤水之西，流沙之东，有兽，左右有首，名曰跿踢。有三青兽相并，名曰双双。

跿（音触）踢是一种左右有首的双头奇兽。《海外西经》巫咸东有前后有首的双头奇兽并封，《大荒西经》有左右有首的双头怪兽屏蓬。这类双头怪兽实际上是兽牝牡相合之象。

1. 明·蒋应镐绘图本　　2. 清·近文堂图本　　3. 清·四川成或因绘图本
4. 清·汪绂图本　　5. 清·《古今图书集成·禽虫典》

双
双

shuāng
shuāng

南海之外，赤水之西，流沙
之东，有兽，左右有首，名
曰跊踢。有三青兽相并，名
曰双双。

双双是多体合一的奇兽或奇鸟。双双有鸟形与兽形两种：

其一,三青鸟合体，汪绂本称双双为三青鸟相并，郝懿行注所引之双双为鸟名，说双双之鸟，一身二首，尾有雌雄，随便而偶；常不离散，故以喻焉。如图1、2；

其二,三青兽合体，如图3、4、5。

郭璞《图赞》："赤水之东，兽有双双。厥体虽合，心实不同。动必方躯，走则齐踪。"

1. 明·蒋应镐绘图本　　2. 清·四川成或因绘图本　　3. 清·吴任臣康熙图本
4. 清·《古今图书集成·禽虫典》　5. 上海锦章图本

玄蛇

xuán
shé

有荣山，荣水出焉。黑水之南有玄蛇，食塵。

　　玄蛇可食塵（音主，麇之大者），是一种巨蛇。玄蛇又称元蛇（汪绂本），出没于巫山，巫山是天帝不死仙药的存放地，玄蛇不仅食塵，还会偷食仙药，故有黄鸟在此，专门看守此玄蛇。

　　汪绂在注中说："巫山即今巴东巫峡之巫山也，巫山以西巴蜀之地多出药草，故言帝药八斋，塵好食药草，元蛇能食塵，而黄鸟又主此元蛇也。"在《山海经》里，玄蛇、塵、黄鸟三者共同构成了一个相互制约的生物网，一物降一物。

　　郭璞《图赞》："赤水所注，极乎汜天。帝药八斋，越在巫山。司蛇之鸟，四达之渊。"

黄鸟

*司蛇神鸟

huáng
niǎo

有巫山者，西有黄鸟。帝药八斋。黄鸟于巫山，司此玄蛇。

　　黄鸟是司蛇的神鸟。巴蜀之巫山多产药草，是天帝仙药的存放地，有一种兽名塵，好食药草，玄蛇能食塵；但玄蛇也并不老实，故有神鸟黄鸟在此，专门看守玄蛇，以防其窃食天帝神药。黄鸟即皇鸟，属凤凰一类神鸟。

　　郭璞《图赞》："赤水所注，极乎汜天。帝药八斋，越在巫山。司蛇之鸟，四达之渊。"

1. 明·蒋应镐绘图本

1

1

1. 清·汪绂图本

麈

zhǔ

大荒南经

有荣山，荣水出焉。黑水之南有玄蛇，食麈。

麈是巨鹿（已见《中次八经》）。本经所说，麈是大鹿，好食药草；而玄蛇能食麈，其蛇想必也是庞然大物，但却受黄鸟管辖。三者生活在以巫山为背景的共同的生物链之中。

1. 明·蒋应镐绘图本　　2. 清·四川成或因绘图本　　3. 清·《古今图书集成·禽虫典》

卵民国

luǎn
mín
guó

又有成山，甘水穷焉。有委禺之国，颛顼之子，食黍。

有羽民之国，其民皆生毛羽。

有卵民之国，其民皆生卵。

《海外南经》有羽民国，其民卵生。此羽民国有可能就是卵民国。

盈民国

yíng
mín
guó

有盈民之国，於姓，黍食。又有人方食木叶。

　　盈民国人以黍为食。传说这个国家的人吃一种树木的叶，食之可成仙。《吕氏春秋·本味篇》记，中容之国，有赤木玄木之叶。高诱注赤木玄木，其叶皆可食，食之而仙也。

1. 清 ·《古今图书集成 · 边裔典》

1. 清 · 汪绂图本

不廷胡余

bù
tíng
hú
yú

大荒南经

南海渚中有神，人面，珥两青蛇，践两赤蛇，曰不廷胡余。有神名曰因因乎，南方曰因乎，夸风曰乎民，处南极以出入风。

不廷胡余是南海渚中的海神。他的名字很怪，有学者说是古代巴人的方言土语（**吕子方**《**中国科学技术史论文集**》下，四川人民出版社，1984 年）；他的样子也怪：双耳穿贯两条青蛇，脚践两条赤蛇。

1. 清·四川成或因绘图本　　2. 明·蒋应镐绘图本　　3. 清·汪绂图本
4. 清·《古今图书集成·神异典》

因因乎

yīn
yīn
hū

大荒南经

南海渚中有神，人面，珥两青蛇，践两赤蛇，曰不廷胡余。有神名曰因因乎，南方曰因乎，夸风曰乎民，处南极以出入风。

因因乎是四方风神之一，南方之神，又是南方风神。汪绂注"言此神南方人，谓之因乎，在夷风则曰乎民。此山实处南极，以主出入南风也"。《山海经》记有四方神、四方风神之名及其职守，如《大荒东经》之东方风神折丹，本经之南方风神因因乎，《大荒西经》之西方风神石夷，《大荒东经》之北方风神鹓。

郭璞《图赞》："人号因乎，风气是宣。"

季厘国

jì
lí
guó

大荒南经

有襄山，又有重阴之山。有人食兽，曰季厘。帝俊生季厘，故曰季厘之国。有缗渊。少昊生倍伐，倍伐降处缗渊。有水四方，名曰俊坛。

季厘国是帝俊的后裔，这个国家的人以食兽为生。

1. 清 · 汪绂图本

1

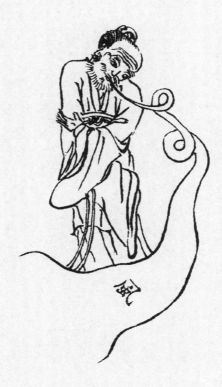

1

1. 清 · 汪绂图本

蜮民国

yù
mín
guó

大荒南经

有蜮山者，有蜮民之国，桑姓，食黍，射蜮是食。有人方扞弓射黄蛇，名曰蜮人。

蜮民国是一个奇特的国家，这里的人姓桑，吃小米，还捕射一种名叫"蜮"的生物来吃。蜮又名短弧（狐）、射工虫、水弩，是一种生长在江南山溪中的毒虫，样子似鳖，一说三足，长一二寸，口中有弩形，能喷出毒气射人，中者生疮，重者致死。

《诗经·小雅·何人斯》说："为鬼为蜮，则不可得。"《楚辞·大招》也说："魂乎无南，蜮伤躬只！"俗称鬼蜮之地或鬼蜮成灾，其恐怖之状以及对人之危害，可想而知。这个国家的人却专门射蜮来吃，故称为蜮人；他们还弯弓射杀黄蛇，都是些射箭能手呢！典籍中对蜮的记载不少：郭璞注"蜮，短狐也，似鳖，含沙射人，中之则病死"。《说文》："蜮，短狐也，似鳖，三足，以气射害人。"《博物志·异虫》说："江南山溪中，水射工虫，甲类也，长一二寸，口中有弩形，气射人影，随所著处发疮，不治则杀人。"

蜮民国图因所射之蜮的形状不同而有二形：

其一，所射之蜮似兽，如图1、2；

其二，所射之蜮似鳖，如图3。

郭璞《图赞》："蜪惟怪□，短狐灾气。南越是珍，蜮人斯贵。惟性所安，孰知正味。"

1. 清·四川成或因绘图本　　2. 清·《古今图书集成·边裔典》　　3. 清·汪绂图本

育蛇

yù
shé

大荒南经

有宋山者。有赤蛇，名曰育蛇。有木生山上，名曰枫木。枫木，蚩尤所弃其桎梏，是为枫木。有人方齿虎尾，名曰祖状之尸。

　　宋山上的育蛇，赤色，盘于枫树之上。枫木又称枫香树，传说黄帝与蚩尤大战于涿鹿之野，蚩尤被杀，死后有人摘下他身上的枷栲，弃于大荒之中。这枷镣登时化作一片枫林，枫木上那鲜红的枫叶，至今还流淌着枷镣上蚩尤的斑斑血迹。蚩尤的故事见《大荒北经》。

祖状尸

zhā
zhuàng
shī

大荒南经

有宋山者。有赤蛇，名曰育蛇。有木生山上，名曰枫木。枫木，蚩尤所弃其桎梏，是为枫木。有人方齿虎尾，名曰祖状之尸。

　　祖（音楂）状尸是人虎共体的怪神，人面人身，方齿虎尾。祖状尸，属尸象，说的是天神被杀，其灵魂不死，以尸的形态继续活动。郭璞注"祖，音如柤梨之柤"。《庄子·人间世》中有"夫柤梨橘柚，果蓏之属……"柤即山楂；柤又指木栅栏或斫余的残桩。

1. 清·汪绂图本

1

2

3

1. 明·蒋应镐绘图本　　2. 清·四川成或因绘图本　　3. 清·汪绂图本

焦侥国

jiāo
yáo
guó

大荒南经

有小人，名曰焦侥之国，幾姓，嘉穀是食。

　　焦侥国即周饶国、小人国。焦侥国人姓幾，皆长三尺（**郭璞注**），以粮谷为食。《山海经》所记这类小人有四，均有图。除焦侥国外，还有《海外南经》的周饶国、《大荒东经》的小人国名靖人、本经的菌人，都属侏儒一类。

张弘国

zhāng
hóng
guó

大荒南经

有人名曰张弘，在海上捕鱼。海中有张弘之国，食鱼，使四鸟。

　　张弘即长肱亦即长臂。张弘国即长臂国，以捕鱼为生，食鱼。《穆天子传》："天子乃封长肱于黑水之西河。"郭璞注"即长臂人也，见《山海经》"。成或因绘图本与《边裔典》的张弘国人鸟喙有翼，手上抓鱼。

1. 明·蒋应镐绘图本

1. 清·四川成或因绘图本　　2. 清·《古今图书集成·边裔典》

羲和浴日

xī
hé
yù
rì

大荒南经

东南海之外，甘水之间，有羲和之国。有女子名曰羲和，方浴日于甘渊。羲和者，帝俊之妻，生十日。

羲和是东方天帝帝俊的妻子。帝俊有三个妻子：一是生十日、浴日的羲和；二是生十二月、浴月的常羲（见《**大荒西经**》）；三是生三身国的娥皇（见《**大荒南经**》）。

羲和是十个太阳的母亲，十个太阳原来住在东方海外的汤谷，汤谷又名旸谷、甘渊，这里的海水滚烫滚烫的，是十个太阳洗澡的地方。汤谷上有一棵神树，叫扶桑，树高数千丈，是天帝的太阳儿子居住的地方；九个太阳住在下面的枝条上，一个太阳住在上面的枝条上，兄弟十个轮流出现在天空，一个回来了，另一个才去值班，每次都由他们的母亲羲和驾着车子接送。《海外东经》记："汤谷上有扶桑，十日所浴，在黑齿国北。居水中，有大木，九日居下枝，一日居上枝。"《大荒东经》又说："汤谷上有扶木，一日方至，一日方出。"《楚辞·离骚》："吾令羲和弭节兮。"王逸注"羲和，日御也"。洪兴祖补注"日乘车驾以六龙，羲和御之"。

羲和又是主日月之神，据本经郭璞注"羲和盖天地始生，主日月者也。故尧因此而立羲和之官，以主四时，其后世遂为此国。"（图1）

郭璞《图赞》："浑沌始制，羲和御日。消息晦明，察其出入。世异厥象，不替先术。"

1

2

1. 清 ·《古今图书集成 · 边裔典》, 名羲和国   2. 清 · 汪绂图本, 羲和浴日甘渊

菌人

jūn
rén

大荒南经

有小人，名曰菌人。

菌人属小人一类。《山海经》所记这类小人有四：除菌人外，还有《海外南经》的周饶国、《大荒东经》的小人国名靖人、本经的焦侥国，都属侏儒家族。

987

1

1. 清·汪绂图本

第十六卷

大荒西经

女娲

nǚ
wā

大荒西经

有神十人，名曰女娲之肠。化为神，处栗广之野，横道而处。

　　女娲是中国神话中最古老的始祖母神、大母神、化万物者和文化英雄。《说文》十二云："女娲，古之神圣女，化万物者也。"女娲的功绩主要在于：化生人类、抟土造人和创建各种文化业绩（**如补天、治水、置神媒、制笙簧等**）。

　　女娲是化生人类的大母神，《大荒西经》所记，有神十人，是女娲之肠（**一说腹**）所化。郭璞注"女娲，古神女而帝者，人面蛇身，一日中七十变，其腹化为此神。"汪绂注"言女娲氏死，而其肠化为此十神，处此野当道中也。"明确指出此十神是女娲尸体中的一部分（**肠**）所化生。

　　《楚辞·天问》："女娲有体，孰制匠之？"王逸注"传言女娲人头蛇身，一日七十化，其体如此，谁所制匠而图之乎？"《淮南子·说林训》也记述了女娲七十化的故事："黄帝生阴阳，上骈生耳目，桑林生臂手：此女娲所以七十化也。"高诱注"黄帝，古天神也，始造人之时，化生阴阳。上骈、桑林，皆神名。"化是化生、化育的意思，同时也包含有变化、变易的因素在其中。

　　女娲图有二形：

　　其一，取女娲人头蛇身之原始图像，如**图**1、2、3；

　　其二，取女娲之肠十人图像，以示女娲所化。从其服饰来看，显然是后来之作，如**图**4。

　　郭璞为"有神十人"作《图赞》："女娲灵洞，变化无主。肠为十神，中道横处。寻之靡状，谁者能睹。"

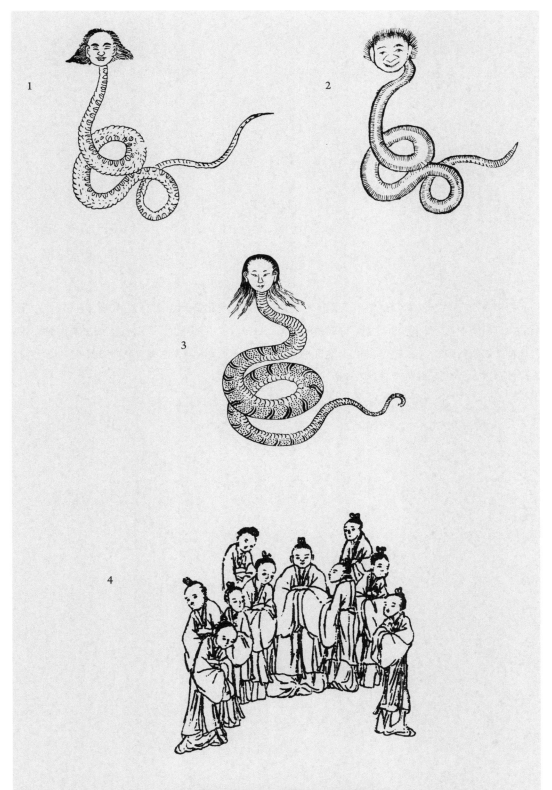

1.明·蒋应镐绘图本　　2.清·四川成或因绘图本
3.清·《古今图书集成·神异典》　　4.清·汪绂图本，名女娲之肠十人

石夷

shí
yí

有人名曰石夷，来风曰韦，处西北隅，以司日月之长短。

有五采之鸟，有冠，名曰狂鸟。

石夷为四方神之一，西方之神，又是西方风神。石夷处西北隅，以司日月之长短。郝懿行注"西北隅为日月所不到，然其流光余景，亦有暑度短长，故应有主司之者也。"《山海经》记有四方神、四方风神之名及其职守，如《大荒东经》之东方风神折丹，《大荒南经》之南方风神因因乎，本经之西方风神石夷，《大荒东经》之北方风神鹓。

狂鸟

kuáng
niǎo

有人名曰石夷，来风曰韦，处西北隅，以司日月之长短。

有五采之鸟，有冠，名曰狂鸟。

狂鸟又名狂梦鸟、五采之鸟，属凤凰一类吉祥之鸟。《尔雅·释鸟》："狂梦鸟，狂鸟，五色，有冠，见《山海经》。疏云：梦鸟，一名狂，五采之鸟也。"

1. 清·汪绂图本

1. 明·蒋应镐绘图本　2. 清·四川成或因绘图本　3. 清·汪绂图本

北狄之国

běi
dí
zhī
guó

西北海之外，赤水之西，有先民之国，食穀，使四鸟。有北狄之国。黄帝之孙曰始均，始均生北狄。有芒山。有桂山。有榣山，其上有人，号曰太子长琴。颛顼生老童，老童生祝融，祝融生太子长琴，是处榣山，始作乐风。有五采鸟三名：一曰皇鸟，一曰鸾鸟，一曰凤鸟。有虫，状如菟，胸以后者裸不见，青如猨状。

北狄国是黄帝的后裔。北狄，一作狄，亦作"翟"，是我国古代的北方民族。春秋以前居于河西、太行山一带。《竹书纪年》："（商）武乙三十五年，周王季伐西落鬼、戎，俘二十翟王。"《孟子》："（周）大王居邠，狄人侵之。"春秋初，屡与晋交兵，并向东进发，进入华北地区，东与齐、鲁、卫为界，居今陕西、河北、山东等省的山谷地带。以游牧为业，善骑战，南灭邢、卫、温，兵及齐、鲁、宋诸国。周襄王二十四年（前628年），狄人内乱，分为赤狄、白狄、长狄、众狄等部，各有支系。公元前六世纪后，大部先后败亡于晋，唯白狄之鲜虞人于春秋末建中山国。

太子长琴

tài
zǐ
zhǎng
qín

西北海之外，赤水之西，有先民之国，食穀，使四鸟。有北狄之国。黄帝之孙曰始均，始均生北狄。有芒山。有桂山。有榣山，其上有人，号曰太子长琴。颛顼生老童，老童生祝融，祝融生太子长琴，是处榣山，始作乐风。有五采鸟三名：一曰皇鸟，一曰鸾鸟，一曰凤鸟。有虫，状如菟，胸以后者裸不见，青如猨状。

太子长琴是颛顼的后裔，祝融之子，相传是原始音乐的创始者之一。

他的祖父叫老童，也就是《西次三经》騩山上的神耆童。老童说起话来就像敲钟击磬，声音十分洪亮；据说他的孙子太子长琴能创制乐风，与其祖父老童颇有乐感大有关系。

郭璞《图赞》："祝融光照，子号长琴。騩山是处，创乐理音。"

1. 清·汪绂图本

1

1

1. 清·汪绂图本

十巫

shí
wū

大荒之中有山，名曰丰沮玉门，日月所入。有灵山，巫咸、巫即、巫盼、巫彭、巫姑、巫真、巫礼、巫抵、巫谢、巫罗十巫从此升降，百药爰在。

　　灵山即《大荒南经》之巫山，又即《海外西经》巫咸国之登葆山，都是神话中的天梯，是群巫上下于天的通道，又是仙药存放之所，群巫上下采药的地方。十巫以巫咸为首，是天帝的使者，人神沟通的中介，又是采药为民治病的巫医。

　　郭璞《图赞》："群巫爰集，采药灵林。"另，郭璞为《海外西经》之巫咸作赞："群有十巫，巫咸所统。经技是搜，术艺是综。采药灵山，随时登降。"

1

1. 清·汪绂图本

鸣鸟

míng
niǎo

有弇州之山。五采之鸟仰天，名曰鸣鸟。爰有百乐歌舞之风。

　　鸣鸟属凤凰类，是五采之鸟、吉祥之鸟；常张口嘘天，它所到之处，响起百乐歌舞，一片祥和之风。《山海经》所记这类五采之吉鸟，除本经之鸣鸟外，还有《海内西经》的孟鸟、《海外西经》的灭蒙鸟、《大荒西经》的狂鸟。

　　郭璞《图赞》："有鸟五采，嘘天凌风。"

1

1. 清·汪绂图本

弇兹

yān
zī

西海陼中有神，人面鸟身，珥两青蛇，践两赤蛇，名曰弇兹。

　　弇（音淹）兹是西海渚（音主；与陼同，水中的小洲）中的海神。其形状为人面鸟身，双耳穿贯二青蛇，双足践绕二赤蛇，样子和北方海神禺彊（见《海外北经》）、东方海神禺䝞（见《大荒东经》）相似。

　　郭璞《图赞》："弇兹之灵，人颊鸟躬。鼓翅海峤，翻飞云中。"

1

2

3

4

1.明·蒋应镐绘图本　　2.清·四川成或因绘图本
3.清·汪绂图本　　4清·《古今图书集成·神异典》

嘘

xū

大荒之中有山，名曰日月山，天枢也。吴姬天门，日月所入。有神，人面无臂，两足反属于头上，名曰嘘。颛顼生老童，老童生重及黎。帝令重献上天，令黎邛下地，下地是生噎，处于西极，以行日月星辰之行次。

嘘   噎

1

嘘即噎，亦即《海内经》之噎鸣（后土生噎鸣），是主管日月星辰行次的时间之神。大荒之中的日月山是天枢，是日月出入的地方，也是神嘘（噎）活动的处所。神嘘（噎）是颛顼的后代，是颛顼命重黎绝天地通以后，黎到了人间所生。此神的样子很怪，长着一张人脸，没有手臂，两只脚反转过来架在头顶上。

郭璞《图赞》："脚属于头，人面无手。厥号曰嘘，重黎其后。处运三光，以袭气母。"

1003

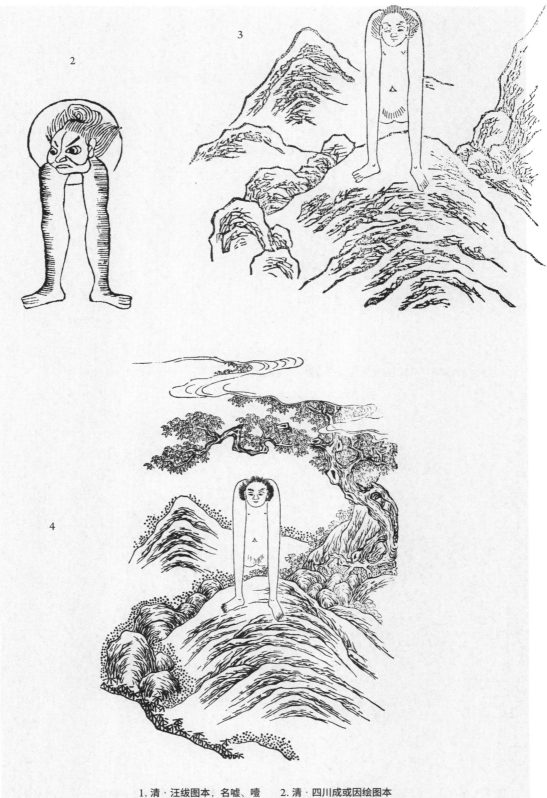

1.清·汪绂图本，名嘘、噎　2.清·四川成或因绘图本
3.明·蒋应镐绘图本　4.清·《古今图书集成·神异典》

天虞

tiān yú

大荒西经

有人反臂，名曰天虞。

天虞是个怪神，手臂反生在后。郭璞说，天虞即尸虞。

常羲浴月

cháng xī yù yuè

大荒西经

有女子方浴月。帝俊妻常羲，生月十有二，此始浴之。有玄丹之山。有五色之鸟，人面有发。爰有青鴍、黄鷔、青鸟、黄鸟，其所集者其国亡。有池名孟翼之攻颛顼之池。

常羲又名常仪、尚仪，是帝俊之妻。帝俊有三个妻子：其一是生日浴日的羲和（**见《大荒南经》**）；其二是生月浴月的常羲（**见本经**）；其三是生三身民的娥皇（**见《大荒南经》**）。

1. 清·汪绂图本

1

1

1. 清·汪绂图本

五色鸟

wǔ
sè
niǎo

大荒西经

有女子方浴月。帝俊妻常羲，生月十有二，此始浴之。有玄丹之山。有五色之鸟，人面有发。爰有青鸾、黄鹜、青鸟、黄鸟，其所集者其国亡。有池名孟翼之攻颛顼之池。

　　玄丹山的五色鸟是一种人面鸟、凶鸟、祸鸟。

　　这里的青鸟、黄鸟即"人面有发"的五色之鸟青鸾、黄鹜，也就是《海外西经》的鹊鸟、鸢鸟，都是亡国之兆。

　　五色鸟是黄鸟的一种。《山海经》所记黄鸟有三类：一是治妒之鸟（见《北次三经》），二是镇守神药的神鸟（见《大荒南经》），三是《海外西经》及本经之鹊鸟、鸢鸟、青鸾、黄鹜是祸鸟，是亡国之兆。

1007

1. 明·蒋应镐绘图本　　2. 清·四川成或因绘图本　　3. 清·汪绂图本

屏蓬

píng
péng

大荒西经

大荒之中有山，名曰鏖鏊钜，日月所入者。有兽，左右有首，名曰屏蓬。有巫山者。有壑山者。有金门之山，有人名曰黄姬之尸。有比翼之鸟。有白鸟，青翼、黄尾、玄喙。有赤犬，名曰天犬，其所下者有兵。

　　屏蓬是双头奇兽，左右各有一头，寓有牝牡合体之义。

　　《海外西经》有并封，前后各有一首，《大荒南经》有跊踢，左右各有一首，都是兽类牝牡相合之象。

白鸟

bái
niǎo

大荒西经

大荒之中有山，名曰鏖鏊钜，日月所入者。有兽，左右有首，名曰屏蓬。有巫山者。有壑山者。有金门之山，有人名曰黄姬之尸。有比翼之鸟。有白鸟，青翼、黄尾、玄喙。有赤犬，名曰天犬，其所下者有兵。

　　白鸟是一种奇鸟，青色的双翼，黄色的尾巴，红色的嘴喙。

　　郭璞的注只有"奇鸟"二字。袁珂按："《山海经》系据图为文之书，此正解说图象之辞，确系'奇鸟'。然说图者及注释者均已无能为名矣。"

　　由此可见《山海经》据图为文的古老传统。今见汪绂图本之白鸟图，未见其奇；然则郭璞所见之图，能见其奇，会是怎样的一幅图呢？

1.明·蒋应镐绘图本　　2.清·四川成或因绘图本　　3.清·汪绂图本

1.清·汪绂图本

天犬

tiān
quǎn

大荒之中有山，名曰鏖鏊钜，日月所入者。有兽，左右有首，名曰屏蓬。有巫山者。有壑山者。有金门之山，有人名曰黄姬之尸。有比翼之鸟。有白鸟，青翼、黄尾、玄喙。有赤犬，名曰天犬，其所下者有兵。

　　天犬是狗状凶兽，红色，兵灾之兆。郭璞注"《周书》云：'天狗所止地尽倾，余光烛天为流星，长数十丈，其疾如风，其声如雷，其光如电。'吴楚七国反时吠过梁国者是也。"故胡文焕图说云："天门山，有赤犬，名曰天犬。其所现处，主有兵，乃天狗之星光飞流注而生。所生之日，或数十。其行如风，声如雷，光如（闪）电。吴楚七国叛时，尝吠过梁野。"

　　《西次三经》有天狗，是一种御凶辟邪、禳灾除害之兽，与本经之天犬在形状与功能上均不同，不是一类兽。

　　郭璞《图赞》："阑阑天犬，光为飞星。所经邑灭，所下城倾。七国作变，吠过梁城。"

1. 明·蒋应镐绘图本　　2. 明·胡文焕图本
3. 清·四川成或因绘图本　　4. 清·汪绂图本

人面虎身神

*昆仑神

rén
miàn
hǔ
shēn
shén

大荒西经

西海之南，流沙之滨，赤水之后，黑水之前，有大山，名曰昆仑之丘。有神，人面虎身，有文有尾，皆白处之。其下有弱水之渊环之。其外有炎火之山，投物辄然。有人，戴胜虎齿，有豹尾，穴处，名曰西王母。此山万物尽有。

　　昆仑丘上的人面虎身神，尾巴上有白色点驳，是昆仑山神。此神与《西次三经》的陆吾、《海内西经》的开明兽是同一个神，三者都是人面虎身神，其神职同是昆仑山的山神，又是昆仑之守卫神。

寿麻

shòu
má

大荒西经

有寿麻之国。南岳娶州山女，名曰女虔。女虔生季格，季格生寿麻。寿麻正立无景，疾呼无响。爰有大暑，不可以往。

　　寿麻又作寿靡，属神人、仙人一类。寿麻是南岳的后裔，属黄帝系人氏（**吴任臣注引："黄帝鸿初为南岳之官，故名南岳"**）。寿麻与常人不同：正立无景，疾呼无响，均仙人之象。《淮南子·地形训》说："建木在都广，众帝所自上下，日中无景，呼而无响。"寿麻国极热，又无水源，人不可以往。郭璞注"言热炙杀人也。"

　　郭璞《图赞》："寿靡之人，靡景靡响。受气自然，禀之无象。玄俗是微，验之于往。"

1. 清·四川成或因绘图本   2. 清·汪绂图本   3. 清·《古今图书集成·神异典》，名昆仑山神

1. 清·汪绂图本

夏耕尸

xià
gēng
shī

有人无首，操戈盾立，名曰
夏耕之尸。故成汤伐夏桀于
章山，克之，斩耕厥前。耕
既立，无首，走厥咎，乃降
于巫山。

　　夏耕是夏代最后一位君主夏桀手下镇守章山的一员大将。传说夏桀昏庸而淫暴，在成汤伐夏桀之时，夏耕镇守章山，不堪一击，被汤王一刀砍下了脑袋。丢了脑袋的夏耕为了逃避罪咎，窜到了巫山。夏耕虽死，其灵魂却活着，成了夏耕尸，没有了脑袋，仍然手操戈盾，站立尽职。夏耕尸讲述的是不死的灵魂，尸的故事。

1. 明·蒋应镐绘图本　　2. 清·四川成或因绘图本
3. 清·汪绂图本　　4. 清·《古今图书集成·神异典》

三面人

sān miàn rén

大荒西经

大荒之中有山，名曰大荒之山，日月所入。有人焉三面，是颛顼之子，三面一臂。三面之人不死。是谓大荒之野。

三面人，即三面一臂人，大荒之野的异形人，是颛顼之子。这里的人一个脑袋三张脸，只有一右胳臂（**郭注无左臂也**），能长生不死。

郭璞《图赞》："禀形一躯，气有存变。长体有益，无若三面。不劳倾睇，可以并见。"

1. 明·蒋应镐绘图本　2. 清·近文堂图本
3. 清·汪绂图本　4. 上海锦章图本

夏后开

xià
hòu
kāi

大荒西经

西南海之外，赤水之南，流沙之西，有人，珥两青蛇，乘两龙，名曰夏后开（启）。开上三嫔于天，得九辩与九歌以下。此天穆之野，高二千仞，开焉得始歌九招。

夏后开即夏后启，禹之子启。启是禹妻涂山氏变成的石头开裂而生，取名启，因汉景帝名启，汉人避讳，故改启为开。作为人王的夏后启，已见《海外西经》。

本经的夏后开，是一位神性英雄，双耳穿贯两条青蛇，驾着双龙上下于天。传说他曾三度驾龙上天，到天帝那里做客，还把天宫的乐章《九辩》和《九歌》记下，在天穆之野演奏，这便是后来的乐舞《九招》《九代》。

1

2

1. 明·蒋应镐绘图本　　2. 清·四川成或因绘图本

互人

hù rén

大荒西经

有互（氏）人之国。炎帝之孙名曰灵恝。灵恝生互人，是能上下于天。有鱼偏枯，名曰鱼妇。颛顼死即复苏。风道北来，天乃大水泉，蛇乃化为鱼，是为鱼妇。颛顼死即复苏。

互人国即《海内南经》氏人国（郝懿行注氏、互二字因形近而讹）。互人是炎帝的后裔，人面鱼身，没有脚，却颇有神通，能上下于天，是人神的沟通者。

鱼妇

yú fù

大荒西经

有互（氏）人之国。炎帝之孙名曰灵恝。灵恝生互人，是能上下于天。有鱼偏枯，名曰鱼妇。颛顼死即复苏。风道北来，天乃大水泉，蛇乃化为鱼，是为鱼妇。颛顼死即复苏。

鱼妇半人半鱼，是颛顼死而复生后所变。传说大风从北方吹来，地下的泉水因风暴而溢出地面的时候，蛇会变化为鱼；那死去的颛顼便附在鱼的身上，死而复生。这种半人半鱼的生物，叫作鱼妇。《淮南子·地形训》也记载了一则后稷死后，半体化生为鱼的故事："后稷垄在建木西，其人死复苏，其半为鱼。"

1. 清·汪绂图本

1

1

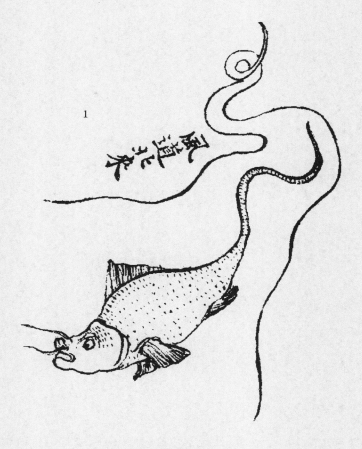

1. 清·汪绂图本

鸀鸟

chù
niǎo

有青鸟，身黄，赤足，六首，名曰鸀鸟。有大巫山。有金之山。西南大荒之中隅，有偏句、常羊之山。

鸀（音触）鸟是六首奇鸟，身黄，足红。《尔雅·释鸟》说，鸀即山乌。郭璞注此鸟似乌而小，赤嘴，穴乳，出西方。

1. 明 · 蒋应镐绘图本　　2. 清 · 吴任臣康熙图本　　3. 清 · 四川成或因绘图本
4. 清 · 汪绂图本　　5. 清 · 《古今图书集成 · 禽虫典》

第十七卷

大荒北经

蜚蛭

fēi
zhì

大荒之中有山，名曰不咸。

有肃慎氏之国。有蜚蛭，四翼。有虫，兽首蛇身，名曰琴虫。

蜚（音飞）蛭是四翼飞虫。

琴虫

qín
chóng

大荒之中有山，名曰不咸。

有肃慎氏之国。有蜚蛭，四翼。有虫，兽首蛇身，名曰琴虫。

琴虫是一种蛇兽合体的怪蛇，兽首而蛇身。郭璞注，琴虫属蛇类。郝懿行解释说，南山人以虫为蛇，见《海外南经》。

郭璞《图赞》："爰有琴虫，蛇身兽头。"

1. 清·汪绂图本

1

1

2

1. 清·四川成或因绘图本　　2. 清·汪绂图本

猎猎

xī
xī

有叔歜国。颛顼之子，黍食，使四鸟：虎、豹、熊、罴。有黑虫，如熊状，名曰猎猎。

　　猎猎（**音夕**）是一种熊状黑兽。经中说"黑虫"，古时虫、兽通名，郝懿行注《广韵》亦云兽名，引此经。盖虫、兽通名耳。"《事物绀珠》记：猎猎如熊，黑色。

　　郭璞《图赞》："猎猎如熊，丹山霞起。"

1

2

1. 清·汪绂图本　　2. 清·《古今图书集成·禽虫典》

儋耳国

dān
ěr
guó

有儋耳之国，任姓。

大荒北经

儋耳国即聂耳国（见《海外北经》）。郭璞说，其人耳大下儋，垂在肩上。儋耳国人姓任，是东海海神禺䝞（即禺号）之子，禺䝞是黄帝之子，故儋耳也是黄帝的后裔。这里人人都长着一对长长的耳朵，走路时只好用双手托着。他们以谷为食。

禺彊

yú
qiáng

禺䝞子，食谷北海之渚中。有神，人面鸟身，珥两青蛇，践两赤蛇，名曰禺彊。

大荒北经

禺彊即禺京、禺强，字玄冥，北海海神（已见《海外北经》），是东海海神禺䝞（见《大荒东经》）的儿子，父子二神都是人面鸟身、珥蛇践蛇。

蒋应镐绘图本用两幅图来讲述禺彊的故事。在图画造型上，《海外北经》的禺彊为人形神；本经之禺彊是鸟形神。在构图上，两图的侧重点不同，前者着重表现海神禺彊驾龙遨游山水云海的英姿，是一幅有情节的动态情景画；而后者则突出作为海神的禺彊的神性特征：人面鸟身、珥蛇践蛇，属静态描写。

1. 明·蒋应镐绘图本

1

1

1. 明·蒋应镐绘图本

九凤

jiǔ
fèng

大荒北经

大荒之中有山，名曰北极天柜，海水北注焉。有神，九首，人面，鸟身，名曰九凤。又有神，衔蛇操蛇，其状虎首人身，四蹄长肘，名曰彊良。

　　九凤是九首人面鸟。生活于大荒之中、北海之滨"北极天柜"山一带，是北方地区民众信仰与崇拜的鸟神。九头鸟也是楚民族信奉的神鸟，楚人崇凤崇九。楚地奉九凤为神的信仰，有着十分古老的渊源，这种信仰在楚地楚人心中打下了深深的烙印。直到如今，"天上九头鸟，地下湖北佬"的俗语，仍然在湖北广泛流传，九头鸟是他们心目中的神鸟。

　　汉代以后，出现了一种名叫奇鸧（音仓，一作鶬）的九头神鸟，郝懿行根据郭璞在《江赋》中"奇鸧九头"一说，怀疑奇鸧即九凤。奇鸧是民间流传很广的九头鸟，此鸟又名鬼车、鬼鸟，姑获鸟，是一种能摄人魂魄的凶鸟，但此类恶鸟九头而非人面，与九凤在形貌与性能上都不相同。但在漫长的历史过程中，二者常被混淆，在各种版本的山海经图中也有反映。

　　九凤图有二形：

　　其一，九头人面鸟，如图1、2、3；

　　其二，九头鸟，如图4、5。

　　郭璞《图赞》："九凤轩翼，北极是跱。"

1

1.明·蒋应镐绘图本

2

3

2. 清·四川成或因绘图本　　3. 清·汪绂图本

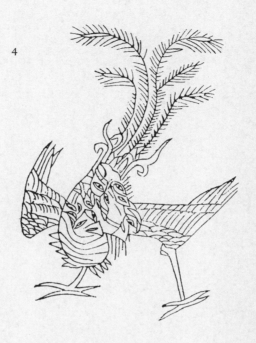

4

5

4. 清·近文堂图本　　5. 上海锦章图本

彊良

qiáng
liáng

大荒北经

大荒之中有山，名曰北极天柜，海水北注焉。有神，九首，人面，鸟身，名曰九凤。又有神，衔蛇操蛇，其状虎首人身，四蹄长肘，名曰彊良。

彊良又作强梁，是人虎共体的奇兽、可辟邪之畏兽，是古时候大傩逐疫的十二神、十二兽之一。《后汉书·礼仪志》说，"强梁、祖明共食磔死寄生。"彊良的神容为：虎首人身，四足为兽蹄，前蹄（手肘）特长，口中衔蛇，前蹄缠绕着蛇。郭璞说："亦在畏兽画中。"

彊良图有二形：

其一，衔蛇操蛇之虎首人身兽蹄神，如图1、2、3、4；

其二，只衔蛇不操蛇之虎首人身兽蹄神，如图5、6、7、8。

郭璞《图赞》："仡仡强梁，虎头四蹄。妖厉是御，唯鬼咀魖。衔蛇奋猛，畏兽之奇。"

1.明·蒋应镐绘图本　2.清·四川成或因绘图本
3.清·汪绂图本　4.清·《古今图书集成·神异典》

5

6

5. 明・胡文焕图本　　6. 日本《怪奇鸟兽图卷》图本

7

8

7. 清·吴任臣康熙图本　　8. 上海锦章图本

黄帝女魃

huáng
dì
nǚ
bá

大荒北经

有系昆之山者，有共工之台，射者不敢北乡。有人衣青衣，名曰黄帝女魃。蚩尤作兵伐黄帝，黄帝乃令应龙攻之冀州之野。应龙畜水，蚩尤请风伯、雨师纵大风雨。黄帝乃下天女曰魃，雨止，遂杀蚩尤。魃不得复上，所居不雨。叔均言之帝，后置之赤水之北。叔均乃为田祖。魃时亡之。所欲逐之者令曰：神北行。先除水道，决通沟渎。

　　黄帝女魃又作女妭、旱魃，是黄帝之女。传说女魃住在系昆山的共工之台上，秃头无发，常穿青色的衣裳；所居之处，天不下雨。在蚩尤作兵伐黄帝的战争中，黄帝命应龙蓄水，蚩尤请来风伯雨师，刮起了暴风雨；这时候，黄帝搬出了他的女儿女魃，止住了暴雨，蚩尤大败，被黄帝所杀。女魃尽管在作战中立了功，但由于她所在的地方，滴雨不至，灾祸连年，民众痛恨，故主持耕种的田祖之神叔均（**五谷之神后稷之孙**）向黄帝反映了这一情况，黄帝便下令把女魃安置在赤水之北，不得乱动。但女魃是个不安分的家伙，常四处逃窜，她所到之处，百姓只好举行逐旱魃的活动。在逐魃之前，先疏浚水道，决通沟渠，然后向她祝祷说："神啊，回到赤水以北你的老家去吧！"据说逐魃以后便会喜得甘霖。郭璞注："言逐之必得雨，故见先除水道，今之逐魃是也。"这种逐魃求雨之俗以及逐魃所用咒语一直沿续至今。

　　《神异经》记有古时之逐魃之俗："南方有人长二三尺，袒身而目在顶上，走行如风，名曰魃，所见之国大旱，赤地千里。一名狢。遇者得之，投溷中乃死，旱灾消。"《神异经》记，魃如人，长三尺，其目在顶，行走如飞，见者获之，以投厕中，则旱灾止。

　　郭璞《图赞》："蚩尤作丘，从御风雨。帝命应龙，爰下天女。厥谋无方，所谓神武。"

1

1. 清·汪绂图本，一天女牵一秃顶之旱魃

蚩尤
chī yóu

大荒北经

有系昆之山者，有共工之台，射者不敢北乡。有人衣青衣，名曰黄帝女魃。蚩尤作兵伐黄帝，黄帝乃令应龙攻之冀州之野。应龙畜水，蚩尤请风伯、雨师纵大风雨。黄帝乃下天女曰魃，雨止，遂杀蚩尤。魃不得复上，所居不雨。叔均言之帝，后置之赤水之北。叔均乃为田祖。魃时亡之。所欲逐之者令曰："神北行。"先除水道，决通沟渎。

战神蚩尤属炎帝裔，居住在南方。传说蚩尤是一个人兽合体的巨人家族，有八十一或七十二兄弟，个个威武无比。蚩尤兽身人语，铜头铁额，以沙石、铁石为食；一说蚩尤人身牛蹄，四目六手，头有角（见《龙鱼河图》《述异记》）。

蚩尤是古代的战神，是作战能手，善于制造各种兵器，《世本》载："蚩尤作五兵：戈、矛、戟、酋矛、夷矛。"有关他的故事，最著名的当推本经所记载的蚩尤作兵伐黄帝的神话了。传说黄帝与蚩尤战于涿鹿之野，黄帝命应龙蓄水攻之（见《大荒东经》），蚩尤请出风伯雨师，刮起暴风急雨；黄帝不能抵挡，便搬来自己的女儿女魃出阵，止住了暴雨。蚩尤大败，被黄帝杀于青丘（见《归藏·启筮》）。今见汪绂图本蚩尤图上的蚩尤便是被杀后身首异处的景象。

《山海经》还记述了蚩尤被杀，其身上的枷镣弃之于大荒之中，登时化作一片枫林（见《大荒南经》），那殷红的枫叶上流淌着的斑斑血迹，寄托着后人对蚩尤的无限思念。后世民间有蚩尤血、蚩尤戏、蚩尤城、蚩尤冢、蚩尤祠、蚩尤旗、蚩尤像之说，并已形成习俗。

1

1. 清 · 汪绂图本

赤水女子献

chì
shuǐ
nǔ
zǐ
xiàn

大荒北经

有锺山者。有女子衣青衣，
名曰赤水女子献。

赤水女子献疑即徙居赤水北的黄帝女魃。吴承志说："献当作魃。上文有人衣青衣，名曰黄帝女魃，
后置之赤水之北，赤水女子献即黄帝女魃也。"郭璞注"神女也。"从郭璞的注以及图赞来看，这位江
边的窈窕艳人，似乎和那位因旱虐被赶至赤水之北的秃顶女魃，在外形和品格上都有着相当大的距离。

郭璞《图赞》："江有窈窕，水生艳滨。彼美灵献，可以寤神。交甫丧佩，无思远人。"

1. 明·蒋应镐绘图本　　2. 清·四川成或因绘图本　　3. 清·汪绂图本

犬戎

quǎn
róng

大荒之中有山，名曰融父山，顺水入焉。有人名曰犬戎。黄帝生苗龙，苗龙生融吾，融吾生弄明，弄明生白犬。白犬有牝牡，是为犬戎，肉食。有赤兽，马状无首，名曰戎宣王尸。

犬戎，古代民族。据《民族词典》：犬戎，历史上也被称作"畎戎""畎夷""昆夷""绲夷""混夷"。商周时，游牧于泾渭流域的今陕西彬州、岐山一带，常以马匹等与周人交易。也时有争战。周穆王时，势力强大，为周朝西边劲敌，并阻碍周朝与西北各部族的往来。穆王率兵西征，曾"获其五王"，并迫迁其一批部众至太原，从而打开通向西北之路，加强了与西北各族的联系。周幽王十一年（前 771 年），其首领联合申侯攻杀幽王于骊山下，迫使周室东迁。春秋初，曾与秦、虢作战。此后，一部北迁，一部与当地各族一起并入秦国。

据经文所示，犬戎国即犬封国、狗国，已见于《海内北经》。传说犬戎是黄帝的子孙，其人人面而犬身。黄帝的玄孙弄明生了一雌一雄两只白犬，这两只白犬相互交配，繁衍了犬戎这个国家。

郭璞《图赞》："犬戎之先，出自白狗。厥育有二，自相配偶。实犬豕心，禀气所受。"

1

2

1. 明·蒋应镐绘图本　2. 清·四川成或因绘图本

戎宣王尸

róng
xuān
wáng
shī

大荒北经

大荒之中有山，名曰融父山，顺水入焉。有人名曰犬戎。黄帝生苗龙，苗龙生融吾，融吾生弄明，弄明生白犬。白犬有牝牡，是为犬戎，肉食。有赤兽，马状无首，名曰戎宣王尸。

戎宣王尸指的是戎宣王被杀，其灵魂不死，以尸的形态继续活动，名为戎宣王尸。它的形状很怪，样子像马，红色，却没有脑袋。

历代注家对戎宣王尸的解释有二：一、郭璞认为，戎宣王尸是"犬戎之神名也"。二、袁珂认为，这一"马状无首"之神，有可能是"遭刑戮以后之鲧"。据《海内经》："黄帝生骆明，骆明生白马，白马是为鲧"，这无头的白马成了以白犬为祖先的犬戎神。袁珂解释说：白犬生犬戎与白马是为鲧这两则神话，"疑亦当是同一神话之分化，彼经之'白犬'即当于此经之'白马'也"。

1

2

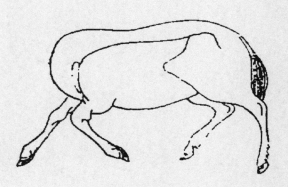

1. 清·汪绂图本　　2. 清·《古今图书集成·禽虫典》

威姓少昊之子

wēi
xìng
shào
hào
zhī
zǐ

有人一目，当面中生。一日
是威姓，少昊之子，食黍。

威姓少昊之子即一目国人。一目国是《淮南子》所记海外三十六国之一，其民曰一目民，一只眼睛生在脸面正中，姓威，是少昊之子，以黍谷为食。《山海经》所记独眼人，除本经外，还有《海外北经》之一目国，《海内北经》之鬼国（**鬼、威音近，亦当是此国**）。

1

1. 明·蒋应镐绘图本

苗民

miáo
mín

西北海外，黑水之北，有人有翼，名曰苗民。颛顼生骧头，骧头生苗民，苗民釐姓，食肉。有山，名曰章山。

　　苗民即三苗之民。三苗国是《淮南子》所记海外三十六国之一，三苗国又名三毛国。根据《海外南经》："三苗国在赤水东，其为人相随。一曰三毛国。"郭璞注"昔尧以天下让舜，三苗之君非之，帝杀之，有苗之民，叛入南海，为三苗国。"苗民有翼，却不能飞，以肉食为生。《神异经·西荒经》记："西方荒中有人，面目手足皆人形，而胳下有翼，不能飞；为人饕餮，淫逸无理，名曰苗民。"

　　苗民是颛顼的后裔，是骧头之子。骧头国即丹朱国，丹朱是尧的儿子，传说他为人狠恶，所以尧把天下让给了舜，而把丹朱流放到南方的丹水做诸侯。当地三苗的首领与丹朱联合抗尧被诛，三苗的首领被杀，丹朱自投南海而死，他的灵魂不死，化身为鴸鸟，他的后代在南海建立了一个国家，这就是丹朱国，亦即讙头国（见《南次二经》《海外南经》，又见《大荒南经》），苗民便是讙头的后代。由于讙头、苗民都与丹朱（鴸鸟）有关，所以他的后代仍保留着鸟类的形态，长着一对翅膀，只是不能飞而已。

1.明·蒋应镐绘图本　2.清·四川成或因绘图本　3.清·《古今图书集成·边裔典》

烛龙

zhú
lóng

大荒北经

西北海之外，赤水之北，有章尾山。有神，人面蛇身而赤，直目正乘，其瞑乃晦，其视乃明。不食不寝不息，风雨是谒。是烛九阴，是谓烛龙。

　　烛龙即烛阴（已见《海外北经》），是中国神话中的创世神，又是钟山、章尾山的山神。烛龙身长千里，人面蛇身，红色；眼睛是直的，闭起来就是一条直缝。他的眼睛一张一合，便是白天黑夜；他不食不睡不息，只以风雨为食。传说烛龙衔火精以照天门中，把九阴之地都照亮了，故又称烛九阴、烛阴。

1

2

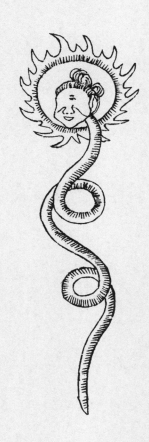

1. 明·蒋应镐绘图本　　2. 清·四川成或因绘图本

第十八卷

海内经

韩流

hán
liú

流沙之东，黑水之西，有朝
云之国、司彘之国。黄帝妻
雷祖，生昌意。昌意降处若
水，生韩流。韩流擢耳、谨
首，人面、豕喙，麟身、渠
股、豚止，取淖子曰阿女，
生帝颛顼。

海内经

　　韩流是黄帝之孙、颛顼之父。传说黄帝的妻子雷祖生了昌意，昌意做了错事被贬降，居于四川若水，生下韩流。韩流是一个人兽合体的怪神：长脑袋、小耳朵、人的脸、猪的嘴、麒麟的身子、双腿骈生，还长着猪的蹄子。韩流娶了淖（音桌）子氏的女儿为妻，生下颛顼。颛顼是北方天帝，曾命大神重和黎绝地天通，建立了功勋。

1

1. 明 · 蒋应镐绘图本

1059

2

2. 清·四川成或因绘图本

3

3. 清·汪绂图本

柏高

bǎi
gāo

海内经

华山青水之东，有山名曰肇山，有人名曰柏高。柏高上下于此，至于天。

柏高是仙人之名，一名伯高、柏子高；是远古时代的巫师。

传说柏高是黄帝之臣，《管子·地数篇》有黄帝问于伯高的记载。又说柏高是仙者，帝乘龙鼎湖而伯高从之。仙人柏高是人神的中介，可缘天梯肇山，上下于天。从《管子》所记黄帝与柏高关于采矿与祭祀山神的问答，可知伯高是远古掌握矿产知识的巫师一类的智者。

郭璞《图赞》："子高恍惚，乘云升霞。翱翔天际，下集嵩华。眇焉难希，求之谁家。"

蝡蛇

rú
shé

海内经

南海之外，黑水、青水之间，有木名曰若木，若水出焉。有禺中之国。有列襄之国。有灵山。有赤蛇在木上，名曰蝡蛇，木食。

蝡（音儒）蛇即蠕蛇。灵山是"十巫从此升降"（见《大荒西经》）的天梯神山，此山之蝡蛇为神蛇，红色，以木为食，不食禽兽。

郭璞《图赞》："赤蛇食木，有夷鸟首。"

1. 清·汪绂图本　　2. 清·四川成或因绘图本

1

2

1

1. 清·汪绂图本

鸟氏

niǎo
shì

海内经

有盐长之国。有人焉，鸟首，名曰鸟氏。

　　鸟氏即古书所记之鸟夷，一个东方的原始部落，传说鸟夷鸟首人身。史书中有"东有鸟夷""鸟夷皮服"的记载。《秦本纪》记，大费生子二人，一曰大廉，实鸟俗氏。据说鸟俗氏鸟身人言。
　　郭璞《图赞》："赤蛇食木，有夷鸟首。"

1

1. 明・蒋应镐绘图本

1066

2

3

2. 清·四川成或因绘图本　　3. 清·汪绂图本

4

4. 清 ·《古今图书集成 · 边裔典》，名盐长国

黑蛇
hēi
shé

黑蛇即巴蛇，已见于《海内南经》。本经之黑蛇青首，也与巴蛇一样食象。

黑人
hēi
rén

　　黑人可能是居住在南方的一个开化较晚的古代部族或群种。持蛇与啖蛇是他们的信仰与生活方式的重要标志。杨慎《补注》说："今南中有夷名娥昌（**即今阿昌族**），其人手持蛇啖之。其采樵归，笼中捕蛇数十，蛇亦不能去，不知何术也，疑即此类。"经中所说虎首鸟足、吃蛇的黑人，可能是以虎首之皮和鸡状足爪装扮起来的神灵或巫师。经文"方啖之"是记图之词。

　　黑人图有二形：

　　其一，虎首鸟足、两手持蛇，如**图1、2、3**；

　　其二，虎首人身人足、双手持蛇，左手举蛇入口，如**图4**。胡氏图说云："南海之内，巴遂山中有黑人，虎首，两手持两蛇啖之。"

1.清·《古今图书集成·边裔典》，朱卷国　　2.清·汪绂图本

1

2

1

1.明·蒋应镐绘图本

2

3

2.清·四川成或因绘图本　　3.清·汪绂图本

4

4. 明·胡文焕图本

赢民

yíng mín

海内经

有赢民，鸟足。有封豕。有
人曰苗民。有神焉，人首蛇
身，长如辕，左右有首，衣
紫衣，冠旃冠，名曰延维。
人主得而飨食之，伯天下。
有鸾鸟自歌，凤鸟自舞。凤
鸟首文曰德，翼文曰顺，膺
文曰仁，背文曰义，见则天
下和。又有青兽，如菟，名
曰蒭狗。有翠鸟，有孔鸟。

赢（音盈）民即摇民（赢、摇一音之转），舜的后裔，秦人的先祖。赢民人面人身鸟足，与该古代部族的鸟信仰有关。我们在《大荒东经》王亥的神话中讲过，殷人的先祖王亥曾把他的牛托给北方的有易寄养，有易的君主杀了王亥，抢了他的牛，殷人的国君上甲微出兵灭了有易。有易的残部得到河神河伯的帮助，变成了一个长着鸟足的民族，这就是摇民，或称赢民，成为秦人的祖先。传说摇民是舜的后代，《大荒东经》说："帝舜生戏，戏生摇民。"《史记·秦本纪》说："孟戏，鸟身人言。"

封豕

fēng shǐ

海内经

有赢民，鸟足。有封豕。有
人曰苗民。有神焉，人首蛇
身，长如辕，左右有首，衣
紫衣，冠旃冠，名曰延维。
人主得而飨食之，伯天下。
有鸾鸟自歌，凤鸟自舞。凤
鸟首文曰德，翼文曰顺，膺
文曰仁，背文曰义，见则天
下和。又有青兽，如菟，名
曰蒭狗。有翠鸟，有孔鸟。

封豕即大豕、封豨，野猪，是古时候的害兽。《淮南子·本经训》说："尧之时，封豨修蛇皆为民害，尧乃使羿擒封豨于桑林。"高诱注"封豨，大豕也；楚人谓豕为豨也"。

郭璞《图赞》："有物贪婪，号曰封豕。荐食无厌，肆其残毁。羿乃饮羽，献帝效技。"

1.明·蒋应镐绘图本　　2.清·汪绂图本　　3.清·《古今图书集成·边裔典》

1.清·汪绂图本

延维

yán wéi

海内经

有嬴民，鸟足。有封豕。有人曰苗民。有神焉，人首蛇身，长如辕，左右有首，衣紫衣，冠旃冠，名曰延维。人主得而飨食之，伯天下。有鸾鸟自歌，凤鸟自舞。凤鸟首文曰德，翼文曰顺，膺文曰仁，背文曰义，见则天下和。又有青兽，如菟，名曰菌狗。有翠鸟，有孔鸟。

　　延维即委蛇、委维，泽神。延维是人面双首蛇身神，左右有头，紫衣朱冠。《庄子·达生篇》记载了齐桓公田于大泽与管仲见委蛇的故事，还描述了委蛇的样子："委蛇其大如毂，其长如辕，紫衣而朱冠；其为物也，恶闻雷车之声，见则捧其首而立，见之者殆乎霸。"闻一多《伏羲考》中说延维、委蛇，即汉画象中交尾之伏羲、女娲，是南方苗族之祖神。

　　郭璞《图赞》："委蛇霸祥，桓见致病。管子雅晓，穷理折命。吉凶由人，安有咎庆。"

1

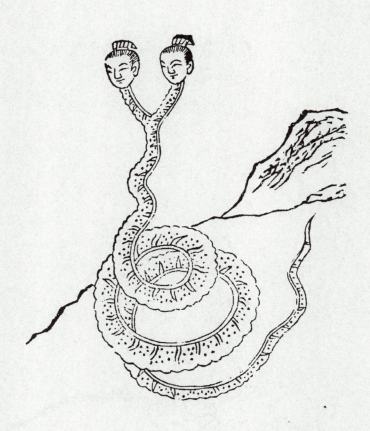

1. 明·蒋应镐绘图本

2

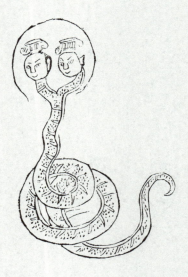

3

2. 清 · 四川成或因绘图本　　3. 清 · 汪绂图本

4

4. 清·《古今图书集成·神异典》

菌狗

jūn
gǒu

有赢民，鸟足。有封豕。有人曰苗民。有神焉，人首蛇身，长如辕，左右有首，衣紫衣，冠旃冠，名曰延维。人主得而飨食之，伯天下。

有鸾鸟自歌，凤鸟自舞。凤鸟首文曰德，翼文曰顺，膺文曰仁，背文曰义，见则天下和。又有青兽，如菟，名曰菌狗。有翠鸟，有孔鸟。

　　菌（音菌）狗是兔状的青兽。郝懿行注"菌狗者，《周书·王会篇》载《伊尹四方令》云：'正南以菌鹤短狗为献。'疑即此物也。"

1

2

1. 清·汪绂图本　　2. 清·《古今图书集成·禽虫典》

孔鸟

kǒng
niǎo

海内经

有嬴民，鸟足。有封豕。有人曰苗民。有神焉，人首蛇身，长如辕，左右有首，衣紫衣，冠旃冠，名曰延维。人主得而飨食之，伯天下。

有鸾鸟自歌，凤鸟自舞。凤鸟首文曰德，翼文曰顺，膺文曰仁，背文曰义，见则天下和。又有青兽，如菟，名曰菌狗。有翠鸟，有孔鸟。

　　孔鸟即孔雀。李时珍《本草纲目》说："孔雀，交趾、雷、罗诸州甚多，生高山乔木之上，大如雁，高三四尺，不减于鹤，细颈隆背，头栽三毛长寸许。数十群飞，栖游冈陵。雌者尾短，无金翠；雄者三年尾尚小，五年乃长二三尺。夏则脱毛，至春复生。自背至尾有圆文，五色金翠，相绕如钱。"

1

2

1.清·汪绂图本　2.清·《古今图书集成·禽虫典》

翳鸟

yì
niǎo

海内经

北海之内，有蛇山者，蛇水出焉，东入于海。有五采之鸟，飞蔽一乡，名曰翳鸟。又有不距之山，巧倕葬其西。

翳鸟属凤凰类神鸟、吉祥之鸟。《广雅》说："翳鸟，鸾鸟，凤凰属也。"郭璞注"汉宣帝元康元年，五色鸟以万数，过蜀都，即此鸟也。"

郭璞《图赞》："五采之鸟，飞蔽一邑。翳惟凤属，有道翔集。"

1

1. 明·蒋应镐绘图本

2

2. 清·四川成或因绘图本

3

3. 清 · 汪绂图本

相顾尸

xiāng
gù
shī

海内经

北海之内，有反缚盗械、带戈常倍之佐，名曰相顾之尸。

　　相顾尸是贰负及其臣危杀窫窳神话（见《海内西经》贰负臣危及窫窳）的一种异文。郭璞注"亦贰负臣危之类也。"传说贰负是一个人面蛇身的天神，有一次，他和他的臣子危把另一个人面蛇身的天神窫窳杀死了。黄帝知道以后，命人把危（一说贰负）绑在疏属山上，给他的右脚上了枷，反绑了双手，拴在大树下。《海内经》所记这一身带枷械、双手反缚、带戈之相顾之尸也就是被黄帝上刑的贰负臣危。

　　郭璞《图赞》："盗械之尸，谁者所执。"

1

1. 清·汪绂图本

氐羌

dī
qiāng

海内经

伯夷父生西岳，西岳生先龙，
先龙是始生氐羌，氐羌乞姓。

　　羌人是古代民族。氐羌为氐地之羌人。古羌人，亦作羌戎。其名最早见于甲骨文卜辞。商周时，已广泛分布在今青海、甘肃、新疆南部和四川西部一带，部分曾入中原定居。商末，随周武王伐纣。居处分散，均以游牧为主。其中与汉人杂处者，则早在战国、秦汉时已逐渐定居农耕。东晋至北宋间，先后建立过后秦、西夏等政权。后逐渐融合于西北地区的汉族及其他民族。

1

1. 清·汪绂图本

玄豹

xuán
bào

北海之内有山，名曰幽都之
山，黑水出焉。其上有玄鸟、
玄蛇、玄豹、玄虎，玄狐蓬
尾。有大玄之山。有玄丘之
民。有大幽之国。有赤胫之
民。

　　玄豹即元豹，是一种珍兽。玄豹又称黑豹，虎身白点。幽燕东北，实多美裘，元豹、元狐、元貂
尤为珍贵。传说文王囚羑里，散宜生得玄豹，献于纣王，纣王大悦，文王得以解救。

1

2

1. 明·胡文焕图本　2. 清·汪绂图本

玄虎

xuán
hǔ

北海之内有山，名曰幽都之山，黑水出焉。其上有玄鸟、玄蛇、玄豹、玄虎，玄狐蓬尾。有大玄之山。有玄丘之民。有大幽之国。有赤胫之民。

玄虎即元虎、黑虎。《尔雅·释兽》："麤（音束），黑虎。晋永嘉四年，建平秭归县槛得之，状如小虎而黑，毛深者为斑。《山海经》云，幽都山多黑虎、黑豹也。黑虎，一名麤。"

1

1. 清·汪绂图本

玄狐

xuán
hú

北海之内有山，名曰幽都之山，黑水出焉。其上有玄鸟、玄蛇、玄豹、玄虎，玄狐蓬尾。有大玄之山。有玄丘之民。有大幽之国。有赤胫之民。

　　玄狐即元狐、黑狐，亦属神兽、珍兽、瑞兽。汪绂说，元狐珍兽，蓬尾，尾大，蓬蓬然也。李时珍《本草纲目》有黑狐："狐，南北皆有之，北方最多，有黄黑白三种。"胡文焕图说："北山有黑狐者，神兽也。王者能致太平，则此兽见，四夷来贡。周成王时尝有之。"

1

2

1. 明·胡文焕图本，名黑狐   2. 清·汪绂图本，名元狐

玄丘民

xuán
qiū
mín

北海之内有山，名曰幽都之山，黑水出焉。其上有玄鸟、玄蛇、玄豹、玄虎，玄狐蓬尾。有大玄之山。有玄丘之民。有大幽之国。有赤胫之民。

　　玄丘民即元丘民。郭璞注"言丘上人物尽黑也。"郝懿行注"人物尽黑，疑本在经中，今脱去之。《水经注·温水》云，林邑国人以黑为美，所谓玄国，亦斯类也。"

1. 清·汪绂图本，名元丘民　　2. 清·《古今图书集成·边裔典》

赤胫民

chì
jìng
mín

北海之内有山，名曰幽都之山，黑水出焉。其上有玄鸟、玄蛇、玄豹、玄虎，玄狐蓬尾。有大玄之山。有玄丘之民。有大幽之国。有赤胫之民。

赤胫民在幽都山之大幽国，其民曰幽民，膝以下为正赤色，穴居无衣。

郭璞《图赞》："或黑其股，或赤其胫。形不虚授，皆循厥性。智周万类，通之惟圣。"

1

1. 清 · 汪绂图本

钉灵国

dīng
líng
guó

海内经

有钉灵之国，其民从膝已下有毛，马蹄，善走。

钉灵国一作丁灵、丁零、丁令，又作马胫国。其人为马人，膝以上为人头人身，膝以下为马腿马蹄；不骑马，却健走如马。《三国志·魏志·东夷传》注引《魏略》说："乌孙长老言：北丁令有马胫国，其人声似雁鹜，从膝以上身头，人也；膝以下生毛，马胫马蹄，不骑马而走疾于马。"《异域志》卷下记："丁灵国，其为在（北）海内，人从膝下生毛，马蹄，善走。自鞭其脚，一日可行三百里。"

汪绂注"钉灵国亦作丁零，出貂。其人多毛，以皮为足衣，如马蹄而便走，即后世之靴是矣，非真马蹄也。"汪绂的解释颇有民族学眼光，钉灵国的形象，显然是古人对北方骑马民族半人半马的幻想写照。

郭璞《图赞》："马蹄之羌，挥鞭自策。厥步如驰，难与等迹。体无常形，惟理所适。"

1

1. 明·蒋应镐绘图本

2

3

2. 清·近文堂图本　　3. 清·四川成或因绘图本

4

5

4. 清·汪绂图本　　5. 清·《古今图书集成·边裔典》

参考书要目

· ［晋］郭璞注《山海经》，宋淳熙七年（1180）池阳郡斋尤袤刻本《山海经传》，中华书局影印，1984年

· ［晋］郭璞《山海经图赞》，《汉魏六朝百三名家集》（六）《郭弘农集》；见《足本山海经图赞》，张宗祥校录，上海古典文学出版社，1958年；《百子全书》据扫叶山房1919年石印本影印，浙江人民出版社，1984年

· ［明］杨慎《山海经补注》，清光绪元年（1875）湖北崇文书局刻《百子全书》本；浙江人民出版社据扫叶山房本影印，1984年；中华书局，1991年

· ［明］胡文焕《山海经图》，格致丛书本，明万历二十一年（1593）刊行。上下卷，收图133幅。上卷有胡文焕、庄汝敬《山海经图序》；下卷末有胡光盛《跋山海经图》。收入《中国古代版画丛刊二编》第一辑，上海古籍出版社，1994年

· ［明］《山海经（图绘全像）》，蒋应镐、武临父绘图，李文孝镌，明刻本，收图74幅

· ［明］王崇庆《山海经释义》十八卷，嘉靖十六年（1537）刻本；又有蒋一葵尧山堂刻本，董汉儒校，始刻于明万历二十五年（1597），刊行于万历四十七年（1619）；一函四册，第一册《图像山海经》，共75图

· ［明］《山海经》十八卷日本刊本，一函四册，卷前有明杨慎《山海经图序》（即《山海经后序》）与晋郭璞《山海经序》。全书附有供日文读者阅读的汉文训读。收图74幅，是明代蒋应镐绘图本的摹刻本

· （日）《怪奇鸟兽图卷》，日本江户时代（相当于中国明、清时代）日本画家根据中国的《山海经》与山海经图绘制的山海经图本；日本文唱堂株式会社2001年版，有图76幅

· ［清］吴任臣注《山海经广注》，康熙六年（1667）刊行，图五卷，共144幅

· ［清］吴任臣注《增补绘像山海经广注》十八卷，图五卷，共144幅；清乾隆五十一年（1786）金阊书业堂刻本；收有：柴绍炳《山海经广注序》，吴任臣《山海经广注序》《读山海经语》《山海经杂述》《山海经图跋》

· ［清］吴任臣注《增补绘像山海经广注》，吴士珩校本，佛山舍人后街近文堂刻本；卷首有柴绍炳《山海经广注序》、吴任臣《山海经杂述》；一函四册，图五卷，共144幅

· ［清］吴任臣注《山海经绘图广注》，四川蜀北果城成或因绘图，四川顺庆海清楼板，咸丰五年（1855）刻本；共四册，收图74幅

· ［清］毕沅《山海经》，清光绪十六年（1890）学库山房仿毕氏图注原本校刊；收有《山海经新校正》《山海经古今本篇目考》；一函四册，第一册《山海经图》，收图144幅

· ［清］郝懿行《山海经笺疏》，十八卷，图赞一卷，

订伪一卷，图五卷，收图 144 幅；清光绪壬辰十八年（1892）五彩公司石印本

· ［清］汪绂释《山海经存》，图九卷，光绪二十一年（1895）立雪斋印本；杭州古籍书店影印，1984 年

· ［清］陈梦雷、蒋廷锡等编《古今图书集成》，雍正四年（1726）内府铜活字本。其中《博物汇编·禽虫典》《博物汇编·神异典》《方舆汇编·边裔典》比较集中地收有以《山海经》为题材的版画插图

· 《山海经图说》，上海锦章图书局民国八年（1919）印行，全书共四册，收图 144 幅，是毕沅图本的摹本

· ［清］陈逢衡《山海经汇说》，道光乙巳版（1845）

· ［汉］宋衷注 ［清］茆泮林辑《世本》，收入王云五主编《丛书集成初编》，商务印书馆，1937 年

· ［汉］王充《论衡》，上海人民出版社，1974 年

· ［汉］刘安《淮南子》，见刘文典撰《淮南鸿烈集解》，中华书局，1989 年

· ［晋］陶渊明《陶渊明集》，中华书局，1979 年

· ［唐］段成式《酉阳杂俎》，中华书局，1981 年

· ［唐］张彦远《历代名画记》［附《图画见闻志》等］，京华出版社，2000 年

· ［唐］徐坚《初学记》，京华出版社，2000 年

· ［宋］朱熹《楚辞集注》，上海古籍出版社，1979 年

· ［宋］李等《太平御览》，中华书局影印本，1960 年

· ［宋］欧阳修《欧阳修全集》，中国书店，1986 年

· ［宋］陈骙、赵士炜辑考《中兴馆阁书目辑考五卷》，收入许逸民、常振国编《中国历代书目丛刊》，现代出版社，1987 年

· ［宋］姚宽《西溪丛语》，中华书局，1993 年

· ［宋］薛季宣《浪语集》卷三十《叙山海经》，文渊阁本《四库全书》1159 册

· ［宋］王应麟《玉海》

· ［明］王圻等《三才图会》，上海古籍出版社影印本，1988 年

· ［明］胡应麟《少室山房笔谈》，中华书局，1958 年

· ［明］张居正《帝鉴图说》，陈生玺、贾乃谦整理，中州古籍出版社，1996 年

· ［清］萧云从《离骚图》，清顺治二年（1645）刊行；收入郑振铎编《中国古代版画丛刊》四，上海古籍出版社，1988 年

· ［清］俞樾《春在堂全书》，同治十年德清俞氏增刻本

· ［清］吴友如等画《点石斋画报》，上海文艺出版社，1998 年

· ［清］吴友如《吴友如画宝》，中国青年出版社，1988 年

· ［清］张之洞《书目答问二种》，三联书店，1998 年

· ［清］顾炎武《日知录》，黄汝成集释，岳麓书社，1994 年

· ［清］《尚书图解》［原名《钦定书经图说》题孙家鼎等编，成书于光绪三十一年］，上海书店出版社，2001 年

· ［清］《尔雅音图》［据清嘉庆曾燠影印本］，学苑出版社，2000 年

· ［清］《清殿版画汇刊》，学苑出版社，2000 年

· 《古本小说版画图录》，学苑出版社，2000 年

· 顾颉刚编著《古史辨》（一），朴社 1926 年；上海古籍出版社重印，1982 年

· 胡钦甫《从山海经的神话中所得到的古史观》，《中国文学季刊》（中国公学大学部）创刊号，1929 年

· 吴晗《山海经中的古代故事及其系统》，《史学年报》第 3 期，1931 年

· （日）小川琢治《山海经考》，载于《先秦经籍考》下册，江侠庵编译，商务印书馆，1931 年

· 王以中《山海经图与职贡图》，《禹贡》，1934 年，第 1 卷第 3 期

· 贺次君《山海经图与职贡图的讨论》，《禹贡》，1934 年，第 1 卷第 8 期

· 江绍原《中国古代旅行之研究》，北平中法文化出版委员会 1935 年编辑，商务印书馆，1937 年，上海文艺出版社影印，1989 年

· 梁启超《中国近三百年学术史》，中华书局 1936 年原版；东方出版社 1996 年编校再版

· 罗振玉编集《三代吉金文存》，1937 年影印本

· （法）马伯乐《书经中的神话》，冯沅君译，国立北平研究院史学研究会出版，商务印书馆发行，1937 年

· 容庚《商周彝器通考》，《燕京学报》专号之 17，民国三十年（1941）

· 吕思勉、童书业编著《古史辨》（七），开明书店，1941 年；上海古籍出版社重印，1982 年

· 杨宽《中国上古史导论》，收入吕思勉、童书业编

· 著《古史辨》（七），开明书店 1941 年；上海古籍出版社重印，1982 年

· 徐旭生《中国古史的传说时代》，中国文化服务社，1943 年；文物出版社，1985 年；广西师范大学出版社，2003 年；附录三：《读山海经札记》

· 曾昭燏等《沂南古画像石墓发掘报告》，文化部文物管理处，1956 年

· 郭宝钧《山彪镇与琉璃阁》，科学出版社，1959 年

· 丁山《中国古代宗教与神话考》，龙门联合书局 1961 年出版，科学出版社发行

· 凌纯声等《山海经新论》，国立北京大学中国民俗学会民俗丛书第 142 种，台北：东文文化供应社影印，1970 年

· 湖南博物馆等《长沙马王堆一号汉墓》，文物出版社，1973 年

· 杜而未《山海经的神话系统》，台北：学生书局 1977 年再版

· （美）约翰·希夫勒（谢复强）《山海经之神怪》［有图］，娄子匡编，台北：东方文化书局，群益公司印刷，1977 年

· 凌纯声《中国边疆民族与环太平洋文化》，台北：联经书局，1979 年

· 余嘉锡《四库提要辨证》，中华书局，1980 年

· 闻一多《天问疏证》，三联书店，1980 年

· 周士琦《论元代曹善手抄本山海经》，《中国历史文献研究集刊》第 1 辑，湖南人民出版社，1980 年

· 袁珂《山海经校注》，上海古籍出版社，1980 年；巴蜀书社，1996 年

- 郑德坤《中国历史地理论文集》，香港中文大学出版社，1980年

- 鲁迅《鲁迅全集》，人民文学出版社，1981年

- 《山东汉画像石选集》，齐鲁书社，1981年

- 蒙文通《略论山海经的写作时代及其产生地域》，收入《巴蜀古史论述》，四川人民出版社，1981年

- 李丰楙《神话的故乡——山海经》，台北：时报出版公司，1981年

- 顾颉刚《山海经中的昆仑区》，《中国社会科学》，1982年第1期

- 吕思勉《读山海经偶记》，见《吕思勉读史札记》，上海古籍出版社，1982年

- 朱芳圃《中国古代神话与史实》，中州书画社，1982年

- 《中国历史要籍序论文选注》，岳麓书社，1982年

- （日）白川静《中国神话》，王孝廉译，台北：长安出版社，1983年

- 王重民《中国善本书提要》，上海古籍出版社，1983年

- 张光直《中国青铜时代》，三联书店，1983年

- 王伯敏编释《古肖形印臆释》，上海书画出版社，1983年

- 郑振铎《光芒万丈的万历时代——中国古木刻画史略选刊》（五，上），《版画世界》第7期，1984年

- 吕子方《读山海经杂记》，收入《中国科学技术史论文集》下册，四川人民出版社，1984年

- 上海博物馆青铜器研究组编《商周青铜器文饰》，文物出版社，1984年

- 常任侠《常任侠艺术考古论文选集》，文物出版社，1984年

- 高步瀛《文选李注义疏》，中华书局，1985年

- 侯忠义《中国文言小说参考资料》，北京大学出版社，1985年

- 袁珂、周明编《中国神话资料萃编》，四川省社会科学出版社，1985年

- 《二十五史》，上海古籍出版社、上海书店，1986年

- 张光直《考古学专题六讲》，文物出版社，1986年
  河南文物研究所《信阳楚墓》，文物出版社，1986年

- 中国山海经学术讨论会编《山海经新探》，四川社会科学院出版社，1986年

- 谢选骏《神话与民族精神》，山东文艺出版社，1986年

- 萧兵《楚辞与神话》，江苏古籍出版社，1986年

- 陈履生《神画神主研究》，紫禁城出版社，1987年

- 淮阴市博物馆《淮阴高庄战国墓》，《考古学报》，1988年第2期

- 袁珂《中国神话史》，上海文艺出版社，1988年

- 王伯敏主编《中国美术通史》，山东教育出版社，1988年

- 湖北博物馆《曾侯乙墓》，文物出版社，1989年

- 《南阳汉画像石》，河南美术出版社，1989年

- （日）伊藤清司《山海经中的鬼神世界》，刘晔原译，中国民间文艺出版社，1989年

- 潜明兹《神话学的历程》，北方文化出版社，1989 年

- 顾颉刚《顾颉刚读书笔记》第 1 卷－第 10 卷，台北：联经出版事业公司，1990 年

- 张光直《中国青铜时代》二集，三联书店，1990 年；又见台北联经出版事业公司，1990 年

- 文崇一《中国古文化》，台北：东大图书公司，1990 年

- 孙机《三足乌》，《文物天地》，1990 年第 1 期

- 徐显之《山海经探原》，武汉出版社，1991 年

- 王孝廉《中国的神话世界》，台北：时报文化出版公司，1992 年

- 叶舒宪《中国神话哲学》，中国社会科学出版社，1992 年

- 杨宽《历史激流中的动荡和曲折——杨宽自传》，台北：时报文化出版公司，1993 年

- 张光直《美术、神话与祭祀》，台北：稻乡出版社，1993 年

- 饶宗颐《画颔——国画史论集》，台北：时报文化出版公司，1993 年

- （日）小南一郎《中国的神话传说与古小说》，孙昌武泽，中华书局，1993 年

- （美）亨莉埃特·默茨《几近褪色的记录：关于中国人到达美洲探险的两份古代文献》，崔岩峙等译，海洋出版社，1993 年

- 李零《中国方术考》，人民中国出版社，1993 年

- 李少雍《经学家对"怪"的态度——诗经神话胜议》，《文学评论》，1993 年第 3 期

- 刘敦愿《美术考古与古代文明》，台北：允晨文化出版，1994 年

- 王国维《古史新证》，清华大学出版社影印本，1994 年

- 《纬书集成》，上海古籍出版社，1994 年

- 马昌仪编《中国神话学文论选萃》，中国广播电视出版社，1994 年

- 刘信芳《中国最早的物候历月名——楚帛书月名及神研究》，《中华文史论丛》第 53 辑，上海古籍出版社，1994 年

- 刘晓路《中国帛画》，中国书店，1994 年

- 李零《考古发现与神话传说》，载于《学人》第 5 辑，1995 年；收入《李零自选集》，广西师大出版社，1998 年

- 芮传明、余太山《中西纹饰比较》，上海古籍出版社，1995 年

- 宫玉海《山海经与世界文化之谜》，吉林大学出版社，1995 年

- 袁珂《袁珂神话论集》，四川大学出版社，1996 年

- 饶宗颐《澄心论萃》，胡晓明编，上海文艺出版社，1996 年

- 丁锡根编著《中国历代小说序跋集》，人民文学出版社，1996 年

- 谢巍《中国画学著作考录》，上海书画出版社，1996 年

- 王红旗、孙晓琴《绘图神异全图山海经》，昆仑出版社，1996 年

- （日）伊藤清司《中国古代文化与日本——伊藤清

司学术论文自选集》，张正军译，云南大学出版社，1997 年

杨泓《美术考古半世纪——中国美术考古发现史》，文物出版社，1997 年

杨利慧《女娲的神话与信仰》，中国社会科学出版社，1997 年

胡远鹏《论现阶段山海经研究》，《淮阴师院学报》，1997 年第 2 期

吴郁芳《元曹善山海经手抄本简介》，《古籍整理研究学刊》，1997 年第 1 期

袁珂《中国神话大辞典》，四川辞书出版社，1998 年

杨宽《战国史》（增订本），上海人民出版社，1998 年

王昆吾《中国早期艺术与宗教》，东方出版中心，1998 年

朱玲玲《从郭璞山海经图赞说山海经图的性质》，《中国史研究》，1998 年第 3 期

扶永发《神州的发现——山海经地理考》（修订本），云南人民出版社，1998 年

杨宽《西周史》，上海人民出版社，1999 年

张岩《山海经与古代社会》，文化艺术出版社，1999 年

叶舒宪《山海经的神话地理》，《民族艺术》，1999 年第 3 期

常金仓《由鲧禹故事演变引出的启示》，《齐鲁学刊》，1999 年第 6 期

贺学君、蔡大成、（日）樱井龙彦《中日学者中国神话研究论著目录总汇》，日本名古屋大学大学院国际开发研究科，1999 年

（马来西亚）丁振宗《古中国的 X 档案——以现代科技知识解山海经之谜》，台北：昭明出版社，1999 年；中州古籍出版社，2001 年

中国画像石全集编委会编《中国画像石全集》（共八卷），山东美术出版社、河南美术出版社，2000 年

张光直《青铜挥麈》刘士林编，上海文艺出版社，2000 年

李松主编《中国美术史·夏商周卷》，齐鲁书社、明天出版社，2000 年

李淞《论汉代艺术中的西王母图像》，湖南教育出版社，2000 年

李淞《远古至先秦绘画史》，人民美术出版社，2000 年

叶舒宪《"大荒"意象的文化分析》，《北大学报》，2000 年第 4 期

马昌仪《山海经图：寻找山海经的另一半》，《文学遗产》，2000 年第 6 期

常金仓《中国神话学的基本问题：神话的历史化还是历史的神话化？》，《陕西师大学报》，2000 年第 3 期

常金仓《山海经与战国时期的造神运动》，《中国社会科学》，2000 年第 6 期

金荣权《山海经研究两千年述评》，《信阳师范学院学报》，2000 年第 4 期

胡万川《捞泥造陆——鲧禹神话新探》，原载《新古典新义》，台北：学生书局，2001 年，收入《真实与想像——神话传说探微》，台北：清华大学出版社，2004 年

- 罗志田《山海经与中国近代史学》，《中国社会科学》，2001 年第 1 期

- 吕微《神话何为——神圣叙事的传承与阐释》，社会科学文献出版社，2001 年

- 冯时《中国天文考古学》，社会科学文献出版社，2001 年

- 马昌仪《古本山海经图说》，山东画报出版社，2001 年

- 高有鹏、孟芳《神话之源——山海经与中国文化》，河南大学出版社，2001 年

- 何平立《崇山理念与中国文化》，齐鲁书社，2001 年

- 张祝平《宋人所论山海经图辩证》，《中国历史地理论丛》，2001 年第 4 期

- 王孝廉《岭云关雪——民族神话学论集》，学苑出版社，2002 年

- 鹿忆鹿《洪水神话——以中国南方民族与台湾原住民为中心》，台北：里仁书局，2002 年

- 连镇标《郭璞研究》，上海三联书店，2002 年

- ［日］伊藤清司著，王汝澜译《日本的山海经图——关于怪奇鸟兽图卷的解说》，《中国历史文物》，2002 年第 2 期

- 马昌仪《明代中日山海经图比较——对日本怪奇鸟兽图卷的初步考察》，《中国历史文物》，2002 年第 2 期

- 王伯敏《中国版画通史》，河北美术出版社，2002 年

- 胡太玉《破译山海经》，中国言实出版社，2002 年

- 常金仓《伏羲女娲神话的历史考察》，《陕西师大学报》，2002 年第 6 期

- 杨宽《杨宽古史论文选集》，上海人民出版社，2003 年

- 孙作云《楚辞研究》，河南大学出版社，2003 年

- 孙作云《中国古代神话传说研究》上、下，河南大学出版社，2003 年

- 孙作云《美术考古与民俗研究》，河南大学出版社，2003 年

- 马昌仪《全像山海经图比较》，学苑出版社，2003 年

- 张步天《山海经概论》，天马图书有限公司，2003 年

- 尹荣方《神话求原》，上海古籍出版社，2003 年

- 王红旗《经典图读山海经》，上海辞书出版社，2003 年

- 叶舒宪、萧兵、（韩）郑在书《山海经的文化寻踪》，湖北人民出版社，2004 年

- 胡万川《真实与想像——神话传说探微》，台北：清华大学出版社，2004 年

- 郭郛《山海经注证》，中国社会科学出版社，2004 年

- 张步天《山海经解》十八卷，附《山海经地理图解》二卷、《山海经校勘》一卷，天马图书公司，2004 年

- 徐南洲《古巴蜀与山海经》，四川人民出版社，2004 年

- 丁山《古代神话与民族》，商务印书馆，2005 年

- 巫鸿《礼仪中的美术：巫鸿中国古代美术史文编》，三联书店，2005 年

- （法）葛兰言《古代中国的节庆与歌谣》，赵丙祥、张宏明译，广西师范大学出版社，2005 年

索引

A

B

C

D

M

N

O

P

作者简介

马昌仪，女，1936年生于广州。1957年毕业于北京大学。中国社会科学院文学研究所研究员，享受国务院特殊津贴专家（1993年）。主要著作有《古本山海经图说》《全像山海经图比较》《魂兮归来——中国灵魂信仰考察》《鼠咬天开》《中国神话学百年文论选》（上下）等。

图书在版编目（CIP）数据

古本山海经图说 / 马昌仪著 . -- 上海：上海三联书店，2022.10
ISBN 978-7-5426-7661-0

Ⅰ . ①古… Ⅱ . ①马… Ⅲ . ①历史地理—中国—古代 ②《山海经》—图解 Ⅳ . ① K928.631-64

中国版本图书馆 CIP 数据核字 (2021) 第 274465 号

古本山海经图说

马昌仪 著

责任编辑 / 徐建新
特约编辑 / 马步匀
内文设计 / 劳硕维
封面设计 / 尹琳琳
制　　作 / 陈基胜　马志方
责任校对 / 张大伟
责任印制 / 姚　军

出版发行 / 上海三联书店
　　　　　（200030）上海市漕溪北路331号A座6楼
邮购电话 / 021-22895540
印　　刷 / 北京华联印刷有限公司

版　　次 / 2022 年 10 月第 1 版
印　　次 / 2022 年 10 月第 1 次印刷
开　　本 / 787mm×1092mm　1/16
字　　数 / 505千字
图　　片 / 1600幅
印　　张 / 72.5
书　　号 / ISBN 978-7-5426-7661-0/ K · 664
定　　价 / 358.00元

如发现印装质量问题，影响阅读，请与印刷厂联系：010-87110703